U1020807

上海市高校一流学科（B类）法学学科（监狱学方向）
建设计划项目 资助

上海政法学院 刑事法学文库

监狱民警改造力基因探寻

——监狱民警修养的新视角

JIANYUMINJINGGAIZAOLIJIYINTANXUN－JIANYUMINJINGXIUYANGDEXINSHIJIAO

贾洛川◎著

中国法制出版社
CHINA LEGAL PUBLISHING HOUSE

上海政法学院刑事法学文库
总　　序

上海政法学院是以法学学科为主干，社会学、政治学、经济学、管理学、语言文学等多学科协调发展的政法类院校。其中，刑事法学既是学校创立之初的主导学科，也是学校的优势学科，在依托刑事司法学院的基础上，开设了法学（刑事司法方向）、监狱学、监狱学（社区矫正方向）等本科专业，以及承担刑法学专业硕士研究生、法律硕士的培养。发展至今，学校已为上海乃至全国培养了大批应用型实践型的政法人才，为社会输出了大批优秀的毕业生。

我校刑事法学在茁壮成长的历程中既经历了风雨又取得了许多骄人的成绩。2005 年刑事司法方向被上海市教委批准为上海高校本科教育高地建设项目。2007 年刑法学获得上海政法学院校级重点学科建设项目。2009 年刑法学被批准为上海市教委第五期重点学科建设项目，同年，监狱学专业又分别获得教育部特色专业和上海市第三批教育高地立项，之后，监狱学又于 2010 年获得中央财政的支持，2012 年获得上海市高校一流学科（B 类）建设的立项。2012 年刑法学又获得上海政法学院“十二五”内涵重点学科和硕士点建设项目。2015 年又获上海高校高原学科法学学科建设项目，其中监狱学为重点打造方向之一。学科队伍形成了老中青的学术梯队，聚集了一批既有相关实践经历又有一定学术造诣的教研人员，其中不乏多人获得地方乃至国家级荣誉称号，以及远渡至德国、法国、日本等国进行访学。至今，学科人员中已获得省部级以上课题十余项，出版著作近百部，发表学术论文几百篇。

我院刑事法学立足于刑事一体化视野研究，经过多年的打造，已经形成了独特的学科优势和特色，在犯罪学、刑事政策学、监狱学、社区矫正、青少年犯罪学研究中处于全国领先地位。

在犯罪学领域，具有中国犯罪学学会副会长一人，常务理事四人，理事若干人。中国犯罪学研究会预防犯罪专业委员会设在我院，《犯罪学论坛》已经成为国内有影响的专刊，在犯罪学基础理论研究、预防犯罪研究等方面颇有建树。依托犯罪学科成立的“社会治安综合治理研究中心”与上海市社会治安综合治理研究所通力协作，为上海市社会治安综合治理献言献策提供了理论支撑。

在刑事政策学领域，从广义刑事政策学视角出发，出版了《中国刑事政策原理》《中国刑事政策的建构理性》等著作，承担了国家社会科学基金、司法部、上海市哲社、上海市教委的科研项目，《刑事政策论坛》作为国内唯一研究刑事政策的专刊已经出版了四辑，从事刑事政策研究的学术梯队已经形成，并在国内学术研究中具有一定的影响力。

在监狱学研究领域，监狱学专业和学科是上海高校唯一、全国高校为数不多的本科特色专业和重点学科。学校拥有30多年的监狱学专业和学科的发展历史，积累了比较丰富的教学科研经验。特别是近几年来，在监狱学专业和学科建设上取得成绩令人瞩目。先后出版20多本监狱学专业和学科的教材、专著，发表专业论文200多篇。获得省部级以上科研项目多项，一批科研成果获奖。

在社区矫正研究领域，2002年8月，上海社区矫正试点工作在市委政法委的直接领导下开展，我校便参与上海社区矫正的研究和运作方案的设计。从2003年开始，我校先后承担了上海市委政法委、上海市司法局委托的有关社区矫正的课题，起草上海市“社区矫正地方性法规”的草案，对社区矫正服刑人员风险评估、服刑人员个案选编、社区矫正评价体系的构建等专题研究，所形成的研究成果成为上海等地区开展社区矫正的指导和工具书。我校最早开设社区矫正系列课程和成立社区矫正研究中心，据国家书目查询系统查询，我校最早出版社区矫正书籍（《美国矫正制度概述》1997年）。2010年崔会茹教授出版的《社区矫正实现研究》（P86~87）中显示，社区矫正研究产地最高的是上海，最多的是我校。2008、2009、2010、2014年，我校先后承担4项社区矫正的国家社科基金项目，2项教委重点项目、2项司法部项目和1项中国法学会项目，我校社区矫正教学和学术研究在全国具有一定的影响。

在青少年犯罪学研究领域，我校也在国内居于领先地位。在刑法学硕士点下设了专门的青少年犯罪与司法方向，依托中国预防青少年犯罪研究会、上海市法学会未成年人法研究会、上海市预防青少年犯罪研究会等设置了“全国青少年犯罪与司法研究及服务中心”，形成了具有较强竞争力的学科梯队，出版了《青少年犯罪与司法论要》《少年法院的学理论证与方案设计》《法学的童真》等数十部著作，发表论文二百余篇。

为了适应学科发展的需要，给学科建设人员提供更广阔的平台，使我校刑事法学再上一个新台阶，“刑事法学文库”的出版发行无疑具有强大的推动作用，也是我校刑事法学发展历程上的新起点。同时，也以此为契机，为我国刑事法学的发展尽些绵薄之力。

刑事法学与其他部门法学最大之不同在于其对象主要是犯罪，然而犯罪是使人厌恶的，会给人带来不愉快的感觉，故而研究犯罪的刑事法学与社会的灰暗总是如影相随，这就要求我们每个刑事法学的研究者始终保有一颗价值无涉的公正之心，“刑事法学文库”将予以明证。

严　励

2015年10月

前　言

所谓改造力，就是关于监狱民警如何改变罪犯旧我，建立新我，达成守法公民的综合能力。或者说，改造力回答的是这样一个简单的问题：罪犯处在一种与监狱民警的天然对立状态中，罪犯凭什么愿意听从你的教育管理，并与你心心相印，按照你的想法成为你想希望成为的那种人？

优秀的监狱民警应具有什么样的改造力？这是一个多年来被反复提及，但仍然在不同场合被提起的命题。如果问起一线干警，可以说是众说纷纭，各有各的道理。有人说改造力就是监狱民警的人格魅力和人品，也有人说改造力就是监狱民警影响罪犯的良好思维方式和行为习惯，还有人说改造力是能够面对监狱关押的复杂的罪犯群体和个体，能够正确抉择灵活处理问题的能力，更有甚者说对罪犯凶一些、狠一些能够震慑罪犯就是改造力……

如何判断一个监狱民警有没有改造力，我以为最简单的判断方法就是这个民警是不是被罪犯所信服，罪犯在他的手里旧我是否改变，新我是否建立，如果罪犯与你貌合神离或者与你对抗，那么你的改造力如何是值得打个问号的。

正如前面提到的，本书对监狱民警改造力的理解是关于监狱民警如何改变罪犯旧我，建立新我，达成守法公民的综合能力，因此我们想追寻的答案是，为什么罪犯愿意听从你的教育管理，并与你心心相印，按照你的想法成为你想希望成为的那种人？这个问题笔者也思考了多年，最后得出了罪犯改造力是由若干基因有机构成的，由这些基因综合发挥作用，以打开罪犯心灵通道，促使罪犯弃旧图新而产生正向的改造合力。本书就是对构成监狱民警改造力的基因进行较为详尽的、全面的探寻。在本书中，笔者试图提炼出改造力基因的八个维度和六十四个要素或“颗粒”，将其看成组成罪犯改造力的DNA或“基因”的体系。

DNA（Deoxyribonucleic acid的缩写，中文名脱氧核糖核酸）是一种分子，可组成遗传指令，引导生物发育与生命机能运作。现代科学的研究证明，人类生命的核心是DNA即基因，它支撑着生命的基本构造和性能，储存着生命的种族、血型、孕育、生长、凋亡的全部信息。它决定我们每个人的健康、性格、寿命，等等。把基因用于罪犯改造力，在这里是一个比喻，就监狱民警而言，我们的工作主业是做罪犯改造工作。在我们每个人投入罪犯改造工作所表现的精神状态里，也有DNA，我把它叫作改造力基因。这种改造力基因奠定并左右着我们工作中的一切，“改造力基因”就是决定监狱民警改造罪犯力量的内在因素，它既从中体现了一种优良的传统，又反映了一种时代的创新，更是一种监狱民警改造罪犯的精气神特质。

我们借用“基因”的概念，并非因为我们认为基因是天生、不可改变的。相反，通过相关资料见证了很多人的不良基因可以改变，良好基因可以提升。如来自科学家的近日发现，说明良好的教育可能使具有暴力倾向基因的人举止恰当。美国国家儿童与人类发展协会的斯蒂芬·索米在伦敦举行的基因与暴力研究大会上说，研究人员通过对恒河猴的实验发现，具有暴力倾向基因的猴子只要得到精心呵护也能保证行为正常。这项研究成果与2002年英国伦敦大学国王学院的特里·莫菲特所做的研究成果相吻合。莫菲特等研究人员在1972年调查了出生于新西兰的1037名儿童，在26年的跟踪调查中发现，缺少MAOA基因的儿童长大后更容易出现好斗心理。因为MAOA基因可以产生破坏神经递质的一元胺氧化酶A，而神经递质负责传递复合胺，当无法传递时，复合胺停留在脑神经键中就会对人体的情绪产生积极的影响。但科学家同时发现，在缺少MAOA的儿童中，只有接受不良教育的儿童成人后才会出现极端的反社会行为，而在适宜家教下的孩子并没有出现反常的行为。[①] 虽然由于研究对象不同，两次研究并不能相互印证，但可以推测良好的教育有助于消除不良基因的影响。至于良好的基因可以提升众所周知就不再展开。由此我们也可以推断出，监狱民警改造力基因通过外部良好的培养和自身的努力，是可以将不好的基因加以改变，将良好的基因进一步有所提升的。

① 转引自唐金龙：《良好的教育始于爱心教育》，收入唐金龙：《品格教育——启示·境界·引领·思考》，东北师范大学出版社2015年版，第28～29页。

在新形势下，改造罪犯是监狱工作宗旨和中心任务，提高罪犯改造质量是凸显宗旨和完成中心任务的关键。它需要监狱民警加强修养，提高素质。而其中改造力基因探寻为监狱民警的修养提供和展开了一个新的视角。基于笔者多年的探寻，监狱民警改造力基因的资源主要是新中国主流文化以及监狱文化的先进因素，中华民族传统文化特别是监狱传统文化的优秀因子以及发达国家法治特别是监狱法治的合理成分，监狱民警的改造力基因体系是在此基础上融通生成的结果。本书认为，改造力基因是由视界、观念、情怀、敬业、引导、践行、探索、内修八个维度构成，每个维度又都蕴含着八种最重要的改造力要素或颗粒，八个维度加每个维度蕴含的八个要素或颗粒等于六十四个要素或颗粒就构成了监狱民警的“改造力基因体系”。需要指出的是，把各种要素简单地堆砌在一起，不是改造力；把各种要素机械地组合在一起，但没有掌握因客观情况变化而变的规律，也不是改造力，只有完整掌握改造力之变化规律，能够根据客观情况变化而变，才是真正的改造力。作为监狱民警要通过加强修养，建设自己的改造力基因体系，迸发出改造力的强大正能量，以更好地提高罪犯改造质量，否则，研究监狱民警改造力基因就没有了存在的价值和意义。

记得作家方方在小说《风景》里，引用了法国诗人波德莱尔的一句话：“在浩漫的生存布景后面，在深渊最黑暗的所在，我清楚地看到那些奇异的世界……”其实，把波德莱尔这句话拿来形容监狱以及服刑罪犯也是很贴切的。监狱难道不是服刑罪犯“浩漫的生存布景”，监狱的服刑罪犯难道不是“深渊最黑暗的所在”？但我们可以在这里看到别一番“奇异的世界”：发现真善美与假恶丑激烈斗争的场面，看到一批批昔日危害社会、危害他人的罪犯在这里经过洗心革面，走向新生的画面，监狱民警就是他们的领路人。当然监狱民警要成为名副其实的引路人，离不开加强自身的修养，其中离不开改造力基因的积淀培育。愿监狱民警的修养是石，为罪犯敲出希望之火；监狱民警的修养是火，为罪犯点燃光明之灯；监狱民警的修养是灯，为罪犯照亮新生之路。我希望，广大监狱民警要不断加强修养，通过把握改造力基因即把握八个维度和六十四个颗粒或要素体系，让不同的颗粒在自己的血脉中慢慢积淀，形成自身特有的改造力基因图谱，成为自己职业生涯的重要资本，把改造罪犯的工作做得更加出色，同时使自己的精神更加充盈、富有。

贾洛川

2017 年 2 月 11 日

目　录

第一篇　视界篇

一、愿　景 …… 3
二、格　局 …… 7
三、胸　怀 …… 10
四、信　念 …… 16
五、见　识 …… 21
六、激　情 …… 24
七、价　值 …… 27
八、境　界 …… 32

第二篇　观念篇

一、思　想 …… 45
二、守　道 …… 49
三、反　思 …… 53
四、逆　思 …… 58
五、权　利 …… 62
六、弘　法 …… 66

七、善　良 …… 74
八、审　美 …… 79

第三篇　情怀篇

一、心　态 …… 87
二、幸　福 …… 90
三、感　恩 …… 94
四、信　任 …… 98
五、同　情 …… 103
六、接　纳 …… 107
七、真　情 …… 111
八、乐　观 …… 115

第四篇　敬业篇

一、忠　诚 …… 121
二、责　任 …… 126
三、诚　信 …… 131
四、正　义 …… 136
五、公　平 …… 140
六、公　开 …… 143
七、良　知 …… 146
八、奉　献 …… 151

第五篇 引导篇

一、引 领 …………………………………………………… 157
二、洞 见 …………………………………………………… 163
三、唤 醒 …………………………………………………… 168
四、说 理 …………………………………………………… 172
五、激 励 …………………………………………………… 176
六、情 境 …………………………………………………… 180
七、执 着 …………………………………………………… 184
八、等 待 …………………………………………………… 188

第六篇 践行篇

一、坚 守 …………………………………………………… 195
二、行 动 …………………………………………………… 199
三、习 惯 …………………………………………………… 203
四、合 作 …………………………………………………… 206
五、关 系 …………………………………………………… 210
六、支 点 …………………………………………………… 217
七、安 全 …………………………………………………… 220
八、应 变 …………………………………………………… 224

第七篇 探索篇

一、勇 气 …………………………………………………… 231
二、问 题 …………………………………………………… 235

三、创　新 …… 238
四、艺　术 …… 243
五、修　复 …… 248
六、数　据 …… 252
七、细　节 …… 257
八、衔　接 …… 261

第八篇　内修篇

一、读　书 …… 267
二、科　研 …… 271
三、专　精 …… 275
四、敬　畏 …… 280
五、放　下 …… 283
六、抗　诱 …… 287
七、清　廉 …… 291
八、自　助 …… 294

主要参考书目 …… 297

后　记 …… 299

第一篇 视界篇

一、愿 景

愿景是一个梦想、一个目标、一个理想。愿景是人生航程的灯塔，它指引着人生前进的方向。一个没有愿景的人，就好像大海中失去航向的船，就宛如陆地上没有方向的车，只能在人生的路途上徘徊，永远无法达到理想的地方。

詹姆斯·艾伦在《思考的人》一书中写道："喜欢梦想的人给这个世界带来了福音。梦想支撑了我们这个世界。……最伟大的成就最初只是一个梦。"壮哉斯言！马丁·路德·金曾有一场《我有一个梦想》的演讲，试图改变美国的种族隔离和种族歧视政策；莱特兄弟梦想着一定要造出飞机，让人类在天空中自由飞翔；比尔·盖茨梦想着要让全世界的每个书桌上都有一台电脑……正是这些巨大的愿景和梦想，改变了这个世界，推动着政治、科学、教育、文化、经济等的发展，使人类社会一步步走向发达和文明。

对于愿景，如前所述，也可以理解为目标。不管人生还是事业，有没有目标或愿景，结果是大不一样的。美国哈佛大学曾经做过一个人生目标的跟踪调查，调查对象是一群年龄、学历、智力、条件等方面大体相同的人。这些人中，有27%的人没有目标；60%的人目标模糊；10%的人有比较明确的短期目标；只有3%的人有十分清晰而具体的长远目标。25年后，对这些人再次调查，发现这些人的生活和事业简直是天壤之别：27%没有目标的人，大都处在社会的最底层，常常失业，生活穷困潦倒；60%目标模糊的人，虽然没有多大的作为，但工作和生活还算稳定；10%有比较明确的短期目标的人，取得了一定的成就，成为各行各业的专业人士；3%有十分清晰而具体的长远目标的人，几乎都成了各行领袖和社会精英。哈佛大学由此得出结论：目标对人生具有巨大的激励和导向作用。

就监狱民警而言，应该从两个方面考量愿景：

一方面，我们自己要有梦想、有目标、有理想。近年来在一些“80后”“90后”的年轻人中有一种流行的说法，曾经是诗与远方，当下只有苟活。我们的一些青年民警也受此影响，产生类似消极情绪。但如果放开视野，换一个角度看自己，“人生不只是眼前的苟且，更有诗和远方”。作为肩负惩罚与改造罪犯神圣使命的监狱民警，怎能自甘苟且？要坚守初心，始终怀揣梦想，在对愿景的追求中释放自己的能量，让更多的罪犯从沉沦走向新生。记得雨果说过一段话：“世上有一种东西比所有的军队更强大，那就是，恰逢其时的一种理想。”我们是幸运的，因为我们恰逢其时。当今以习近平同志为核心的党中央正率领全国各族人民为实现中华民族复兴伟大的“中国梦”而奋勇前行，作为监狱民警，既要把自己的理想和愿景与整个民族的梦想结合起来，又要立足本职工作，把“中国梦”转化为职业梦想，并砥砺奋进，让好梦成真。

另一方面，要给服刑罪犯描绘愿景，引导罪犯越过眼前的苟且，寻找诗与远方。这后一方面正是我们工作的题中之意。罪犯之所以走上犯罪道路，与没有正确的愿景或理想、目标有很大的关系。正因为这方面的缺失，致使他们在人生的航道上搁浅、触礁、沉沦。入监服刑后，不少人万念俱灰，哀莫大于心死，感到前景一片茫然，度日如年，有的人破罐破摔，甚至产生轻生或脱逃的念头。在这种情况下，监狱民警承担着召唤他们，给他们以希望、愿景的责任和使命。《圣经·旧约·箴言》说：没有愿景，民就放肆。用之于监狱改造，如果没有希望与愿景，罪犯的心就散了，人心不稳，监狱也会陷入混乱状态。由上言之，作为监狱民警要有宏大而具体的愿景，这样才能凝聚力量，发掘潜能，才能让自己和服刑罪犯看到希望和前景，才有信心和毅力去争取实现希望和前景。

下面主要谈谈如何给服刑罪犯描绘愿景，帮助他们实现愿景。这里强调以下几点：

第一，要描绘有价值的愿景。有愿景总比没有愿景好。富有价值的愿景总比没有价值的愿景好。有愿景，有比较有价值的愿景，才能发挥罪犯改造的导引、激励、凝聚作用，才能让罪犯改造有奔头，有努力的方向和动力。如果没有愿景，没有比较有价值的愿景，不但罪犯改造的效能无法发挥，而且罪犯也没有前行的方向和动力。因此，在给罪犯描绘愿景的过程中，要引导罪犯树立守法公民的价值目标，正确处理好个人收益与集体收益、短期收益与长期收益、物质性收益与精神性收益的关系，从而更有助于转化为其自身的行为选择模式，助推其为实现愿景而努力加快改造步伐。

第二，愿景的实现要分步骤。这个步骤也可以理解为小目标。罪犯毕竟不同于常人，面对罪犯难以改正自己罪错的惯性，监狱民警想让他们立马悔改以达到监狱民警的要求，这在实际中难以行得通。我国古代学者荀子在《劝学篇》中指出："不积跬步，无以至千里；不积小流，无以成江海。"他告诉我们一个道理，事物的发展变化都是需要一个积少成多、逐渐变化的过程。监狱民警要想改造罪犯的罪错或欲达到自己对罪犯提出的改造愿景，也可将最终愿景转化为一个个步骤或小目标来推动罪犯转化，并在罪犯完成每个小变化后，给予积极的评价和鼓励，这样就能够促使罪犯逐渐地以至最后彻底地改变自己的恶习，积善成德，实现监狱民警对罪犯的期望。

第三，愿景要和罪犯的切身利益挂钩。中国古典小说《西游记》中，由唐僧带领的这个团队，其成员孙悟空、猪八戒和沙僧在菩萨眼里都是有罪之人，那么观音菩萨和唐僧是靠什么凝聚他们的呢？那就是给他们指出了与他们利益攸关的愿景，即通过取经可以使他们获得解脱，可以脱离受惩罚的苦海，可以成佛。成佛这是多么崇高和美好的愿景啊！因此他们无论遇到什么艰难险阻，无不奋力向前。作为监狱民警所描绘的愿景也一定要和罪犯的切身利益有关系，这样才能引起共鸣，才有感染性，愿景才能真正发挥作用。例如，要根据罪犯想改变当下处境，同时想早日获得自由，重返家庭和社会的需求，给罪犯设置动态的分级处遇（严管、普管、宽管处遇），减刑、假释刑事奖励措施，从而更好地激励罪犯改造。

第四，愿景要不断重复。2015 年某房地产网站的电台有一广告语："走直线，走直线，走直线，重要的事情说三遍。"此广告一经推出，迅速火遍各大电台。动漫《潜行吧，奈亚子》也用过：记得说三遍，说三遍，说三遍就好了，会有神奇的效果发生。它说明强调一件事情不要怕重复。作为监狱民警也要学会对罪犯不断重复愿景，否则愿景会随着时间的推移而逐渐消退，所以不能提一遍就完了，当监狱民警不再重复自己描绘的愿景时，罪犯就会觉得监狱民警不是很认真，觉得你好像是在敷衍，只有你不断重复，才能证明你是真心地希望他们的愿景实现，使愿景真正能融入罪犯的心中，成为罪犯内心深处的航标，落实到行动里。

第五，愿景实现要注重考评和奖惩。如对罪犯愿景的实现结果，从时间角度可按照短、中、长，从层次和难度角度可按照低、中、高进行考评。考评应该是领导、普通民警与罪犯共同参加。要自评和他评相结合；要落实奖惩制度，奖惩力度越大，激励效用越大，就能更好地激发罪犯的改造积极性，更好地为早日获得自由、走向新生而倍加努力。

记得美国诗人罗伯特·弗罗斯特在一首诗中写道："树林美丽、幽暗而深邃。但我有诺言，尚待实现，还要奔行百里方可沉睡。"是的，监狱民警所从事的监狱改造事业，幽深而充满不可测的神秘与危险，但你不能不说它是美丽的。我们要把迷途者引出树林让他们自由飞翔，这就是我们的愿景、我们的诺言，为了实现，就不能停下脚步，直至达到目的方可歇息。在短暂的歇息后，为了新的愿景和诺言，又开始奔行在路上。

二、格 局

最近读了南宋词人辛弃疾的一首词《清平乐·题上卢桥》颇有感触，现抄录如下：清泉奔快，不管青山碍。十里盘盘平世界，更着溪山襟带。古今陵谷茫茫，市朝往往耕桑。此地居然形胜，似曾小小兴亡。

透过这首词，可以看出，辛弃疾是一个有大格局的人，哪怕他闲居在江西带湖这个远离抗金前线的小地方，还是满脑子的历史兴亡观。从他所居之地看，有清泉奔流，青山也挡不住。十里大小之地，有一块曲曲折折的平地，被溪山环绕。在这样的清幽之地，词人的心情并没有平静。他居然想到了这个小地方也有兴亡。今天的城市，几百年后或许是农耕之地，熙熙攘攘的热闹之处成为田野桑树分布之地，辛弃疾忽然又有一种沧桑感，所以感叹，这里和长安一样，和汴梁一样，也有过兴亡。这么一来，山清水秀的带湖就非同一般，也变得高大上了。读了这首词，不由对辛弃疾更为叹服。有大格局的人看山水，山水也有了大格局，带湖的品位就这样被词人塑造出来了。从此成为后人膜拜敬仰的历史名胜。

不仅写词需要大格局，作画亦是如此。著名画家刘海粟曾教女儿画画，有这样一段话："字要写大字，画要画大的，胆子放出来，格局要大。一张画主要看精气神。"寥寥数语，道尽作画之精髓。

再来看看中国人在传统的建筑上也是十分讲究大格局的。门楣要高，屋宇要广，庭院要深，然后，杨柳堆烟，帘幕无重数。在现代建筑中，一幢幢拔地而起，直耸云霄的摩天大楼，无不显示出大格局。

接下来看看做人更需要大格局。对于做人来说，大格局是一种大气度，是一种大情怀，是一种大气象，是心灵里的山高水阔，是精神深处的奔逸宏阔。冯友兰当年在北大读书，第一次去办公室见校长蔡元培。回来后用"光华霁月"四字来形容当时在现场的感受，说那是一个浑身充满光辉的人物，由于这个人的存在，整间办公室都被照亮了。冯友兰的确是眼光独具，他分明感受到了蔡元培身上的大气象和大格局。做人有了大格局，才会有强大的气场，成就人生的大辉煌、大意境。

大格局不仅仅是指伟人或杰出人物，法国哲学家、文学家萨特提出过一个观点："很多人都应该努力在一个很小的职业中做出更大一点的格局。"萨特的观点与前面提到的辛词的意思殊途同归，只不过前者以形象思维道出，后者则是一句哲理睿语，意思都是在表明，面对看似平凡不起眼的环境，就看你怎么看，在胸中有大格局的人眼里，他所面对的环境就可以看成做出大格局的环境，就能做出非同一般的事情，而在胸中只有小格局的人眼里，他所面对的环境也就只能看成做出小格局的环境，也就不可能有出色的表现。

就监狱民警而言，虽然是普通人，也同样可以有大格局。我们希望其都能成为胸中有大格局的人，把自己的工作格局做大，努力使自己在平凡的工作岗位上做出不平凡的贡献。

不错，监狱工作是平凡的，工作环境与其他行业的工作环境相比是相对封闭的，是枯燥、单调的。但作为一个单位领导，你可以把你领导的单位建成一流单位；作为一个普通民警，你也可以把你的工作做到一流，这就是格局。一个胸中有大格局的监狱民警，可以做大自己的工作，做强自己的事业。

作为监狱民警，既然你已经选择了监狱工作这个职业，无论你是主动的选择还是被动的选择，既然已经没有退路，就要一往无前地做下去，抱怨、冷漠、懈怠，心胸狭窄、井蛙之见、小肚鸡肠，只会使你胸中的格局越来越小，到头来只会落得碌碌无为，一事无成。

一个人生活在世界上，不同于动物的地方，就是应该追求自己能够达到的一种格局。衡量一个人的高低，也是看他格局的大小，就监狱民警而言，对于格局的追求，不同的人有不同的表现。第一种人，他会有意识地不断扎根实践，思考读书，辛勤奋斗，来放大自己胸中的格局。他对自己的现状，对自己的小格局总是不满意，总想在现有的基础上更进一步。这样的人，是有追求的人，是坚强的人，是对自己的事业负责的人。即使遇到重重困难，也会勇于面对，在战胜艰难险阻中不断放大自己的格局，把自己的事业做出更大的格局。第二种人，安于现状，自己的格局得不到改变，导致自己的工作面貌也得不到改变，最为明显的标志就是他觉得在较长一段时间内，长进不大，业绩平平。这种人采取的态度无非是两种：一种是意识到了自己的短板以后，会努力提升自己，在胸中放大自己的格局，通过积极进取，做出显著成绩，甚至令人刮目相看；另一种是意识到以后，还是放弃追求，继续先前的状态。最糟糕的是第三种人，这种人抱着一种混碗饭吃的心态从事监狱工作，生活在自己的小世界、小圈子里，不思进取，得过且过，对待工作能推就推，能拖就拖，能躲就躲。这种人胸中的格局从一开始就显得小家子气，只是关心与自己有关的事，眼前能给自己带来好处的事，能够少干事甚至不干事还能照样拿好处，这种小格局的人，谈不上对工作的改变和水平的提升。

作为监狱民警，我们看齐的是第一种人，也要学习第二种人的前一种敢于正视自己不足，改变自己不足的精神。以放大自己的格局，即使在平凡的岗位上也能够做出大格局。

监狱民警如何在平凡的岗位上做出大格局。首先，要有宏大的愿景。愿景是一种目标，一个梦想，一个愿望。愿景是指引人生前进的方向。因此，监狱民警要有长远和宏大的愿景，这样才能有信心、有力量为愿景去奋斗。其次，要有宽阔的心胸。正如有人所说，心中有多大，舞台就有多大。人生的舞台和事业的舞台的大小不是用物质来规定、用尺子来丈量的，而是用心来规定和丈量的。因此，作为监狱民警要使自己和所从事的事业有大的、长远的发展，就要练就宽阔的心胸，不鼠目寸光，不急功近利，要抛弃小我，树立大我。再次，要有无畏的胆识。有胆略、敢担当。做事患得患失、畏首畏尾、遇事推脱和逃避的人是做不成大格局的。最后，要有独特的眼光。如法国艺术大师罗丹所言："真正的艺术大师用自己的眼睛去看别人看过的东西，在别人司空见惯的东西上能够发现出美来。"从某种意义上说，监狱民警也是艺术家，是雕刻罪犯灵魂的艺术家，我们要做大格局，当然也要有独到的眼光，也要在别人看过的东西中，在别人司空见惯的东西中发现价值，如罪犯在普通人的眼里是枯木，是"人渣"，而在监狱民警的眼里，就应让枯木逢春，"人渣"变宝。这样不断地做下去，就会有更多的罪犯因你而改变，你的格局就会越做越大，你对社会的贡献也会更大，同时你也会更加充满生命活力，拥有无比壮丽的价值。

三、胸 怀

古语云："泰山不辞杯土，方能成其高；江河不择细流，方能成其深。"由景及人，当我们感叹泰山之高，江河之深时，可曾想过大自然造物的泰山、江河如果没有博大的胸怀，如何能让杯土尽归泰山之胸，细流尽入江河之怀？世间万物，包括人类，存在于世的奥秘彼此相通，都有其规律所在，这也许就如同老子所言的"道"一样，博大的胸怀便是泰山、江河构成的自然界与人构成的社会的共同之"道"，世间万物包括人类，拥有博大的胸怀，豁达宽容之心，方能"成其高""就其深"。

木心先生 1989 年在纽约给旅美的陈丹青等一些艺术家们上文学课，第一讲便给大家讲了一则寓言："在万国交界处有一片森林，林中有一猎人定居，这木屋只能容纳一人、一枪。有一年冬，狂风暴雨的黑夜，有人焦急敲门。开门，一位老太太迷路了，求躲雨，才安顿，又有人敲门，启，一对小孩，迎进来。顷刻门又响，启，一位将军出战迷路，带着数十个兵，于是迎进来。再有人来，是西班牙公主，携众多车马……都要躲雨。雨夜，屋里有笑有唱，天亮了，雨止了，众人离去。"① 这则寓言说的是什么意思呢？在现实中，仅能容一人一枪的房子，不可能容纳那么多的人，但在故事中却从未能要可能，与现实中反差强烈的故事，恰恰能给人开辟丰富的想象空间和传递包容的力量，它所集中想要表达的意思是：只要心意诚，神祇就大，智慧就大。一个人只要心胸开阔，就能包容得下想要包容的东西。这里实际上讲得就是一个人应具有的宽广胸怀所体现的巨大包容力量。对于监狱民警来说，肩负着改造人、造就人的神圣而光荣的使命，所打交道的是形形色色的罪犯，为世人所憎恶，为家人所厌弃，面对这类人，更要有宽广的胸怀，更要讲求包容。

---

① 转引自敖德："包容的力量"，载《中国教育报》2013 年 11 月 25 日。

一个监狱民警，是做一个胸怀博大的人，还是做一个器小易盈的人？胸怀对一个监狱民警非常重要，有大胸怀才有高境界，有高境界才有伟事业。法国文豪雨果说过：“世界上最宽阔的是海洋，比海洋更宽阔的是天空，比天空更宽广的是人的胸怀。”这种比海洋和天空更为宽阔的人的胸怀，便是一颗宽容博大的胸怀。而一个有大胸怀的监狱民警，才能以比海洋、比天空更宽广的胸怀去做改造罪犯的工作，把他们从罪恶的苦海拯救出来，拉向光明的彼岸，成就改造社会、改造人的伟大事业。

监狱民警要做到胸怀博大，首先对于罪犯要学会宽恕。要有包容心、同情心，给有过之人自新机会。宽恕说起来容易，但真正从你内心认同并付诸行动是相当困难的。法国解构主义大师德里达说过：“不可宽恕者是宽恕的前提。”这话乍听起来有些拗口，但仔细想想，确实有道理。不错，一个人的罪过非常容易得到宽恕者的宽恕，那样的宽恕不会让人感动，让人刻骨铭心。而正因如此，对不可宽恕者宽恕才能体现出宽恕者的豁达大度。这里试举两个事例：

一是发生在国外的伊朗。玛雅姆的儿子是在2007年的一次街头斗殴中被人杀害的，当时只有17岁，而凶手也是不到20岁的小伙子。7年后的2014年4月，凶手将被执行绞刑。按照惯例，在刑场上，受害人的父母会踢开绞刑架下面的椅子完成死刑的执行。但就在执行绞刑的前几秒，玛雅姆做出了一个惊人的举动：她站在另外一个椅子上扇了凶手一耳光，然后高声说：“你被原谅了！”然后和自己的丈夫一起将处以绞刑使用的绳圈从死囚的脖子上摘下来。见此情景，本已放弃了希望，瘫坐在地上的死囚母亲和玛雅姆抱头痛哭，在场的人群中爆发出一阵热烈的掌声和欢呼声。

另一个是发生在本国的事情。和玛雅姆的儿子比，郑某福（化名）的儿子死得更惨，更冤枉。有报道称，2013年7月26日晚，郑某福的儿子郑某约了本村的朋友尤某涌和侯某一起到郑家喝酒吃饭。席间，因为侯某给尤某涌（化名）倒酒他没有喝，侯某心中不悦，就开始语言相激，已经有些醉意的尤某涌面露不悦之色。晚上10点多，尚未离开的尤某涌帮郑某收拾，一旁的侯某仍在不停地埋怨尤某涌不给面子，两人因此争吵，尤某涌冲向厨房要拿刀砍人，被郑某拦住劝回了家。到家后，尤某涌仍未消气，摘下挂在屋内墙上的东洋刀回到郑家，他先用刀朝劝架的郑某身上乱刺，又朝侯某身上乱扎，两个好朋友随即倒在血泊里。眼前的惨状让尤某涌酒醒了许多，他赶紧打电话报警，并帮助郑某按着伤口止血。但为时已晚，侯某当场死亡，郑某也因伤势过重在4天后死亡。对于这样一起案件并不复杂，后果十分严重的命案，作为被害人的父亲，郑某福该如何面对，对凶手该提出什么样严厉的要求，大概都是可以理解的。但是，郑某福没有那么做，相反，他做了一个常人难以置信的决定。在法庭上，他替凶手求情，请求法庭从轻发落，刀下留人。在央视《新闻1+1》的镜头里，年过半百的郑某福，脸上的皱纹就像龟裂的黄土地，一看就知道这中年汉子日子过得不容易。记者的提问单刀直入："你为什么要原谅杀害你儿子的凶手?"面对央视记者带着理性与不解的提问，郑某福的回答憨得和邻居大老爷们唠家常似的："没想那么多，我的儿子没了，当然恨。想了一星期，一下子想明白了，要是老尤家的儿子没了，不也和我一样？他的后半辈子谁来养?"这样的回答足够简单，简单得让人难以置信；也足够震撼，震撼得让人潸然泪下，甚至我们相信能让再凶残的罪犯都会为之动容。郑某福这样如此淡然的回答，恰恰是他"想了一个星期"，用不能承受生命之重的痛切感受凝练而成。因为，他已经感受到失子之痛，他不想让另一个父亲遭受同样的打击——即使他的儿子罪有应得。

以上两个事例，都体现了德里达所言的宽恕，无论是玛雅姆还是郑某福，都在宽恕着一个不可宽恕者。据说宽恕是上帝的特权，一般庶人是无权宽恕的。社会心理学家对宽恕的解释是指"有权力责备处罚而不责备处罚，有权力报复而不加报复的一种道德心理结构"①。因为宽恕意味着赦免别人的罪过，拥有这样特权的自然不会是普通人，至少是有一定权力的人。但玛雅姆和郑某福，一个是极普通的伊朗妇女，一个是极普通的中国农民。他们的举动，用宽恕所迸发出来的伟大的人格力量，远不只是挽救了两个原本应该走向生命终点的死囚那么简单。② 虽然他们不是神，也没有权柄，只是一个普通百姓，但仍然保持着一颗宽容的心，宽恕着伤害过自己亲人的罪人，体现了有

---

① 转引自吴宏彪：《掌控力》，北京工业大学出版社2011年版，第165页。

② 摘自秋子："宽恕的力量"，载《江苏警视》2015年第9期。

容乃大的博大胸怀，更令人打心里钦佩不已。

就监狱民警而言，代表国家对罪犯执行刑罚，手握决定罪犯苦乐祸福的重权，他既有惩治的特权，也有宽恕的特权。这里有很大的自由裁量空间，一般地说，罪犯犯了罪，固然要受到法律的制裁，要不就不用入监服刑了。但另一点要本着教育挽救的态度，引导其告别昨天，重新开始。要看到罪犯本人并非是不可饶恕的，不要一味用厌弃、憎恶的眼光盯着他们。当一张白纸上染了黑墨后，我们应该做的不是任其停留，或是以为这个黑墨可以遮住整张白纸，而应该努力把它去掉。如梁漱溟先生所言，凤凰可以集香木自焚而得重生，人也一样。促其每次忏悔、自省后自己都是涅槃后的凤凰，都是一个新的生命。知道了哪些是臭的，才能够舍弃；去浊扬清，生命之水才能焕发生机，才能长流长清。[①] 因此，监狱民警在自己的权力范围内也是可以并应该对罪犯予以宽恕的，当然，这里所讲的宽恕不是不讲原则，更不是丧失立场，而是只要罪犯还不致于是死罪，还有一点可取之处，就不要一味纠缠他们的过去，而是向前看，着眼明天，创造条件，促其走向新生。

监狱民警要做到胸怀博大，其次在说理上要豁达一些。人们常说理屈词穷，理直气壮，特别是人占了理，讲起话来自然底气十足，甚至得理不饶人。殊不知，以这样的态度讲话，常常损人颜面，以这样的态度为人，往往失去君子风范。所以理直也不必气壮，不妨豁达一些，心平气和一些，最终使之心服口服，从心底里听从和敬重你。

相传东吴丞相顾雍，早年曾遭奸臣吕壹的陷害。后来吕壹罪行败露，被捕下狱，恰逢顾雍受命来审理他。照理说，顾雍面对曾经迫害过自己的小人，是有充足的理由和底气对其嘲弄一番的。然而他没有那么做，而是像对待平常人一样和颜悦色地与之交谈。临走时，顾雍再一次问他："你的意思表达清楚了吗？还有什么要说的吗？"吕壹感动得只是叩头谢罪。此时站在一旁的尚书郎怀叙忍不住怒气冲冲地骂起吕壹来。顾雍却回过头责备说："国家有法律惩罚他，何必骂人呢？"足见一代名相的气度和境界。这不由使人想到了明代思想家吕坤所说："心平气和，而有刚毅不可夺之力。"可见理直气和是一种

① 摘自朱夏楠编著：《梁漱溟人生智慧书》，中国广播电视出版社2010年版，第270～237页。

力量，是化解纷争的至高境界。对于监狱民警来说，也要学会心平气和讲道理，不要动不动就发脾气，甩脸子，这样不一定会使罪犯心服口服，反而可能会激化矛盾。

监狱民警要做到胸怀博大，最后要忘记别人对你的伤害。近日，读了一则故事感触颇深。故事说智者和一个朋友结伴外出旅行，在行经一个山谷时，智者一不留神滑跌了。他的朋友拼尽全力拉住他，不让他葬进谷底。智者得救后，执意要在石头上镌刻下这件事情。他的朋友问："真的有必要这样做吗?"智者说："当然。"于是，他在石头上刻下：某年某月某日，在经过某山谷时，朋友某某救我一命。刻完后，他们继续自己的旅程。有一天，在海边，两个人因为一件事争吵起来，朋友一怒之下，给了智者一耳光。智者捂着发烧的脸说："我一定要记下这件事情!"智者找来一根棍子，在退潮的沙滩上写下：某年某月某日，在某某沙滩上，朋友某某打了我一耳光。朋友看过后不解地问道："你为什么不刻在石头上呢?"智者笑了，说："我告诉石头的都是我唯恐忘了的事情，我要让石头记住；而我告诉沙滩的，都是我唯恐忘不了的事情，我要让沙滩替我忘了。"[①] 把伤害写在沙滩上，让风吹走，让浪荡平，不留一丝痕迹，这就是智之所在，如果说铭记别人的恩泽是一种爱的话，那么，忘记别人的过错，就不仅仅是一种爱，而是一种智慧，一种美德，一种修养。如果要再选一个词来代替，那就是胸怀博大，不计前嫌。智者让沙滩替他忘了伤害过自己的事情，让石头替他记住有恩于自己的事情，这样爱就会长存心中，用充满爱的眼睛看世界，世界就是美好的。联系到监狱民警，在日常工作中，由于工作空间所限，所打交道的无非是同行与罪犯。在这个过程中，难免会遇到一些不快，甚至会遇到别人对你的伤害。先说同事之间，在工作中难免会有一些磕磕碰碰，甚至有人觉得你影响了他的某些个人利益的实现而不惜打击你，中伤你。面对这种情况，你要做的就是不要放在心上，学会忘记，让对方在你的大度面前自惭形秽，甘拜下风。另外，在与罪犯打交道的过程中，有时也会被一些桀骜不驯的罪犯伤害，如言语顶撞、拒不出

---

① 参见崔珍："过错写在沙滩上"，载郑琰：《品悟：行走的风景》，中国人民大学出版社2008年版，第155页。

工，拒不接受管教，出监狱民警的洋相。但监狱民警作为执法者、教育者、管理者不能去计较，如果老是记仇，不可能有一个好的管教心态。作为监狱干警，要学会及时忘记罪犯对你的伤害，忘记仇恨。仇恨会像天空的阴霾，挡住我们发现爱、发现美的眼睛。我们知道，要改变一个人特别是罪犯，不是一天两天的事，也不是一件容易的事。但只要像智者那样，将罪犯的过错写在沙滩上将他们的亮点刻在心里，那么，我们眼里的罪犯是可教的，有不少美好的一面，就更会坚定我们改造人的信心，坚持不懈地做转化工作，从而使罪犯在监狱民警博大胸怀的感召下，发自内心地认罪悔罪，迈上新生之路。

四、信　念

但丁曾说："能够使我漂浮于人生的泥沼中而不致陷污的，是我的信心。"马克斯·韦伯也说过："一个能够老老实实地说出他根本没有彼岸的信念和希望的人，只能是一个彻头彻尾地不幸地被造物。"信念是一种精神导向，是一种精神昂扬的生存姿态，对个人、对社会有着不可估量的积极意义。

曾经看到过"走出沙漠"的故事：一群学者随一位老教授沿着丝绸之路进行民俗考察，不久迷路，走进了杳无人烟的沙漠，干燥和炎热消耗了每个人的体力。食物没有了，最可怕的是干渴。为了节省水，老教授把大家的水壶集中起来。几天后，老教授不行了。他把最后一个水壶给了一位信任的助教，并叮咛：不到万不得已，千万别动它。大伙艰难地跋涉，用这个水壶支撑着。就在大家实在走不下去的时候，沙丘后面终于传来了流水声。这时，助教才把真相告诉大家：挂在胸前的水壶，灌满了沙子，教授瞒着，是怕大家绝望。无独有偶，不久前又看到一个与此类似的故事：一场突如其来的沙漠风暴使一位旅行者迷失了前进的方向。更可怕的是，旅行者装水和干粮的背包也被风暴卷走了。他翻遍身上所有的口袋，找到了一个青青的苹果。他紧握着那个苹果，独自在沙漠中寻找出路。每当干渴、饥饿、疲乏袭来的时候，他都要看一看手中的苹果，抿一抿干裂的嘴唇，陡然又会增添新的力量。一天过去了，两天过去了，第三天，旅行者终于走出了沙漠。那个他始终未咬过一口的青苹果，已干巴得不成样子，他却像宝贝似的一直紧攥在手里。看了以上两个故事，我们在深深赞叹老教授带领的团队和旅行者之余，不由使人感慨的是，一个水壶、一个苹果，竟然能有如此神奇的力量。而这种力量，就是信念的力量，是信念托举着他们的精神，支撑着他们的意志，使他们一步步从困境中走出沙漠。这些故事启示我们，守住信念才有所成。

接下来让我们再看看电影《少年派的奇幻漂流》中关于“少年派”的故事①。派的父亲开了一家动物园。因为这样的生活环境，派从小就很了解动物的习性，对信仰或信念与人的本性自有一套看法。在派 17 岁那一年，他的父母决定举家移民加拿大去追求更好的生活，而他必须也离开他的初恋情人。

在举家迁往加拿大时，货船中途沉没，派的家人全部遇难。派侥幸落在救生艇的舱盖布上得以生存。于是，他开始了内海上漂泊 227 天的历程，与他同时处在救生艇中的，除了那只断了一条腿的斑马外，还有一只鬣狗、一只猩猩以及一只成年孟加拉虎。在救生艇上的最初 3 天，鬣狗活吃了斑马，咬死了猩猩，孟加拉虎又杀死了鬣狗。接着，17 岁的少年派海上生存的故事便开始了。

那是一场奇幻的漂流。一人一虎在茫茫的太平洋上，一叶孤舟中，既互相对峙又彼此依存。面对一片汪洋，文明世界已经远去，剩下的只是赤裸裸的求生本能。派本能地生出了怕，怕突如其来的灾难和死亡，怕失去所拥有的一切，怕自己退化成为最原始的野兽，而怕到了最绝处，他竟然和这老虎做伴，适应它，拖着它挣扎求生。等到老虎终于头也不回地离去，他竟然不舍，痛哭流涕。他明白，是信念给了他爱和希望，使他能够与虎相处，用自己的爱和真诚感化了老虎，使老虎终于离他而去。在这里支撑派坚持下去的信念就是爱、适应、不放弃努力，最终使他绝处逢生。

我们知道，每个人刚刚来到这个世界上时，基本素质是相似的，但即使是相同的成长环境，成人后为什么有人一生碌碌无为，有人事业有成？究其原因，有一点不可否认，大凡取得一定成绩的人，心中必定有一个向上的信念，这信念就像一面旗帜始终指引着他的行动，促使他不断攻坚克难，做出成绩，达到自己所向往的境界。

监狱民警所从事的是改造人的事业，是改造社会、改造人的伟大事业的一个重要组成部分，作为监狱民警要坚信这一事业的崇高性、神圣性、合法性、合理性和正义性。要坚信罪犯是可以改造的，经过我们的工作，绝大多

---

① “少年派的奇幻漂流”这个故事转引自袁卫星：《心存敬畏》，海峡出版发行集团、福建教育出版社 2013 年版，第 121 ~ 122 页。

数罪犯是可以改造成对社会有益的守法公民的，有了这个信念，就可以为监狱民警的行为注入坚强的因子。由于罪犯的改造具有艰巨性的一面，加之传统和现实对监狱以及民警有不公正的或片面极端的看法，这些都会给监狱民警的职业态度与从业思想带来各种不利的影响，如何客观冷静地、理智周到地看待自己所从事的职业并一如既往地坚定从容地从事监管改造工作，这就全靠监狱民警的信念支撑和保障，信念引领着监狱民警披荆斩棘、驱走迷雾、穿越险滩，沿着自己确定的路线前行，不断迈向职业的高处和深处。

监狱民警所从事的工作不是一个简单的操作性行为，而是属于信念的事业，因为真正的罪犯灵魂改造是精神再生和灵魂的再造。如果监狱改造只是一种简单的操作行为，那么，我们完全可以用现代化的监控手段取代监狱民警。正因为人只能由人来改造，心灵只能由心灵来感召，监狱民警信念的确立就显得至关重要了。因为信念确立的基石就是对于监狱事业必胜、罪犯必能变好、社会必能减少犯罪现象的祈望。凭着这个信念，就可以创造出奇迹。被浙江省监狱系统誉为“最美监狱人民警察”的董陈波，现任十里丰监狱九监区二分监区政治指导员，他既是医生，又是警察，10 年来与艾滋病犯零距离接触。董陈波说，很多艾滋病犯在社会上被歧视，甚至被家人抛弃，他们普遍自暴自弃，对生命绝望，对社会有很深的仇恨情绪，甚至互相伤害。小说《刀锋上的救赎》里有段让董陈波记忆犹新的话，“没有什么能阻止人与人互相伤害”。但董陈波却不信，“我期待所有的伤害都能停止在这里”。就是凭借这个信念，他在艾滋病监区一干就是 10 年。他从接触管教一名对抗情绪最激烈的罪犯入手，帮助其治疗皮肤溃烂、头痛等疾病；从细节做起，脱下手套、口罩、走出隔离室，面对面，零距离开展谈话教育，通过他的一步步、一个个关爱行动，逐渐赢得了这名艾滋病犯的信任、理解和支持，进一步做他的转化工作非常顺利。董陈波所领导分监区罪犯改造面貌不断发生新的变化。2016 年 1 月，在监内陪罪犯过除夕的他收到了一份意外惊喜。监内服刑人员联名给他写了一张新年祝福卡，让董陈波很是感动，这些点点滴滴的感动，更坚定了董陈波把罪犯改造好的信念，更用心地去教育挽救每一名走在生死线上的服刑人员。[①] 从董陈波身上，我们可以看到信念在罪犯改造工作中所迸发出的巨大正能量，激励监狱民警不断开拓罪犯改造事业的新境界。

监狱民警要坚定信念，重要的是要使自身时时保持开放的心态，使自己有强大的自信心。相传魔术师胡订尼有一手绝活儿，他能在短时间打开无论多么复杂的锁，从未失手。他为自己定下一个目标：要在60分钟之内，从任何锁中挣脱出来。有一个英国小镇的居民，决定向胡订尼挑战。他们特制了一个坚固的铁牢，配上一把看起来非常复杂的锁。胡订尼接受了这个挑战。30分钟过去了，45分钟，一个小时过去了，胡订尼头上开始冒汗。最后两个小时过去了，胡订尼始终听不到期待中的锁簧弹开的声音。当他筋疲力尽地将身体靠在门上坐下来，结果牢门却顺势而开。其实门没有上锁，而是胡订尼心中的门上了锁。[②] 这在心理学上称作闭锁心理。面对外界的挑战，胡订尼先把自己锁起来了，使自己变得没有自信，最终使自己败给了自己，这一点对于监狱民警同样是有警示意义的。它告诫我们，走出闭锁的心理，放开自己的思想是何等重要。在实际工作中不难发现。我们有些监狱民警陷入困局不能自拔，倒不是困局本身，而是自己先没了自信，先乱了阵脚，因此，要求我们监狱民警心态要开放，要使自己对所从事的事业充满强大的自信心。

监狱民警要坚定信念，关键是要不忘初心。《华严经》云：不忘初心，方得始终。作为监狱民警，就是要用最初的心，做永远的事，这个“事”即自己所从事、担当的监狱改造事业。在现实生活中，我们有时不无痛惜地看到，个别监狱民警出了问题，甚至由罪犯的改造者沦为“阶下囚”，细想起来，与忘了初心不无关系，忘了初心就会心有旁骛，就难免动摇信念，导致行为出现偏差。如果他们能够保持最初的信念，宁静致远，淡泊明志，用一如既往的坚持，用百炼成钢的坚定，用水滴石穿的执着，坚守内心的信念，坚守做人的底线，断不会走到毁掉自己、毁掉家庭的境地。因此，作为监狱民警要时时警诫自己，不忘初心，以坚定信念，方能做到一辈子奉献事业不动摇，圆满走好自己的一生。

---

① “最美监狱人民警察 敬业奉献类——董陈波主要事迹”，载《浙江监狱》2015年特刊。

② 转引自朱良才：《教育·三十七度二》，新华出版社2009年版，第234页。

总之，信念作为一种精神向导，对人对己都会产生一种强大的行为推动作用。作为监狱民警首先要自信，犹如著名学者赫巴特所说：“做事必须打定主意，不要常常改变方向，一直向着既定的目标前进；把你的心，完全放在你所希望的光明而伟大的事情上去。”监狱民警要取得事业的成功，自信必不可少，要树立罪犯的改造信心，监狱民警自身必须是一个充满自信的人。与此同时，时刻注意对每一个罪犯赋予积极的期望，让他们不断感受到监狱民警对他们重新站起来的期望，及时发掘他们点点滴滴的长处并加以肯定，不断用关爱的阳光照亮他们的心房，以不断地激发他们的改造自信心，这样将会更好地促使他们告别昨天，打造出全新的自我。

五、见 识

“见识”一词，通常指人们对客观事物状态、变化趋势与内部联系的见解与认识。监狱民警肩负执法者、教育者、管理者之责，就不能没有见识，而且要比一般人站得高、看得远，想得全，看得准，才能使所辖罪犯群体健康发展，罪犯个体得到更好地改造。

监狱民警要有所建树，有所创新与发展，就必须具有辩证唯物主义和现代科学方法论指导的远见卓识。“不畏浮云遮望眼，只缘身在最高层。”见识的本质，就是科学预见未来，跨越时光的栅栏，提前采取措施和做好准备。就涉及面而言，监狱民警的见识虽然可以分为战略性见识和战术性见识，但要真正达到“远见于未萌，避危于无形”这一境界。就要善于进行超前思维，要见微知著，对未来的预兆能够洞烛机先，在现在与未来的联系中寻找认识未来的路径。

一个监狱民警特别是领导见识的培养，并非一朝一夕之功，需要经过长时间的学习、实践的修炼。见识的重点在于学会以下几个“看”：

第一，立体地看。即把事物看成一个完整的物体，从多维视角看问题。就监狱领导而言，从国际的视域，了解国际监狱行刑的总体特点和发展趋势，树立科学的监狱发展观；从国家对监狱工作的总体布局中，敏锐捕捉改革动向，制定富有特色和风格的监狱发展纲要；从建设创新型国家的发展大势中，把握监狱的使命和价值，明确监狱工作理念；从适应市场经济体制、建设平安中国的要求中，定位监狱的罪犯改造目标；从监狱的文化积淀中，提炼监狱文化基因，打造良好的监狱文化。立体地看，关键是要学会站在一定的高度，把具体问题和许多与之有相关的因素一同加以审视，使视野显得高远开阔。这就要求监狱民警特别是各级领导敏目善思，视通广远，具有立体的眼光。

第二，全面地看。宋代诗人苏轼的《题西林壁》一诗中写道："横看成岭侧成峰，远近高低各不同。不识庐山真面目，只缘身在此山中。"诗的大意是，从正面看，庐山像连绵起伏的山岭；从侧面看，庐山又像是挺拔秀硕的山峰。从不同角度看，庐山呈现不同的姿态。之所以不能看清楚庐山的真面目，只是因为自己身处庐山之中。诗人运用借物喻理的手法，旨在说明一个深刻的道理：要认识事物的本质，就应全面客观地把握，冷静地分析，而不能被局部的假象所迷惑。就监管改造中的问题而言，解决的方案既有"症状解"也有"根本解"，"症状解"能迅速解决问题的症状，如就监狱安全而抓安全，处处防范，步步为营，如临大敌。看起来罪犯表面平静，一切在高压下有条不紊地进行。但这种平静只有暂时的作用，如果过于迷信高压，甚至会有加深问题的副作用，使问题更难以得到根本解决。"根本解"则是从根本上解决问题的方式，在监狱就是要紧紧抓住教育改造罪犯这个中心任务不放手，从其思想深处解决问题，就"根本解"来说，其效果往往要较长时间才能显现出来。只有通过系统思考，全面地看待问题，才能找到"根本解"。

第三，动态地看。即坚持用发展的、动态的观点看问题，而不是静态地、凝固地看待事物。就监狱服刑罪犯而言，更要学会动态地看他们。既要学会看到他们的过去，又要学会看到他们的现在，还要学会看到他们的将来。既要看到罪犯由好变坏的犯罪轨迹，又要看到在监狱经过监狱民警的教育管理，绝大多数人都在朝好的方面转化的事实。对积极改造的罪犯，要看到他有可能倒退的变化因素，对于顽危犯，要看到他有可能顽石点头的可能。另外要注意见微知著，事物的变化都有一定预兆，即在其或长或短的产生与变化过程中一般都要表现出一定的征兆或迹象。"黑云压城城欲摧"的"云"，就是摧城的预兆。事物变化前预兆，有的很明显，有的很隐蔽；有的反复出现，有的仅此一次；有的同时出现，有的交替出现，都为我们预见未来，掌握事物动态的发展变化提供了线索。我们只有学会动态地看，才能把对罪犯的改造建立在科学、动态的视线上，也才能取得好的改造效果。

第四，辩证地看。即用对立统一的观点，一分为二地看问题。如对于传统文化对教育改造罪犯的作用要辩证地看，传统文化往往具有两面性，是一把双刃剑，其中有精华也有糟粕，它可以使人睿智，也可以使人保守；它可以使人克己，也可以使人退缩。就“二十四孝图”而言，一方面宣传了要孝敬父母的传统美德，但也有不少封建糟粕，有的很不近情理。而我们的有些监狱民警为体现传统文化的作用，也不加分析一股脑地把二十四孝图全部刻在监狱的画廊或走廊，这就有些全盘照搬了。正确的做法是，要善于用辩证的眼光看待历史和传统，突破既有的经验束缚，摆脱传统路径依赖，在变化与演进中把握传统文化的精髓，在历史与现实、传统与现代中辩证地借鉴学习，以促进罪犯教育改造质量的提高。

第五，连续地看。即不能把各个时期割裂开来，要考虑到连贯性。例如就罪犯的教育改造而言，有一个连贯的过程，不可能一蹴而就出现奇迹，作为一个监狱民警，力量实在有限，但所做的工作哪怕有一点点用，或许改变了一个罪犯一点点，这个一点点，或者说就是这“一厘米之变”就是我们把工作做下去的动力，如果每天改变罪犯一点点，罪犯每天进步一点点，日积月累，就会出现由量变到质变的奇迹。再如从监狱反腐倡廉的角度看，有些问题单独看可能不是什么大问题，但串起来连续地看就会发现风险所在。某一个省监狱系统出现了某监狱民警特别是领导违法违纪问题，但过了一段时间另一所监狱又出了类似问题，就说明这个省的监狱系统在监狱内部管理上肯定有大的漏洞，需要及时弥补。如果任其发展，将会出现更大更多的问题。这就需要监狱民警特别是领导层主动向问题出发，理性地透析问题，正视问题的阻力，集中一切积极要素攻坚克难，变危为机，出现新的转机。

六、激　情

全国著名演讲家彭清一教授曾写过这样一段话，如果有人问：最能体现我本人的特征是什么，我会回答说：激情。在我所从事的演讲事业中洋溢着激情；每一个看到过我演讲的人，都会感受到那种汹涌澎湃的激情。[①] 彭清一教授也曾去过一些监狱，他那充满激情的演讲，台下观众或热烈鼓掌，或默默沉思，或潸然泪下，演讲激起了从未有过的场面，极大激发了罪犯痛改前非的信心和决心。如果说彭清一教授是用激情做演讲，特别是在罪犯心灵中产生了强大的震撼力，那么对于战斗在监狱尤其是一线的干警，要做好监管改造工作，更需要内心充溢激情。

德国思想家黑格尔曾经说过："我们可以肯定地说，世界上的伟大事物都是靠激情来成就的。"俄国作家托尔斯泰也说过："我们创造，没有激情是不行的。"美国微软公司创始人比尔·盖茨也有句名言："每天早晨醒来，一想到所从事的工作和所开发的技术将会给人类的生活带来巨大影响和变化，我就会无比兴奋和激动。"联系到监狱，我们可能永远无法达到像上面提到的那几位人物的成就。但作为一个监狱民警，如果我们拥有激情，尽己所能，精益求精，也可以在自己的岗位上做出出色成绩，同时所带来的内心满足也是物质因素所无法比拟的。可以说，激情是一个监狱民警事业成功的保证，是一个监狱民警所在监组、监区充满活力和改造力的动因，是一所监狱创新发展的不竭动力。

监狱工作的主业是改造罪犯，激情最直接的表现就是监狱民警的精神面貌，拥有良好精神面貌的监狱民警不一定是优秀的监狱民警，但优秀的监狱民警一定有良好的精神面貌。优秀的监狱民警总是精神饱满地投入每一天的工作中，从监房到车间，从车间到监房，从监房到课堂，从课堂到监房……

---

① 彭清一：《激情与梦想》，新华出版社2007年版，第1页。

面对单调的工作，面对形形色色的罪犯，却把单调的工作做得有声有色，却让罪犯的旧貌变为新颜，他们不像有些监狱民警那样把自己的职业仅当作一种谋生的手段，而是当成终身为之奋斗的事业，体现了一种昂扬向上、永不满足的积极进取精神。

每位监狱民警都应力争做一个有激情的监狱民警。就监狱民警自身来说，激情是监狱民警从事罪犯改造工作的催化剂，是攻坚克难的良药，是激发罪犯改造积极性的酵母，是引领罪犯实现工作目标的动力。古人云：“感人心者，莫先乎情。”罪犯改造的过程是警囚相互感染的过程。监狱民警只有对罪犯改造注入深厚的感情，才能以博大的胸怀包容每一个罪犯，尊重他们的人格和改造主体意识，用自己的关爱和期待激发罪犯的改造积极性，努力为他们的改造创设良好的环境。而只有当监狱民警对罪犯改造倾注激情后，罪犯才能够感受到监狱民警在威严的执法背后所给予的爱护和善意，他们才愿意把监狱民警当作知心朋友，敞开紧闭的心扉，这样监狱民警才能走进罪犯的内心世界，深入了解罪犯的所思所想，找到和抓住改造的最好契机，更好地发挥改造的作用。

监狱民警有了激情，才会更加热爱监管改造事业。因为有激情，工作冲动才会从监狱民警的内心油然而生，这种冲动就是事业的内驱力，奉献的原动力，职业的向心力。激情是监狱民警职业身份的识别码，它洋溢在人的精气神中，表现在言谈举止、举手投足之间。因为爱事业，才会迸发激情，才会成为一名合格的监狱民警。没有这种激情，就会游离于监管改造事业之外，工作疲沓应付，充其量是一个每天机械到岗的混事者。

监狱民警有了激情，才会充满自信。相信自己是一团火，足以使罪犯熄灭的心火重新燃烧；相信自己是一盏灯，能够把罪犯从黑暗引向光明；相信自己的能力，无论对待什么样的罪犯，哪怕是顽危犯，都不会轻言放弃。在自己的词典里，没有颓废，没有退缩，没有克服不了的困难；遇到问题罪犯，不急躁、不慌乱；在各项改革面前，勇于尝试，敢于争先。

监狱民警有了激情，才会给监管改造环境带来生机和活力。犹如“风乍起，吹皱一池春水”。才可能有激情的改造现场，布满阳光，充满生机，唤醒罪犯，激发罪犯，催促罪犯，使罪犯在这种感染下，也能对未来有信心、有勇气，奋力追求。

当然，监狱民警的激情，它具有理智性和稳定性。监狱民警的激情不仅包含着浓厚的情感因素，还包含着深刻的理智因素，表现在罪犯改造工作中，监狱民警必须具有超乎常人的理智，不凭个人好恶办事，而是要依法、依政策。由于有理智因素的控制，监狱民警的激情就不能为偶然的因素所左右，它不是头脑发热的一时冲动，而是保持始终如一的激情浓度，改造罪犯是监狱民警一生的追求。

古人说："水尝无华，相荡乃成涟漪；石本无火，相击而发灵光。"我们相信，只要监狱民警用激情去拥抱监狱改造事业，用强大的自信心做罪犯的转化工作，给劳动、学习、生活三大改造现场带来生机和活力，一定会在工作中不断生成"涟漪"，发出"灵光"，达成自己的工作目标，并从中找到自己的价值、快乐和幸福。

七、价 值

所谓价值，从哲学意义上说，是指客体与主体之间的一种关系。是客体满足主体需要的关系。[①] 价值作为人们眼里所具有的效用和意义，既体现了对象的某种属性而具有的客观性，又满足了人们的需要而具有主观性。虽然价值取向是形而上的，但它决定着人的思维方式和行为模式，决定着一个人做一件事情的方向。有一个“古松三态”的典故，说的是一颗古松在木匠看来是一棵梁，在画家看来是美丽的风景，在种地农民看来是遮风乘凉之地。[②] 这个典故告诉我们，一棵古松的价值不是由古松决定的，而是由看古松之人的价值观决定的。木匠做梁需要砍古松，农民与画家却要保护古松。每个人都从各自角度看到对自己有价值的东西，并由此得出不同的结论。价值取向不仅决定人的思维方式，也决定人的行为模式，会带来完全不一样的结果。

下面讲述这么一则故事，虽然简短，但其中所蕴含的价值寓意与上面提到的“古松三态”的典故异曲同工，给人以深刻启迪。在一个建筑工地上，有位社会学家对三个正在用砖头砌墙的工人进行随机走访调查。社会学家对这三个工人问了同样的问题：“你在干什么？”第一个工人没好气地说：“你没看见吗？我不是在砌墙吗？”第二个工人抬起头笑了笑说：“我在盖一栋漂亮的高楼啊！”第三个工人一边砌墙一边还快乐地哼着歌，高兴地说：“我在建设一座美丽的城市呢！”十年过去了，那位社会学家又寻访了当年的三个工人，第一个砌墙工人仍然在建筑工地上砌墙；第二个砌墙工人已经坐在办公室里绘制图纸，成为一名工程师；而第三个砌墙工人则成了前两个人的老总，他自己成立了一家大型的建筑公司。

---

① 熊则坤等：《价值、价值观的冲突》，中国人民公安出版社 1994 年版，第 23 页。

② 转引自吕以姿：“别光讲道理，试试体验式管教”，载《中国教育报》2016 年 3 月 31 日。

三个砌墙工人的结局差异缘于价值取向的差异。第一个砌墙工人回答的是他在砌墙，他所看到的只是眼前的砖头，心中想的就是快快把砖头变成墙；第二个砌墙工人虽然眼前看到的也是砖头，但是心中想的却是由手中的砖头所变成的未来的高楼大厦；第三个砌墙工人的眼前固然也是砖头，但他由此想到的是一座美丽的城市。三个人的不同回答，反映了三个人的价值取向，正是这种价值取向的差异，造成了十年后三个人截然不同的命运。

每个人对待工作都会有自己的价值取向。监狱民警对待自己的工作同样也会有自己的价值取向。用上面所提到的三个工人的例子来看从事监狱工作的监狱民警也是一样，对“你在干什么”的问题上，虽然也会有多种回答，但概括起来，也会有三种不同的回答。一种回答是“我在工作”；一种回答是“我在为单位工作”；还有一种回答是“我在为改造罪犯、预防和减少犯罪，维护社会稳定工作”。这里我们也可用这三种回答与前面提到的三个砌墙工人做一番比较。

第一种“我在工作”的回答，和第一个砌墙工人一样，只看到了眼前不得不干的繁杂事务，将自己的工作仅看成了谋生的手段，这种监狱民警也就是以往我们所说的“看管型”民警，与一般工匠没有多大的区别，只是工作的对象不同而已。

第二种“我在为单位工作”的回答，和第二个砌墙工人一样，对自己的工作的价值有了较高的认识，但还是局限于本单位，或者是对本单位和领导的报恩。这类民警可以称为称职的监狱民警。

第三种“我在为改造罪犯、预防和减少犯罪、维护社会稳定工作”的回答，和第三个砌墙工人一样，这类民警虽然身在大墙之内，但是他们眼里看到的是一个个亟待拯救的罪恶灵魂，对自己工作的社会价值有崇高的认识，他们是罪犯心灵的播种者，是把罪犯从黑暗带向光明的领路人，是社会和谐稳定的捍卫者。

可以这么说，监狱民警对自己工作的三种价值评价，也会决定其十年后自身的命运，第一种回答的人，十年后可能还会是个平庸的监狱民警；第二种回答的人，可能会在本监狱或监区得到罪犯称赞，同事认可，领导肯定。但只能止于监狱或监区这一层面的优秀，而不能走得更远、飞得更高，因为他们眼光不远，“小富即安”。而第三种回答的人，则有可能成为一个成功的监狱民警，他已超越了小我和本单位层面，从优秀到卓越，从小成功到大成功，从小地域到大地域。

可以毫不夸张地说，对自己所从事职业的不同价值追求，影响并决定着10年、20年、30年后的你。

也许有些监狱民警说，追求卓越，那是少数人的事，“我做不到，我就不追求了”。其实这种说法是井底之蛙之见。人的伟大，就在于一直有目标，一直有方向，就在于不断地努力，不断地追求，不断地发展。要不断地变不可能为可能，变小进步为大进步。更何况在追求的过程中，虽然辛苦，但你不是在享受奋斗的过程吗？不是有新收获吗？有了这两点，对你来说就很有价值了。

美国心理学家马斯洛所创立的“需要层次理论”把人的需要划分为五个层次，即生理需要、安全需要、社交需要、尊重需要和自我实现的需要。其中自我实现的需要是最高层次的需要，即希望所从事的工作有意义、有价值、能充分发挥自己的才能，实现个人的理想。换一句话说就是实现自我价值。就监狱民警而言，也有一个实现自我价值的问题，这也是与上面提到的第三种回答的监狱民警不谋而合。监狱民警要敢于自我设计，实现自我价值。

当然，监狱民警要敢于自我设计，真正实现自我价值还要注意把握好以下几个方面：

第一，树立正确的价值取向。德国诗人歌德说过，你若要实现自己的价值，那么你就要给这个世界创造价值。而能够创造多大价值，又取决于你的价值取向。最近在报上看到这么一则故事：一个徒弟问师傅：一碗米有多少钱的价值？师傅说，这太难说了，看在谁手里：要是在一个家庭主妇手里，她加点水蒸一蒸，半个小时一碗米饭出来了，就是一块钱的价值；要是在一个小商人手里，他把米好好泡一泡，分成四五堆，用粽叶包成粽子，就是四五块钱的价值；要是到了一个更有头脑的大商人手里，把它适当地发酵加温，很用心地酿成一瓶酒，有可能是一二十块钱的价值。所以，一碗米到底有多少价值，因人而异。这个师傅的话蕴含着深刻的道理，一碗米的价值首先取决于拥有者的资源视野。在家庭主妇的资源视野中，一碗米就是一碗香喷喷的米饭；在小商人的资源视野中，一碗米就是个比较合算的小买卖；在大商人的资源视野中，一碗米就是醇香四溢的琼浆玉液。而制约资源视野的，是拥有资源者的价值取向。同样的道理，一批同时分到某监狱工作的青年民警，大家都是在监狱一线直接做罪犯的监管改造工作，可是几年下来，有的人事业做得风风火火，很有成就感；有的人无功无过，工作尚能对付的过去；而有的人工作时有差错，甚至受到纪律处分。之所以会这样，恐怕与不同的人价值取向正确与否有关，价值取向决定工作的态度，决定着工作的好坏。

第二，要使自己显得有价值，就得付出更多的努力。相传圣子 37 岁就当上日本内阁的邮政大臣，成为无数现代职业女性的精神动力和学习楷模。可是圣子之前的第一份工作是在帝国酒店做管理，在培训期间却被安排去打扫厕所。当时圣子的心情很糟糕，以致到后来一碰到马桶就想吐。这一切都被领班看到眼里。一天领班做示范擦完马桶后，居然盛了满满的一大杯厕水，当着圣子的面一饮而尽。然后，领班告诉圣子：“你擦得并不是不干净，但是，你要想做得出类拔萃，你就得永远比别人多擦一遍，让擦过的马桶里的水都可以喝。”圣子从此把这句话记在心里，培训结束的那一天，圣子在擦完马桶后，也盛了满满的一大杯厕水，并自豪地喝了下去。圣子之所以成功，在很大程度上就是比别人付出更多的努力，“比别人多擦一遍，让擦过的马桶里的水都可以喝”。联系到监狱民警所从事的监管改造工作，我们也不难发现，取得突出成就的民警与取得一般成就的民警几乎做了同样多的工作，而取得突出成就的民警总是付出了更多的努力，积少成多，最终差异也就出来了。可见作为一个监狱民警，要使自己显得有价值，切忌投机取巧，而是要认真做事，付出比别人更多的努力。

第三，要使自己显得有价值，就要让自己变得不可替代。有个占卜师，他的占卜术很灵，对未来的预料很准，国王感到了极大的威胁。一天，国王把占卜师请到王宫，设下埋伏，只要一给暗号，卫士就会冲出来将占卜师杀死。一切安排妥当后，国王就问占卜师：“你占卜这么准，你能不能告诉我你将什么时候死？”占卜师冷静一想，对国王说：“禀告陛下，我将在陛下驾崩三天前死！”此话一出，国王吓了一身冷汗，他不但不能杀死占卜师，反而还要让他长命百岁。占卜师用他的聪明才智，让自己成为国王不可替换的人。

每个监狱民警都有自己的岗位，面对自己的岗位，应该想一想：“我能不能在这个岗位上变得不可替代?”所谓不可替代，就是通过自己的努力，在岗位上有特殊的本领，一旦换了别人，马上就显得相形见绌；你所做的工作得到高度认可，一旦你要离开的时候，大家都依依不舍，领导、同事都来挽留你。达到这种程度，你的工作干得就很出色了，你的人生价值就非同一般了。

总之，在监狱工作领域，监狱民警若要实现自我价值，就要在这条看不见的战线上，在实现惩罚与改造罪犯，预防和减少犯罪的社会价值的过程中，来提升和实现自我价值。面对实际工作，要善于挖掘所从事的本职工作的崇高价值，比别人付出更多的努力，把平凡的事情当作不平凡的事情去做，把枯燥的工作做得有声有色。有一个监狱民警曾这样计算过在出监监区工作的一个普通民警一年的工作量：每 3 个月会调入 30 名左右的罪犯，那他一年将教育管理 120 名罪犯，他们将分期分批走出监狱大门，回归社会，而监狱给他的职责，和他要实现的价值，就是让他每年通过正能量影响 120 人的人生发展，影响 120 个家庭的幸福生活，通过这 120 个人，120 个家庭，影响更多的人和更多的家庭，从而促进整个社会的和谐稳定。由此可见，只要留心，监狱民警所从事的工作蕴含着多么神圣、崇高的价值。相信你只要在平凡中发现不平凡，把平凡的事做得不平凡，就可以既实现工作、事业的价值，同时又可以彰显自我价值，在人生的轨迹上，画出一道道亮丽的风景线，使自己的生命熠熠生辉。

八、境　界

人生在世，不同于动物的地方，不仅力求“活着”，而且力求“有意义地活着”，力求过一种“精神充盈”“高尚”的生活。监狱改造作为一项改造人的事业，其价值不仅仅在于单纯地执行刑罚，更在于体现“改造人”的宗旨，其根本目的是促使罪犯成为守法公民。换一句话说，就是要通过监狱民警的“改造力”将罪犯的精神或灵魂从“黑暗”引向“光明”，从“假恶丑”引向“真善美”，这实际上就是一个监狱民警通过改造力引导罪犯的人生境界不断从“低处”到“高处”提升的过程，在这个过程中，监狱民警扮演着非常重要的角色。作为教育者首先要受教育，欲提升罪犯的人生境界，其前提是须先提升监狱民警自身的人生境界，因此，探讨一下监狱民警的人生境界问题，应该是有一定价值的。

围绕境界一词，从古至今，就有许多学说。就中国而言，它孕于《周易》，首提“刚柔相推，变在其中矣”① 的境界演化的辩证动因。后来形成的关于人生境界的不同学说，主要以儒、道、佛为代表。就儒家的人生境界学说而言，以孔子为例，他非常重视人性的修养和人生境界的提升，明确以“道德”为标准将世人划分为“君子”和“小人”两个境界。又把“君子”再区分为“仁人”“贤人”和“圣人”等不同层次。而道家的人生境界学说与儒家的人生境界学说有所不同，老子追求的是自然无为的人生境界；庄子追求的是生命自由的境界。“真人”是道家的最高境界。这种“真人”境界用庄子的话来说，就是“天地为我并生，而万物与我为一”的境界；也就是老子所向往的“婴儿”境界，无知无欲、无争无执、见素报朴、无为而治。佛家的人生境界学说，是以人生有没有摆脱轮回转世的痛苦为标准的。佛教

---

① 《周易·系辞下．周易大传今注（五）》，载齐鲁书社1979年版，第555页。

认为，人生本像是痛苦，导致痛苦的根源是“欲望”，人生要想真正摆脱痛苦，就必须彻底驱除欲望。那些真正达到这种状态的人就达到了人生最高境界——涅槃。即造成人生痛苦的私欲都消灭净尽，一切束缚生命的东西统统不存在了，生命之花像无限的宇宙一样绽放。综上所述，中国历史上的儒、道、佛三家都强调人生境界的提升，但其根本目的有所不同：儒家强调入世，人生境界的提升是为了让人们经天纬地，建功立业；道家强调出世，提升人生境界是为了让人们见天知性，返璞归真；佛家则强调人生境界的提升是为了教育人们破除障碍，追求圆满。应该看到它们之间虽然有所不同，但也有一些地方是相通或相似的。如都认为人人包括犯过罪的人可以不断提升自己的人生境界，都强调主观自觉和刻苦努力在提升人生境界中核心作用等。

现代学者也对人生境界有所诠释，如国学大师王国维在他的《人间词话》中谈到“词”以境界为最高，有境界则自成高格，自有名句。他提出了成事业、做学问的三境界。他说：“古之成大事业、大学问者，必经过三种之境界：‘昨夜西风凋碧树，独上高楼，望尽天涯路’，此第一境也。‘衣带渐宽终不悔，为伊消得人憔悴’，此第二境也。‘众里寻他千百度，蓦然回首，那人却在灯火阑珊处’，此第三境也。”[①] 方东美把人所追求的世界分为自然世界和超自然世界。唐君毅根据心与境的通感关系而将人生境界分为觉他的“客观境”、自觉的“主观境”和超自觉的“通主客境”或超主客的“绝对主体境”。[②] 冯友兰则根据人对其所做之事的觉悟程度，将人生划分为四个境界：“自然境界”“功利境界”“道德境界”和“天地境界”。在冯友兰看来，如果一个人做事情只是出于“本能”或“社会风俗”没有或极少有自己的见解，那么他的人生境界就处于“自然境界”；一个人做事情是出于自己的功利要求，那么他的人生境界就是一种“功利境界”；如果一个人做事情出于服务社会，具有严格的道德意义，那么他的人生境界就是“道德境界”；最后如果一个人做事情符合宇宙的法则或人类的利益，那么他就达到了最高的人生境界——“天地境界”。[③]

---

① 王国维：《人间词话》，上海古籍出版社2004年版，第3页。
② 程潮：“方东美与唐君毅的人生境界说之比较研究”，载《南京大学学报》1997年第2期。
③ 冯友兰：《中国哲学简史》，北京大学出版社1996年版，第291页。

从国外来看，较为著名的当推丹麦存在主义哲学的先驱之一克尔凯郭尔，他认为人生分为“审美阶段”“伦理阶段”和“宗教阶段”。即把人生道路划分为三种境界。第一是“审美阶段”，即感官享乐阶段，人被感觉、情欲、冲动所支配，追求感官肉体欲望的满足，而远离伦理与宗教，表现为精神的失落和丧失，为了追求心灵的宁静，这时候人们就想起了伦理。第二是“伦理阶段”，在伦理阶段中，人的生活被理性支配，倾听理性的呼声，克制自身的情欲。并且将个人选择和社会的义务联系起来。但伦理阶段也存在着深刻的矛盾，如世俗享乐生活粗俗的诱惑，使得伦理个体不能自持，从而产生一种罪恶感和不道德感，这种感觉很可怕，又不可能在伦理的阶段内部获得消解，因而促使人们再一次逃离，从而进入第三阶段，即“宗教阶段”。在宗教阶段，人的生活受信仰支配，既不受审美物欲的束缚，又不受伦理准则的压抑，孤独的个体仅仅面对上帝而存在。只有在宗教中，才会给人的忧郁、焦虑、无依无靠的漂泊感提供栖息之地。①

德国哲学家尼采则强调对现有文化价值观念的批判、超越或重构，他把人的精神发展分为三个阶段，即先变骆驼，再变狮子，最后成为婴儿。② 其实讲的也是人的精神发展的三种境界。所谓变成骆驼，就是意味着接受训练，听从教导，传承前人的经验和文化，骆驼不光是一个劲地吃，其实它一下子并不需要这么多的营养，其余的营养就留在驼峰里，就有足够的能量了，越来越厉害了，就变成狮子变成兽中之王了，唯我独尊，自己做出决定，并且说一不二，厉害到极点。最后物极必反，由狮子变成婴儿。婴儿虽然没有狮子这样的能量，也不可能唯我独尊，但是婴儿却象征着“完美的开始”，正如孟子所言，大人者不失其赤子之心。婴儿让人的精神重新回到了具有无限可能性的原点。

时代发展到当今，我国有不少学者对人生境界做了新的研究，比较有代表性的当推罗国杰主编的《伦理学》③ 教材所持的观点。该教材从道德的角度揭示不同的人生境界，将个体道德境界分为两个层面：一是个体道德境界

---

① 王开东：《教育：谈何容易》，北京师范大学出版社 2011 年版，第 111～112 页。

② 李明：“存在与拥有”，载《法制日报》2013 年 3 月 3 日。

③ 罗国杰：《伦理学》，人民出版社 1989 年版。

的过程结构，包括自发境界、自觉境界和自由境界；二是个体道德的性质结构，包括恶境界、可容境界和善境界三种。该教材同时又按社会主义道德标准和要求，将我国社会主义初级阶段人们的道德境界分为四类：极端自私自利的境界、追求个人正当利益的境界、先公后私的社会主义道德境界和大公无私的共产主义道德境界。

那么具体到本文所使用的人生境界，笔者采取教育界学者的研究成果，将其定义为两层含义：一是“人的内在的精神修养所达到的水平和境界，或人性所能达到的高度”；二是“人生活于其中的‘心境’或‘意义领域’”。今人多在前一层意义上理解和使用“人生境界”，忽略了人生境界不仅是人力求达到的某种“高度”，而且也是人愿意生活其中的一种“状态”。不管如何，人生境界关涉到人的精神境界或内心世界。① 家境贫寒的人未必没有高尚的灵魂，孔子的《论语》中说颜回“一箪食，一瓢饮，在陋巷，人不堪其忧，回也不改其乐”，就是一种精神富有、高尚灵魂的写照。反之，家境富裕、甚至一些达官显贵也未必有高尚的灵魂，甚至很卑下。遗憾的是，在世俗生活中，人们常常以世俗是功名利禄来兑换人生境界，这其实是一种人性的堕落，而不是人性的提升。

人生活在社会生活中，从事着不同的行业。但即使从事同一种行业，人与人之间也有天壤之分，其中做人的境界和从业的境界也有高低的层次之别，甚至是天壤之别。人生境界高低各不同，改变他人与造就自己的命运也有天壤之别。

那么，什么是监狱民警的人生境界呢？笔者以为，监狱民警的人生境界是指监狱民警之所以为监狱民警的一种基本属性，是监狱民警改造罪犯的精神生活过程中所达到的心灵境地，是一种心灵存在状态。作为一个监狱民警，最朴实的理想就是应做一个有境界的人。如果监狱民警能拥有这份朴实的理想，努力去做一个有境界的监狱民警，他就会去不断完善自己的人格力量。刷新自己的思想和精神世界，坚持不懈地追求监狱工作的高度而追求高品质的提高罪犯改造质量必然会成为他的自觉行动。如果一个监狱民警能有这样

① 优才教育研究院：《教师必备的11项基本素质》，电子科技大学出版社2013年版，第42页。

的境界和行动，那他一定会成为一个成功的监狱民警，一个有作为和有成就的监狱民警，一个对社会有贡献的人，也是一个内心充满幸福感的监狱民警。

由于种种原因，当前监狱民警的社会形象大不如前。在一些人心目中，监狱民警甚至成了贪赃枉法的坏人的代名词。当然，我们不排除监狱民警中有违法犯罪的败类，但这只是个别现象，绝大多数干警是好的。之所以会出现监狱民警队伍的整体形象下降，应该说是多种因素综合作用的结果。在整个社会道德大滑坡的背景下，监狱系统干警队伍也存在道德滑坡现象，这是必须承认的客观事实。人们近些年来对负面新闻的敏感和正面新闻的漠然，则主观扭曲了对整个监狱行业的正确认知。此外，千丝万缕的利益瓜葛和监狱系统的“替罪羊”效应，强化了人们对监狱民警的负面情绪。这些因素叠加在一起，甚至出现妖魔化监狱民警的现象。那么如何重建监狱民警的正面形象，一方面需要监狱系统主动改善社会公关活动，让社会对监狱民警有一个全面、客观、正确的了解，另一方面更需要监狱民警自强不息，具有崇高的境界，兢兢业业而快乐地工作，不断创造改造人、造就人的新业绩。我们相信，路遥知马力、日久见人心，通过努力，监狱民警的正面形象最终会重新树立起来。

监狱民警作为社会的一分子，作为国家刑罚执行机关的管理者，同时也作为改造罪犯灵魂的工程师，既有着与其他人一样的人生境界，也有其特殊性。这里我们着重以监狱民警所从事的职业为视角，根据监狱民警所从事的职业，可以分为三个层次的境界，即谋生境界、职业境界与事业境界。

其一，谋生境界。这是监狱民警人生境界的第一个层次，在这一个层次上，监狱民警把工作作为一种谋生之路。监狱民警作为一个人，同样需要养家糊口，交际应酬，渴望高收入，希望好待遇，期盼日子过得舒坦些，这都是人之常情，无可厚非。问题是与自给自足的生活方式不同，自从有了社会职业分工，从事职业的人就不仅仅是为了自己生存而劳动和工作，他们担负起了更大的社会责任。而单纯养家糊口的谋生需求会导致一部分监狱民警趋利性变得很强。他之所以按时上下班，将分内的事务应对完毕，尽可能不出纰漏，较多地考虑的是物质利益，以等价的眼光看待付出与收获。而一旦物质利益达不到自身的期望，就会流露出对工作的不满，患得患失，如果有比现在更好的物质条件的单位，甚至会想方设法离开，谋求能够给自己带来更多物质利益的职业。

其二，职业境界。这是监狱民警人生境界的第二个层次。监狱民警把工作当作一种职业。由于监狱工作是一种在社会发展过程中形成的一种专业性较强、分工较细的职业，它承担着惩罚与改造罪犯的重要职责，其所管理的对象，工作要求比其他行业有更多的特殊性，因此必须要求从警者遵守好行规，履行好职责，完成好任务。这是区别于谋生型境界的关键所在。通常来看，处于这个层次的监狱民警，他努力工作是为了“履职”“践责”，对得起自己的职业操守，各行有各行的规矩，既然已经入了这一行，作为一位监狱民警，就要对得起这个称号，所以应该做好监狱民警应该做好的事情。但是处于这一境界的人虽然能够遵规守纪，可只是按部就班，机械进行；对待工作缺乏热情，缺乏主动性、创造性；在工作中仅仅满足于执法到位，仅仅满足于不出乱子、不捅娄子，不图有大的作为和建树。此外，对待职务职级等，一旦觉得升迁无望，便会甘居中游，甚至情绪陷入消沉，产生职业倦怠。

其三，事业境界。这是监狱民警人生境界的第三个层次。达到这一境界的监狱民警，把职业当事业，投入全部的身心。有理想信念，有公正之举，有仁爱之心。工作有成绩，改造有效果，罪犯有亲近，亲属有信任，领导有肯定，同事有支持，这就是监狱民警最大的幸福。处于这一境界的监狱民警，事业的追求已经压倒了平常的谋生境界，超越了通常的职业境界，而是将生活、职业与事业有机结合起来，以事业为最高的追求导向，从而把捍卫公平正义、维护社会稳定、确保监狱安全、努力改造罪犯，化消极因素为积极因素作为自己的内在自觉和崇高使命。处于事业境界的监狱民警，他所获得的是一种幸福，是物质和精神上的双丰收，特别是精神上的极大愉悦。可以这么说，作为一个监狱民警，不同于其他民警以及公务人员的地方，在于他的使命是改造人，最好的回报是通过自己的心血和汗水，使罪犯告别昨天，重新做人。想想无数罪犯在自己的引领下从黑暗走向光明，从苦海走向新岸，有了新的开始，有了新的人生，有了新的幸福家庭，自己就是改变他命运关键的那一个，那是何等让人舒心、让人骄傲的成就。此时，监狱改造工作融入了监狱民警自身的生命，他不再有工作之苦，践责之累，不是出于生存的压力，也不是出于服从义务，而是为了表达生命，享受幸福。

应该承认，监狱民警从事一份工作，首先是谋生的手段，我们谁也不是不食人间烟火的神仙。但是，一个监狱民警不能仅仅把自己的工作当作谋生的手段，停留在谋生境界，还应担负起更大的职业责任，即履职履责，不仅如此，还要在此基础上把职业当作事业做，以满足自己的高级需要，获得成就感、幸福感。监狱民警是完全有理由感到幸福的。如在以改造人为宗旨的工作过程中，监狱民警的这种幸福表现在改造罪犯过程的方方面面：从同事之间相互加油，互相帮助为了一个共同的事业而奋斗的融洽人际关系中，从警囚互动过程中罪犯对监狱民警的真挚顺应的情感中，从通过攻坚克难，把一个个难啃的硬骨头拿下而产生的喜悦中，从看到一个个罪人来时一身污秽，走时一身光鲜而感到工作的成就和骄傲中。监狱民警最根本的幸福，就是体现在通过改造，将自己的人生境界、精神气质“拷贝”在罪犯身上，将自己的本质外化为无数的体外自我。监狱改造的中止虽然以监狱民警的隐退为标志，监狱民警的身体可以退出监狱改造过程，罪犯终究要走出监狱大门回归社会，但是监狱民警的精神却永远融入了罪犯心灵，滋润着他们未来的生活。难道还有什么比这更崇高更幸福的事业吗？

朱光潜先生曾在论及陶渊明时，有一段非常精彩的论述，他说：“渊明打破了现在的界限，也打破了与切身利害相关的小天地界限，他的世界中人与物以及人与我的分别都已化解，只是一团和气，普运周流，人我物在一体同仁的状态中各自徜徉自得，如庄子所说的‘鱼相忘与江湖’。他把自己的胸襟气韵贯注于外物，使外物的生命更加活跃，情趣更加丰富；同时也吸引外物的生命与情趣来扩大自己的胸襟气韵，这种物我的回响交流，犹如佛家所说的‘千灯相照，互映增辉’。”① 这种境界，可不是一般人所能达到的，但监狱民警可以向往它，靠近它，尽管监狱民警所处的监狱世界，被各种条条框框、法律纪律所规范，作为从警者必须接受其制约，但作为自身，自可创造一片轻风朗月的天地。监狱民警在从事监狱工作，从事着惩罚与改造罪犯的工作，监狱工作就是外物，监狱民警倾心地、热情地拥抱监狱工作，在那一

① 转引自刘占伟、李尚飞：《在教育中美化生命》，中国石油大学出版社2010年版，第69页。

刻，监狱工作是“江湖”，监狱民警就是鱼，监狱民警徜徉于“江湖”之中，却忘记了水的存在。监狱工作给了监狱民警充实，给了监狱民警丰盈，监狱民警给了监狱工作以生机和活力。监狱民警所从事的工作与监狱民警的心灵之间彼此消融，打成一片。监狱民警知道自己在游动，因为血液在流动，眼睛在热望，理想在萌生，这就足够了。

监狱民警要提高人生境界，从自身层面，具体地说，应把握好以下几个方面：

第一，要在“尽力而为”中改变自己。这里所说的“为”即作为。“尽力而为”也就是要竭尽全力有所作为。它是一种对人对己都有好处的建设性行为，同时会自然而然地引领监狱民警振奋精神，走出心理困惑。“尽力而为”就是要努力做好自己的本职工作，面对看似枯燥、上满发条的繁忙工作节奏，能够积极应对，全力以赴，以苦为乐。一个执着追求、对工作充满兴趣，全身心投入的人，不感到苦，不感到累，即使苦与累，也苦累并快乐着。在“尽力而为”中，监狱民警始终保持乐观的态度和积极向上的精神状态，就能够对许多原来看不开的事情有新的认识和看法，能够用平和的心态看人，用和谐的心态对待周围的环境。同时，“尽力而为”使监狱民警获得了自尊心的满足和自信心的增强。通过“尽力而为”，监狱民警会不断取得新的绩效，新的绩效的取得在一定程度上可以不断使监狱民警增强新的自信心和获得新的自尊心，这种自信心和自尊心不但可以淡化监狱民警曾经的曲折和不快，而且也有利于他人如领导和同事以及罪犯用新的评价取代原有的评价进而实现良性循环。这样，监狱民警在工作中哪怕取得一点小小的成就，也会给自己增添继续进取的力量。

第二，在“尽力而为”中成长。监狱工作是平凡的，甚至是孤寂的、枯燥的，“尽力而为”就是要求监狱民警努力去适应环境，保持淡泊宁静的心态，耐得住寂寞，在平凡中明确自己的方向，默默献身监狱改造罪犯的事业，千里之行，始于足下，要把那些看似琐碎的小事做好，并且心甘情愿地去做好。作为一名监狱民警，每天一上班大抵总是做这样一些小事。如带领罪犯出工到生产现场劳动，组织罪犯学习，组织参加业余娱乐活动，组织罪犯的生活卫生管理工作，处理罪犯之间发生的纠纷，预防罪犯中违规行为的发生，进行有针对性的个别教育，等等。这些事情看起来是“小事”，其实“小事不小”，在监狱任何工作都无小事，因为真正的改造，能影响罪犯的改造，往往蕴藏于那些小事之中。如一次简短平和的个别谈话，甚至一个手势、一个眼神、一个微笑、一个期望，其间就包含着监狱民警浓浓的真情厚意，把这些事情做好，就是在改造罪犯。坚持做好这些平凡的小事情，一天一天，一点一滴，集腋成裘，聚沙成塔，就可以成为一个令人尊敬的监狱民警。反之，如果忽略这些小事，甚至“大事做不来，小事又不做”，消极混日，这样就会把“小事”推向反面。造成“小事拖大 ，大事拖炸”的可怕局面。这是谁也不愿意看到的。

第三，要在“尽力而为”中敢于为人先。如面对一项监管或教改实验，能勇敢尝试；在领导召集干警座谈会的时候，要敢于发言；有征文比赛，要踊跃参与；交给你一个不服管的“刺头”，能勇敢地接受力求其转化；当领导请你在有关会议上交流，能勇敢答应，并争取努力出彩。这每一次担当，或许都是一次阵痛，一次挑战，但同时又是一次证明自己能量的机遇，是一次施展自己才华的舞台。这样也会为自己的今后赢得更大的发展空间。

第四，努力在“尽力而为”中走向成功。“为”不只是“为”自己应该做的事情，还要“为”超越当下的，有更高追求的事情。古人云：“取法乎上，得其中，取法乎中，得其下。”意思是说目标定为上，仅能得其中；而目标定为中，仅能得其下。这就告诉我们，要把眼光放得长远些，把奋斗的目标定得更高些，只有这样，监狱民警才能更好地发挥自己的潜能，走向成功。作为监狱民警，在改造罪犯的工作中，要始终树立终身学习的意识，不断学习和充实自己，提高自己的监狱工作素养和运用现代监狱技术的能力，使自己适应形势发展的需要。与此同时，要提高转化罪犯的能力，现今的监狱押犯“80后”“90后”居多，这些押犯不同于老犯的最大特点就是个性张扬，以自我为中心，玩世不恭，为达目的，不择手段，这些也增加了监狱民警与他们沟通与交流的难度。这就要求监狱民警要重视研究罪犯，改变传统的罪犯观和工作方式方法，努力提高工作能力特别是转化罪犯的能力，这样就会大大提高成功的概率。当然，成功只有起点，没有终点，当这次成功了，只能说明眼前，但不能代表将来，如果裹足不前，就会被甩下，新的成功将会与你无缘。正确的做法是，有意义的人生应该是一个目标连着一个目标，循序渐进，不断攀登，不断有新的斩获，新的亮点。

监狱民警要提高人生境界，从外在层面，特别是监狱领导和政工部门要把提高监狱民警人生境界作为推进监狱民警思想政治工作和队伍建设的一个新的视角来思考，一个途径来力推。如加强提高监狱民警人生境界的学习和培训；加强管理，增强监狱民警的责任感和使命感；加大激励力度，把物质激励与精神激励有机结合起来，并以精神激励为主，调动监狱民警积极性；树立不同层次的在监狱事业中做出突出贡献的民警为标兵，使其他民警学有榜样，赶有方向；为监狱民警特别是青年民警搭建多种形式的发展平台，如送学培训、外出参观、才艺比拼、论文评比、经验交流、轮岗锻炼等方式，激发其事业动力。

第二篇 观念篇

一、思　想

庄子《逍遥游》里说到，朝菌不知晦朔，蟪蛄不知春秋。但对于朝菌和蟪蛄而言，这何尝不是一生？就人而言，虽然短则几十年，长则上百年，但人生还是有限的，也是向死而生的。正因为人生是有限的，才值得有意义去追问。在时间的维度上，人类与朝菌和蟪蛄，区别真的不大。而在意义的维度上，帕斯卡尔告诉我们，思想，形成人的伟大。正是因为人有思想，所以人比其他万物高贵得多。思想，是人类全部的尊严所在。

拿破仑说："世界上只有两种强大的力量，即刀枪和思想。而从长远来看刀枪总是被思想战胜的。"为什么呢？因为刀枪是有形的，而有形的东西就会受到时空的限制，彼时彼地起作用；思想是无形的，它不受限制，可以跨越时空，成为一种永恒。

恩格斯说："思维着的精神是地球上最美的花朵，一个民族想要站在科学的高峰，就一刻也不能没有理论思维。"① 它表明离开高屋建瓴的理论思维的引领与设计，任何国家、任何民族都不可能成为一个先进的民族而崛起世界屹立天下。

巴尔扎克说："思想是打开一切宝库的钥匙。"马克斯·韦伯说："由思想所创造的世界观念经常像扳道工一样，决定着利益火车头所推动的行动轨道。"约翰·洛克说："实际上，人们头脑中的思想或意向是看不见的力量，时时支配着人们。"这都启示我们，思想是行动的先导，是指路的明灯，是目标的旨归，是精神的名片，是发展的核心竞争力。世界上不管干什么事情，首先得有思想的种子，然后才有播种的计划，耕耘的行动，收获的快乐。世界上的事情只要想不到，绝对做不到；而想得到，早晚能够做到。脑子里有

---

①《马克思恩格斯全集》（第4卷），人民出版社1995年版，第285页。

什么思想，然后才有什么样的行动。对于监狱民警特别是各级领导而言，也要着力把自己打造成为有思想的人，更好地为监狱事业做出自己应有的贡献。

当代中国，社会变革空前广泛深刻，实践创新堪称前无古人。这是一个需要理论而且一定能够产生理论的时代，也是一个需要思想而且一定能够产生思想的时代。当前，我国监狱也正经历着深刻的变革与实践创新。面对新的形势，监狱民警特别是各级领导应从新的视角研究现代监狱治理，促进监狱的改革与创新，尤其要与时俱进，树立先进的思想，并把它转化为现代监狱治理的行为，转化为全体民警的自觉行动。正确的思想面向社会是一面旗帜，对监狱内部是一个纲领，对历史是一个总结，对未来是一个目标。

“以改造人为宗旨”是监狱民警耳熟能详的监狱工作方针精髓。监狱发展到今天，改造的地位越来越重要。但有改造，不一定就能够使罪犯真正成为远离犯罪、自食其力的守法公民。不同的改造，会造就罪犯将来不同的人生。在监狱，有的改造为罪犯早日获得自由奠基，提高他们的自我改造能力，从而使其将来拥有一个自由的、自主的新的人生；而有的改造则使罪犯处处受到束缚与压制，成为“监狱人”，将来出狱后不能适应社会，或者是在心灵上度过的是充满枷锁的一生，有的甚至重新犯罪。有的改造是以尊重罪犯人格为起点，恢复其人性美好的一面如真善美；有的改造则是在降低人生的层次，降落到管理动物与工具化的层次……既然如此，作为监狱民警，就不能简单地认为只要加强改造就行了，而是要进一步思考要给罪犯什么样的改造，你给了他什么样的改造，就会让他们度过什么样的人生。这实际上就涉及了一个监狱改造的指导思想问题。由思想出发，才能有改造理念、内容与方法上的一系列变化。

在监狱工作领域，涉及的思想遍及多个方面：

在兴监思想方面，如创建现代监狱、文明监狱、法治监狱、文化监狱、创新监狱、特色监狱、智慧监狱、绿色监狱、数字监狱等思想。

在监狱理念方面，有坚持以改造人为宗旨；坚持公平公正的价值取向；让罪犯成为主动的改造者；尊重和保障罪犯的合法权益；深化狱务公开；等等。

在监狱实践方面，如着力建构监狱文化；积极推进循证矫正；强化罪犯认罪悔罪意识；大力突出心理矫治；科学设置评估体系、构建学习型监狱民警团队；等等。

思想对于监狱工作太重要了。纵观世界监狱发展史，从英国的约翰·霍华德到意大利的贝卡利亚再到德国的李斯特，他们的思想曾对监狱改革实现了颠覆性的革命。就我国而言，思想从宏观上讲，可以影响监狱法律、方针、政策的制定；从中观上讲，可以影响监狱体制、监狱制度的确立；从微观上讲，可以影响监狱管理教育和监狱发展。一所监狱有什么样的建监思路和目标、管理体制和模式、监狱文化和特色、监狱改造质量等，都与监狱领导特别是主要领导的思想密切相关。就一个普通民警而言，一个监狱民警是以惩罚为主，还是以改造为主；是以自我为主体，还是以罪犯为主体；对罪犯是冷漠、训斥、打压，还是热情、鼓励、启发等，这一切都源于思想的正确与否。

根据有无思想的和思想深刻完善程度，可以将监狱民警分为两类：第一类是事务型的监狱民警，这类监狱民警囿于常规，不善思考，缺乏创新，就是做些日常的事务性工作，年复一年地接收新来的罪犯，然后按部就班满足于不出事故，最后打发掉刑满释放的人员而已，他们安于现状，工作没特色，工作质量平平，甚至会出现下滑。第二类是思想型的监狱民警，这类民警有丰富的实践经验，更有独到的思想，在这类民警的教育管理下，罪犯改造中有创意、有新意，警囚关系和谐，改造质量稳步提升，他们中有的人的思想甚至可能成为监狱实践的圭臬。当然，要想达到这类监狱民警的思想高度有较大的难度，但不能因此而放弃，可以始终走在奔向那个目标的路上。

过去监狱警察的地位是很低下的，在人们心目中，就是“狱卒”“看守”，只要凶狠，把罪犯镇住，别出事情就算尽责了。而进入新的历史时期，中央领导给监狱民警以很高的赞誉：“改造罪犯灵魂的工程师”。监狱民警成了改变罪犯人生轨迹的特殊教育工作者，使监狱工作具有了崇高的理想色彩。但反观监狱工作现场，再看一看监狱民警日常工作、生活方式的单调、乏味、烦琐、紧张，使人常常感觉到理想的虚幻甚至虚妄。然而，这并不意味着，我们可以鼓励甚至纵容监狱民警容忍自身所面临的现实，认同并屈从于现实。一个只能委身于现实，并且将现实作为挡箭牌的监狱民警，既是现实的奴隶，也违背了监狱工作的宗旨：监狱工作的宗旨是改造人，它是面向未来的事业，是减少和预防犯罪的事业。眼中只盯着现实的监狱民警，从事的必然是没有未来的监狱改造，带来的一定不是真正意义上的监狱改造，同时，也有悖于监狱民警的职业使命：监狱民警是以改变罪犯的现实生活为业的人。

监狱民警要成为“以改变罪犯的现实生活为业的人”，首先需要改变“自我的现实”。而这种改变一个极为重要的方面就是要成为一个有思想的监狱民警。

监狱民警要寻求思想的魅力，没有坦途和捷径可走，唯有从学习中找寻，唯有从思考中找寻，唯有从创造中找寻，唯有从实践中找寻。找寻的过程，既是痛苦的过程，也是快乐的过程，它是可以继承的，更是需要创新的，它是可以借鉴的，更是要求融为本土的。它是先进的理念、前瞻的目光、广阔的视野、独立的主张、明晰的思路，它是黑暗中闪烁的亮光，是孤寂荒滩上盛开的鲜花，是引领罪犯走向新岸的桅杆。这就是监狱民警的改造哲学。

多元智能之父霍华德·加德纳说过：“人一旦将自己的思想向世界公开，就再也不能完全控制这个思想了，这就像人不能控制基因的‘产品’——自己的孩子一样。”① 事实也是如此，1983 年，他的《智能的结构》挟带着多元智能理论一问世，就在世界各大洲风靡得星罗棋布，在普天之下传扬。我们的思想能做到这一点吗？虽不能至，但心往之还是可以的吧。只要监狱民警做一个思想的“淘宝者”，不断努力地寻找思想的宝藏，不断努力地锤炼自己的思想，相信自己的思想必然会充满激情、活力和厚度，这样的监狱民警教育管理下的罪犯，必然会以一个新的精神风貌重新站立，开始新的人生航程。

① 霍华德·加德纳：“多元智能理论二十年”，载《人民教育》2003 年第 17 期。

二、守　道

《易经·易辞》中说："形而上者谓之道"，形而上是虚的、抽象的、看不见、摸不着的，形而上的道就是规律、本质、本源和总则。

老子说："道生一，一生二，二生三，三生万物。"与上面《易经·易辞》的道之说是一样的，就是认为道是总的法则和最高本源。道家是重道的，道家的代表人物老子认为世间的事物是"有无相生"的，而"无"为基础，"天下万物生于有，有生于无"。他所讲的"无"不是不存在，而是无具象的状态。《道德经》通篇是说大道大理。

关于"道"，《辞海》的解释有 16 个义项，其中与做人做事有关的，我以为主要一是道路或道理；二是法则、规律；三是一定的世界观、人生观政治主张或思想体系。人生在世，做人做事，道是至关重要的。从政有政道，经商有商道，行医有医道，为师有师道，从警有警道。崇道、得道、传道者才能功成、绩优、事显、业彰。

监狱民警从事监狱工作的核心是改造人，而改造人更像点悟"迷途羔羊"的传道士，当然这种传道士不是宗教意义上的传道士，而是在中国特色社会主义制度条件下的罪犯改造传道士，传道是监狱民警的重要职责，让罪犯通过监狱改造，成为守法公民，实现罪犯的再社会化和再个性化的统一，以彰显公平正义，促进社会和谐稳定。而监狱民警要传好道，前提是守道。

在监狱工作中，监狱民警所要守的道具体地说，至少有正道、厚道、实道、谦道和专道，与之相反的是歪道、薄道、巧道、盈道和贰道。因此作为监狱民警要注意以下几个方面：

第一，"守道忌歪"。为人要正直，不要去搞邪门歪道。英国作家狄更斯在小说《远大前程》中写道，如果你不能顺着直道正路做到不平凡，也千万别为了要不平凡而走歪门邪道。联系监狱民警所处的现实，是否可以换句话说，如果你不能顺着直道得到金钱、职务升迁、荣誉功名等个体利益，也千万别为了这些东西而走歪门邪道。在现实生活中，我们不可能苛求监狱民警淡漠个体利益，监狱民警完全有理由、有权利追求自己应得的个体利益。但基本前提是不出卖灵魂和人格，不违背道德与法律，堂堂正正做人，认认真真做好罪犯改造工作，以自己充满正气精神的人格影响与感染罪犯。

第二，“守道忌薄”。薄就是轻薄、刻薄。做人做事轻薄、刻薄都是道所不允许的。对于监狱民警来说，也不能做人做事轻薄、刻薄。相反，道是主张厚道做人、厚道做事的。对于监狱民警来说，性情敦厚，举止持重，为人善良，踏实做事而不浮夸、不虚伪、不随意，才是真正有智慧而必将功德圆满之人。特别是对于服刑罪犯，要有一颗悲天悯人之心，有一种包容情怀，充满善意地对待他们，罪犯的犯罪入狱，不仅给国家、社会和他人造成了巨大的损害，同时也给家庭、亲人和自身带来难以弥补的伤痛。面对这些偏离正轨正在服刑的人，监狱民警要以改造人、挽救人为己任，在依法惩罚的同时，以厚道的心怀来引导、帮助他们，这样才会引发罪犯的共鸣，深切体会到监狱民警的善意，使其灵魂从人性之恶的苦海救赎到善的彼岸。另外，在日常工作中要注重自己的言行举止，要注意使用文明规范的语言，态度温和，行为端庄，举止得体，保持一个厚道的形象。

第三，“守道忌巧”。道是厌恶投机取巧的行为的，投机取巧的路是不会长久的。因此古人强调“以天下至拙，应天下之至巧；以天下之至诚，应天下之至伪”“大智若愚，大巧若拙”，一分辛苦一分收获。做事要踏实，要肯下笨功夫。这里不妨举一个现代人的实例：人类学家李亦园，在台湾大学考古系毕业前，曾请求考古大师李济临别赠言，李济问了一个问题：“假如一个网球掉在一大片深草堆里，而你又不知道球掉入的方向，你要怎么找球？”李亦园一时不知如何作答。李济随即回答：“只有从草地的一边开始，按部就班来往搜索，绝不跳跃，也不取巧地找到草地的另一边，才是最有把握而不走冤枉路的办法。做学问也如找球一样，只有这样不取巧，不信运气地做一些或许被认为是笨功夫的工作，才会有真正成功的时候。”① 李济的这番话实际

① 转引自张光芒：“在思考中行动”，载《中国教育报》2012 年 2 月 16 日。

上讲的就是反对投机取巧，要脚踏实地，一步一个脚印。这也启示我们监狱民警，在改造罪犯问题上，面对活生生的、有这样和那样罪行、问题的服刑人员，更不可存机变之心，行机变之事。要遵循改造规律，不可急于求成。有时，学会等待，用些“慢功夫”，会使我们更快接近最终的目标。

第四，“守道忌盈”。“日中则昃”这是自然规律，曾国藩最欣赏的就是“酒饮半酣最好，花开半吐偏妍，帆张半扇免颠覆，马放半缰稳便”的状态。“守道忌盈”联系到人生，曾国藩就常告诫后人：“有福不可享尽，用势不可用尽。”最近看到一段网语这样写道，“人生十鉴”对人很有启发：大喜易失言；大怒易失礼；大惊易失态；大哀易失颜；大乐易失察；大惧易失节；大思易失爱；大醉易失德；大话易失信；大余易失命。这“十鉴”也是告诫人们在这十个方面不宜过度。古人为了防止“享尽”“用尽”，一是强调要“勤俭”，以曾国藩为例，他对家属管制极严，家里老妻与子女，没事就叫他们自己种菜供食，自己纺棉织衣。二是强调谦虚，如《易经》里有六十四卦，其中有一个谦卦。汉代有人说谦卦“大可以保一国，小可以保一生”，人们都喜欢谦虚的人，“水谓能下方成海，山不矜高自及天”。而谦虚的反面是自大，目空一切，西谚云，上帝让谁灭亡，就让他先疯狂。这个疯狂就是自大、目空一切的别称，发展下去，将会招致灭顶之灾。作为监狱民警，也要学会勤俭，学会谦虚，这样就可以遏制贪欲和非分之想，活得从容舒坦，心情快乐指数和生活幸福指数感才能达到半佛半仙的境界。

第五，“守道忌贰”。贰就是有二心，不忠诚、用心不专，无恒心。过去常讲不当“贰臣”，明朝的官投降了清朝即使做了大官也被当朝称为“贰臣”。另外，孔子说过“君子不贰过”，是指有了过失不要文过饰非，要勇于改过。对于监狱民警而言，我们要忠于党、忠于祖国、忠于人民、忠于法律；忠于监管改造事业，要一心一意地做好自己的本职工作。俗话说“干一行爱一行，不能因为爱哪行而干哪行，要干哪行爱哪行”。换言之，一个监狱民警既然选择了这一行，就必须热爱这个职业，如果见异思迁，频频跳槽，不仅会让自己的心态越来越糟，而且到头来只会落得一事无成。另外，对工作中出现的过失，勇于承担，勇于改过，不诿过于人，这才是监狱民警所具有的真本色。

孔子云："君子之仕也，行其义也，道之不行，已知之矣。"这句话的意思是说，作为一个有德行的人立身处世，追求做一番事业，只是为了道义所在。道义就在自己的内心里，它需要实现，但却是实现不了，对于这一点，我是早知道的。这就是流传后世的"知其不可为而为之"的精义所在。"道"既然有了，就需要不断地坚守，但"道"的实现却又不是自己说了算的，它需要条件，需要天时，需要地利。这样，一般人脑子里很容易出现"道"大多是虚的，是很难在现实行得通的想法。那么，这样是不是就意味着可以放弃呢？孔子的回答是：绝不！在这种精神的哺育下，这种人虽然认识到了守道之难，认识到行道的艰难曲折，但为了道，毅然决然义无反顾，奋勇前进。他们有点像唐吉诃德，敢与风车作战；他们有点像一把利剑，将它插入水中，虽然知道水很快就会合在一起，但他们还是一遍遍地将水划开。在这一过程中，他们找到了生命的充实与丰盈，找到了自我存在的意义并且努力去实现它。也许暂时失败了，但精神永存人间，鼓励着一代又一代的人为守道而奋斗。作为以改造人为己任的监狱民警，也应该具备这种守道的精神，改造罪犯难吗，确实很难，有许多不可把握的因素，也可能费了九牛二虎之力，最后的结果可能是不尽如人意，有的罪犯又犯罪了，我们的产品又成废品了。但即使如此，也不能放弃道义，仍然要坚守在惩恶扬善这片土地上，继续擎起道义的大旗奋勇向前。

三、反　思

说到反思，先看一则小故事：宫本武藏是日本历史上一流的剑客，柳生又寿郎拜他为师。学剑前，柳生就如何成为一流剑客请教老师："以我的资质，练多久才能成为一流剑客呢?"武藏说："至少10年。""我不能等那么久"，柳生急了。"我愿意下任何苦功夫达到目的，甚至当你的仆人跟随你，那需要多长时间?""那，也需要20年"武藏说。柳生更急了："如果我不惜任何辛苦，夜以继日地练剑需要多长时间?""如果那样，你这辈子再没有希望成为一流剑客了。"柳生懵了。"你的眼睛全盯着'一流剑客'，哪里还有眼睛看你自己呢?"武藏顿了一下又接着平和地说，"要想成为一流剑客，就必须留一只眼睛给自己。一个剑客如果只重视剑道，不知道反观自我，那他就永远也成为不了一流剑客。"① 这个故事告诉我们，一个人要想成为出类拔萃的人，成为一流人才，"就必须留一只眼睛给自己"，不断"反观自我"，也就是要不断反思自我，不断扬长避短，与时俱进，这样才能不断超越自我，取得辉煌业绩。

那么，什么是反思的确切含义呢?反思，又可称为"反省""反映"，是西方近代哲学的一个基本概念。在不同的哲学家那里。反思有不同的具体含义。英国哲学家洛克认为，反思或反省是人心对自身活动的注意和知觉，是知识的来源之一；人通过反省心灵的活动和活动方式，获得关于它们的概念，即知觉、思维、怀疑、信仰的观念等。荷兰哲学家斯宾诺莎认为，反思是认识真理的比较高级的形式。德国哲学家黑格尔把反思理解为间接的知识，即事物本质的反映。法国哲学家笛卡尔说："我思故我在。"中国哲学历来是充满反思精神的。所谓"扪心自问""反躬自省""反求诸己""三思而行"等，

---

① 转引自朱良才：《教育·三十七度二》，新华出版社2009年版，第216页。

都包含有深刻的反思成分。中国古代思想家曾子说“吾日三省吾身”，把反思作为自己修行的主要方式。由是，当代学者周德义对“反思”概念做了如下界定：反思是对思维的思维。反思是一个内在否定的认识过程，反思是一种辩证的思维方式，反思是一种具有创新意义的理想境界，反思是过渡并达到真理的桥梁。时代发展到今天，就监管改造工作而言，面对的情况更加多样，面对的问题更加复杂，面对的挑战更加严峻，因此监狱民警特别是各级领导学会反思，既是不断适应新情况、解决新问题、迎接新挑战的客观需要，也是不断提高自身认识和思辨能力，实现理论与实践相统一的基础和前提。

然而反观我们的监管改造实际工作中，有些监狱民警特别是领导也在讲对工作要反思。但他们所说的所谓反思往往是浮光掠影的，隔靴搔痒的，甚至是庸俗肤浅的，这种状态下的反思，是停留在表面的，有一种任务式的固定程序和模式，敷衍了事的多，认真追问的少，报喜的多，报忧的少，津津乐道于成功的经验，而对失败少了刻骨铭心的追悔。反思如果成了一种对所布置的工作任务的应付，成了作秀的包装，这种反思又有什么意义呢？与此同时还要看到时下，许多监狱民警被日常具体的甚至与监管改造不相干的烦琐事务所缠绕，没有系统地梳理和审视过自己以往的监管改造观念和行为，以致对眼下工作持“不正自明”“日用不知”的态度，对自己的职业知其然而不知其所以然，对监管改造的本质、对象、手段与过程缺乏洞悉，对自己的知识结构、工作能力、工作绩效不能做出正确的评价。尤其对当前的一系列改革包括“狱务公开”“5 +1 +1”教育改造模式、“循证矫正”等举措，很多监狱民警茫然不知所措，不知道该做什么，能做什么，做得怎样，应该怎样应对改革并转换角色等，致使工作缺少创新，甚少起色。以上这些问题也反过来告诉我们，监狱民警明确真正意义上的反思，对新形势下监管改造问题进行追问、探究，强化反思意识，提高反思能力，提升工作水平和境界十分重要和紧迫，反思应成为监管改造各项改革的主导，成为监狱民警专业化发展的关键。

在监管改造工作中，监狱民警的反思意味着对自己的工作设计、工作内容、工作对象、工作策略以及工作效果定期开展的一种内在自觉、富有深度的检视与反省。这既是一种工作态度，也是一种良好的习惯，持这种态度与习惯的监狱民警，能够促使自己对工作方向、质量、效益始终保持警戒、选择与修正的正常状态。在这一方面，不少监狱一线民警的反思是很值得让人称道的。江苏省监狱系统知名民警曾长方，有一段谈“反思”的文章可以摘录下来供我们分享：“我也反思过，我一直在想，用生命改变生命的工作方式，去影响我所管理的服刑人员，但是，十年的坚持，让我看到，很多实质性的问题，我处理不了，很多的困难，我帮助不了，还有很多刑满前信誓旦旦，再也不会违法犯罪的人，不久又回到监狱。在这十年中，给我打击最大的有一件事情。我刚工作时就分管的一名服刑人员判了15年，我从来的第一天就认识他，在接下来的近十年时间里，我对他的关心和教育，超越了其他服刑人员，无论是精神上、物质上，还是思想上，我们都交流过多次，刑满的时候，我送他一直到车站，他对我说，放心，我会好好的，我再回来唯一的可能性就是过得好了，来看看你。那一刻，我的心里暖暖的，那种职业自豪感，那种价值感、那种成就感，溢于言表，那一刻，我似乎找到了什么。可是，半年后，我又在入监队看到了他……”[①] 从这个反思中，既包含了这位民警的无奈，又包含有惋惜，也包含有对以往工作的检视，同时包含有对今后工作的思考。从这个监狱民警的反思来看，他是一个有思想的民警，相信在类似的反思中他一定可以进一步找到打开问题之锁的金钥匙。

还有上海监狱系统一位叫颜传强的民警写的“反思”文章，引人深思。文中这样写道：“那年我在下湾做管教大队长的时候，一个白雪皑皑的凌晨，我被急促的电话惊醒，我的第一感觉就是出事了。不出所料，一名罪犯死了。当天的忙乱是可想而知的。但麻烦的事还在后面。第二天傍晚时分，其江苏的亲戚朋友来了一车几十人，不听解释，一哭二吵三闹，甚至冲进监房大门和大队办公室，好在请来武警把他们挡在门外。人心都是肉长的，家属的心情是可以理解的，你想一个三十不到的青壮年，之前没有任何疾病征兆突然之间就去了，结论是心肌梗死，不具备医学常识的人是接受不了的。办法总比困难多，在仔细翻阅该犯档案，阅览其来信时，发现死者在上海打工时与一个叫小丽的女青年打得火热，这是一个突破口，经过我与队里的股长研究

① 曾长方：“这十年”，载《江苏警视》2014年第11期。

决定后，采取了‘离间计’。把这件事情一点，其老婆马上停止了吵闹，一阵短暂的沉默后是歇斯底里的号啕大哭，哭自己和怀抱中两岁的孩子命苦，骂那个‘没良心的死鬼’，接着是闹着要回去。被动的局面突然逆转，在我们的主动劝说下，终于留下来。第三天签了字，办了遗物与骨灰盒的移交，对我们的处理与接待表示了谢意。”事情虽然解决了，可是这位民警内心并不轻松。他写道：“雪后天晴，太阳的光是冷冰冰的，我的心静不下来，犯人也是人啊，我们该不该去撕开一个死囚的隐私呢？该不该呢？”① 这是一个监狱民警如鲠在喉，憋了多年都想付诸笔端的一件事。应该说这个民警是非常具有专业良知和反思精神的。他在监管工作中的目的与手段的关系上陷入了纠结，对为达目的而采用不恰当手段的做法感到不安。这种反思，是非常有质量的反思，通过挖出监管改造过程中的不足之处在今后引以为戒，监管改造工作水平就会越来越得到提高。

以上这两位监狱民警的反思，写得既朴实又有思想深度。都值得其他监狱民警思索一番。可以说，善于反思的干警才能更好地成长，才能不断地超越自我，不断取得进步，不断取得新的成绩。

由上可见，反思对于监狱民警来说是非常必要的，应该成为一种常态。作为监狱民警要在形成反思意识和反思能力上下功夫，力争使反思达到好的效果。这里需要强调以下几点：

一是要瞻前。在行动前进行反思。比如开展一项活动，可以从活动的方案设计、信息利用、资源选择与整合、方式确立等方面就活动开展进一步比较、选择与优化，从而确立更为合理的内涵与形态。正如加拿大教育家马克斯·范梅南所说的那样：“行动前的反思能使我们对各种可能的选择仔细地反思，决定行动路线，计划我们需要做的各种事情，以及期望我们和他人由于我们计划的行动结果而可能得到的经历。行动前的反思有助于我们以一种有组织的、决策性的、有备无患的方式处理情境和与人相处。”②

二是要回顾。在行动后进行反思。特别是要在寻找差距上强化反思。通

---

① 颜传强：“有一种力量叫希望”，载《上海警苑》2010年第1期。

② ［加］马克斯·范梅南：“教育机智——教育智慧的意蕴”，载《现代教师读本》（教育卷），广西教育出版社2006年版，第76页。

过回顾针对经历的历历在目、清晰可见的活动过程、活动效果、警囚收获等，开展及时的检视和反省剖析，从中找出差距，这样有助于避免今后再出现同样的失误和缺憾，而且工作水平和质量会进一步提高。

三是要深刻。反思要进行深刻地自我剖析。只有触动了灵魂的反思才是真正的深刻的反思，因为人的高贵在于灵魂。英国作家王尔德说："世上再没有比人的灵魂更宝贵的东西，任何东西都不能跟它相比。"这就告诉我们，反思不能浮光掠影，做表面文章，而是要进入灵魂深处，只有这样，才能通过不断的反思形成一个有深度的内心世界，从而使自己的思想丰盈起来，使人受益终身。

四是要提升。反思是监狱民警进一步提高认识，增强监管改造工作能力，取得优质工作成效的有效途径。反思不仅仅是对行动前的瞻望或已经发生的活动或事情的回顾和思考，而且是用新的理论重新认识自己的过程，是一个"见贤思齐"的过程，看到他人的优点和长处，要虚心学习，想办法赶上去并有所超越，是一个在重构的基础上进行更高水平行动的过程，一句话，要在原有的基础上有所提升、有所突破、有所创新。

总之，反思是监狱民警的一种重要职业品质，也是一种重要的改造力基因，让我们在学习、工作中多一些反思吧，它等于在本来没有路的地方开辟了一条路，在本来没有窗的墙壁开了一扇窗，你可以观赏和领略到前所未有的另一种旖旎风光。

四、逆　思

关于思路，通常可以是常思即常规思维，但在某种情况下也可以是逆思即逆向思维，当人们都朝着一个固定的思维方向思考问题时，而你却独自朝相反的方向思索，这样的思维方式就叫逆思。

以“司马光砸缸”为例，有人落水，常规的思维模式是“救人离水”，而司马光面对紧急险情，运用了逆向思维，果断地用石头把缸砸破，“让水离人”，救了小伙伴的性命。与常思不同，逆思是反过来思考问题，在有些时候，有些情况下，换一种思维方式，倒过来看问题，可能会别有所得。最近读了一篇有关芭蕾舞剧《天鹅湖》的轶事①，是在说逆思在艺术创造中的运用。柴可夫斯基的芭蕾舞剧《天鹅湖》上演百年来都是在蓝色的湖面上浮动着白色的天鹅，主色调都是以蓝衬白。蒙特卡洛芭蕾舞团却一反常规，“黑白颠倒”，将柴剧中的黑天鹅和夜魔王一干角色变成了主角，使整个芭蕾舞剧由原来的轻盈蓝白变成了浓重的一团墨黑。在通过演员们的芭蕾舞动作和黑色调的舞台背景设计，使整个舞剧像极了一幅灵动的浓墨写意书画。在这大写意书画中柴可夫斯基挥洒的是“执白守黑”，蒙特卡洛挥洒的是“执黑守白”。再有甚者，马修伯恩更是一不做二不休地将老柴的天鹅少女们全部换成了肌肉猛男，他用雌雄颠倒的逆向思维将王子和男天鹅的爱情故事演绎得声色圆满，收到了惊世骇俗的辉煌效果。三者相比，蒙特卡洛玩的“黑白颠倒”，马修伯恩整的“阴阳倒错”正是逆思在艺术创造上的成功范例。

逆思在科技界的应用经历，也有可圈可点之处。著名的科学家爱因斯坦的主动脉瘤在1948年经历了一个开膛破肚和用帆布包裹的大手术，其思路是期望能“以表固里”，防止动脉破裂。到了1955年其动脉瘤还是突发破裂，

---

① 摘自景在平：“逆思”，载上海《劳动报》2014年11月2日。

并最终导致了爱翁的仙逝。结果是“表不固里”。后来随着材料学的不断成熟，才设计出用人工血管置换主动脉瘤的手术，可算是达到了“由表及里”。但由于其仍需全麻输血和开膛破肚，年老体弱的患者仍难以耐受。这就急需转换思路和设计出创伤更小且安全有效的手术方法。研究者用“倒转表里”的逆向思维，创用了主动脉瘤微创腔内隔绝术，即将人工血管压缩到一根细管鞘中，经穿刺大腿根部的股动脉，将人工血管输送到动脉瘤中央，再将人工血管从细管鞘中释放出来并将其锚定在动脉瘤两端，这样就隔绝了高速高压血流对动脉瘤的冲击，从而也就根除了其破裂的后患，达到了彻底治愈的目标。以穿刺取代了开刀，同时避免了全麻输血和开膛破肚的巨大创伤，达到了微创治疗的目的。从而最终实现了“以里固表”。

逆思在营销中也可以产生巨大的经济效益。在传统的营销中，“二八定律”大行其道，即厂商关注的是少数的“VIP”大户，而无暇顾及大多数普通消费者。而美国《连线》杂志主编克里斯·安德森则反其道而行之，提出了“长尾理论”，它告诉人们，网络时代使关注成本大大降低——“尾部”的普通消费者一样值得关注。Google 的成功就在于它找到并铸就了一条长尾。以占据 Google 半壁江山的 Adsense 为例，它面向的客户是数以百万计的中小型网站和个人，对于普通媒体和广告商来说，这个群体的价值微小得简直不值一提，对他们所能提供的那点钱更是看不上眼。但是 Google 通过为其提供个性化定制的广告服务，将这些数量众多的群体汇集起来，形成了非常可观的经济利润。目前，Google 的市值已超过 800 亿美元，被认为是“最有价值的媒体公司”，远远超过了那些传统的老牌传媒。

此外，在人事管理用人上，用人之长，这是常规思维，已被人们达成共识。但对于一个人的“短处”，很多人往往表现出漠不关心，谈及利用之更觉得是天方夜谭，不可思议。然而，就是这不被许多人看好的“用人之短”，却被有些人娴熟的运用，也是一种逆思所结出的硕果。一则来自《青年文摘》的消息说，美国柯达公司在生产感光材料时，需要工人在没有光线的暗室里操作，因此培养一名熟练的工人要花很长一段时间，公司决策层发现，盲人可以在暗室里活动自如，只要稍加培训就能上岗，而且他们的做工要比正常人精细得多。柯达公司从此以后就大量招用盲人从事感光材料的制作，收到了更大的经济效益。

以上所说的无论是司马光的“让水离人”，还是《天鹅湖》创排中从“黑白颠倒”到“阴阳倒错”，无论是动脉瘤手术创新从“以表固里”到“以里固表”，还是美国安德森的“长尾理论”以及美国柯达公司的用人之道，其成功都得益于逆思。都是“意翻空易奇，思行逆斯绝”，此意此理，中外相通，古今相通，文理相通。

如果把逆思运用于监管改造工作，也会取得非同一般的成效。其实，今天我们的许多监狱民警至少从书本上也知道了逆思这种思维方式，但是到了实际工作中，特别是遇到一些特殊情况还是习惯于常思。这就造成了很多实际可以解决的问题，也成为被他们看成无法做到、难以解决的问题。而恰恰在实际工作中，我们完全可以倒过来看待问题，这往往会带来问题迎刃而解的奇效。而这正是为我们的不少监狱民警所忽略之处。由此可见，作为监狱民警自觉培育自己的逆思意识和能力对于做好工作是大有益处的。

运用逆思于监管改造工作是大有用武之地的，这里至少可以把握两点：

其一，在监狱里，罪犯的短处总是多于常人。但面对短处怎么办，那就把它用起来。众所周知，马克思主义哲学原理告诉我们，“短”与“长”是相对的，可以互相转化，即是矛盾的统一体。所以，遇到类似“短处”的问题，我们就要多用逆思，持“扬短”的积极态度，力争使“短处”变为更多更好的“长资源”。这样，必将会收到意想不到的特殊效果。台湾作家林清玄在一篇文章中对一个小偷的犯罪手法大加赞叹，写道：“心思如此细腻，手法那么灵巧，风格那么独特的小偷，若他不做小偷的话，做任何一行都应当有很大成就的。”许多年以后林清玄来到当地一家有名的羊肉店吃饭，店老板走来对他表示感谢，林清玄问他是谁，那位老板说：“我就是您当年称赞的那个小偷啊，看了您的文章我顿时想，为什么除了做小偷我就没有想过做正当的事情呢?”① 在这里林清玄正是用了逆思，在小偷身上发现了在心思、手法、风格上的长处，如果引向正道，就可以有一个新的人生。梁漱溟先生也曾打过这样一个比方，粪便是脏臭的，如果你把它一直储在粪池里，它就会一直

① 转引自杨梅、李森：《1001个最值得珍藏的经典故事》，学林出版社2009年版，第13~14页。

脏臭下去，但是一旦它遇到土地，情况就不一样了，它和深厚的土地结合，就成了一种有益的肥料，滋养出丰盛的庄稼。罪犯过去在社会上也大都是类似林清玄笔下小偷那样的人，从一定意义上讲，也是一种社会垃圾或是粪便，但在监狱服刑期间，从新的行刑理念来看，就是要着眼于他们的刑后，如古人袁了凡所说："以往种种譬如昨日死，以后种种譬如今日生。"作为监狱干警在改造罪犯的过程中，就要善于把短处变为长处，创造条件化消极为积极，变废为宝，使之成为对社会有用的守法公民。

其二，我们看待罪犯可以"从正常中发现反常，在反常中发现正常"。当年鲁迅的不少杂文就是出于对现实生活中大量存在的正反对立现象的深刻观察，提出了用"正面文章反看法"的思考方法，做出了极为犀利的判断与剖析。例如他写道："自称盗贼的无须防，得其反倒是好人；自称正人君子的必须防，得其反倒是盗贼。"① 这样的观察、剖析对我们在监狱改造中观察、剖析罪犯也有很大启发。就"正常中发现反常"而言，要善于在罪犯看似平静、看似正常的背后，去发现反常。有些罪犯越是要出大事情之前，往往越会表现得异常平静；再有在看似积极改造的罪犯身上，要从"正常"中看到有些人是不是在伪装，经常性地主动接近干警是不是抱有另一番目的。另外，从"反常"中看到正常而言，有些罪犯反常的举动背后，体现着正常的人性需求。某犯突然不出工了，看似反常，但透过反常，可能会有很多正常的原因，如身体不好，支撑不下去了，或是受了其他罪犯欺负，或是干警处理问题欠妥，如果抓住问题下药，就可以把问题解决得恰到好处。再如那些看起来很叫人头痛的顽危犯，在看似顽危的背后要深入了解有什么隐情和需要解决的特殊问题，要从他们看似对抗的背后看到潜藏着希望引起干警关注的渴望，在他们看似黑暗的内心中看到闪光点，进而把他们转化到积极的一面来。

总之，逆思会使监狱民警在工作中独辟蹊径，制胜于出人意料，它可以在常规思维难以解决问题的时候，通过逆思予以破解，从而使监狱民警在监管改造工作中更好地展现智慧魅力和能力魅力。

---

① 鲁迅："而已集·小杂感"，载《鲁迅全集》（第3卷），人民文学出版社1981年版，第531页。

五、权　利

人之为人，其权利生而有之，从人出生的那一刻起，就享有生存权、发展权、自由权、平等权等基本权利，这已经得到国际社会的公认。就罪犯而言，虽然是触犯刑律被法院依法判决送往监狱服刑的有罪之人，但既然是人，就应享有人的权利。按照“法无禁止即自由”的范围，罪犯虽然被剥夺了人身自由，但只要是未被法律剥夺的权利，就应该是罪犯依法享有的权利。为此，作为“罪犯大宪章”的《监狱法》，在第 7 条作出了“罪犯的人格不受侮辱，其人身安全、合法财产和辩护、申诉、控告、检举以及其他未被依法剥夺或者限制的权利不受侵犯”的规定，就是对罪犯权利“法律未被剥夺即不受侵犯”的基本法理的肯定。罪犯未被法律剥夺和限制的权利理应被列入法律保护范围。

青年学者赵军在所著《边缘的权利——女性性工作者被害问题经验研究》一书中写道：法律的功能在于保护权利，而社会边缘群体的权利却往往会在法律的实际运行中被边缘化。从这个意义上考量，我们可将社会边缘群体的实际权利状况，视为衡量该社会法治水平高低的重要标杆。因为通常说来，当社会边缘群体的权利不仅在形式的法律层面，更在实质的事实层面得到法律的有效保护时，该社会普通民众的权利自然也能得到较好的保护。相应地，边缘群体相对于普通民众，其权利保护问题更应成为法学研究的重点。[①] 如果由此往下推论，监狱服刑罪犯的权利，也是这样一种应予重点关照的“边缘的权利”。“犯罪”在法律上的非法化及社会观念的污名化，导致因从事犯罪被判处死缓、无期、有期徒刑的在监狱服刑的罪犯成为被人们唾弃、厌憎的群体，其实际的权利极易为包括监狱及管理人员在内的主流社会阶层所忽略。

---

① 赵军：《边缘的权利——女性性工作者被害问题经验研究》，中国法制出版社 2011 年版，第 3 页。

这是需要引起注意的。社会边缘群体包括监狱服刑罪犯在内的一个个边缘群体权利状况为主流社会阶层包括监狱及管理人员所重视和得以改善，在相当程度上意味着整个社会人权状况的进步。从某种意义上讲，罪犯的权利是否受到充分尊重和保障，已经成为衡量一个国家法治建设水平和一所监狱依法治监水平高低的重要标准。

从监狱行刑的目的看，按照《监狱法》的要求，是为了正确执行刑罚，惩罚与改造罪犯，预防和减少犯罪。这就是说，监狱行刑的目的不仅仅是为了惩罚罪犯，更是为了改造罪犯，促使其刑罚执行完成后能顺利回归社会，预防和减少犯罪。而这一目的就决定了监狱行刑不只是一张冰冷的面孔，它还有也应该有一张充满温情和人道精神的和善面孔，而后者就包括依法保障罪犯的权利，只有这样，才能更好地实现监狱行刑的目的。而如果罪犯在服刑期间的合法权利得不到保障，就容易进一步把罪犯推向与监狱民警的对立面，甚至激化矛盾。况且随着法治的不断进步，尊重人格、保障人权理念日益不断深入人心，现在的押犯与过去相比，维权意识明显增强。如某监有一名罪犯在如实汇报了所包控罪犯的一些问题后，问题查清属实，这名被包控的罪犯受到了记过处分。这名汇报的罪犯也得到了加分的奖励，可他却提出了异议，说这不公平，自己的奖励至少应是记功，要与被检举人的处罚相对应。这件事要是在十多年前，恐怕没有哪一个罪犯敢有这种想法和举动。另外前不久某监狱一名监区民警说他在对新入监的罪犯进行入监教育，介绍监狱执法政策时，遇到一个不大不小的尴尬：有一名年轻的罪犯当众就说“关键不是说，而是看行动”。再有十多年前我们的各级监狱领导大会小会必讲文明执法，可小打小闹却屡禁不止。但近些年来在监狱中已销声匿迹，这是监狱民警法制意识、人文意识、人权意识增强，罪犯自我维权意识增强使然，也是社会整体文明进步使然。①

由上所言，意在说明尊重和保障罪犯权利的重要和必要。然而，由于在传统观念上，作为罪人“只许老老实实，不许乱说乱动”。所以有些监狱和民

---

① 疏义山：“变化”，载《云自卷舒心自飞——安徽监狱系统民警职工优秀散文集》，安徽文艺出版社2010年版，第254页。

警还不同程度地存在着对罪犯权利的轻视、漠视和侵犯的现象。虽然现在不敢在明里动手动脚或违规使用警戒具了，但冷暴力特别是语言上的暴力随处可见。经常可以看到和听到一些监狱民警的口头禅就是"老子说了算""这里由我做主，由不得你来指手画脚!""你给我老实点!""不老实，就给你吃小灶、上小号!""关你几天禁闭，你就服帖了!""甩你两巴掌，你就舒服了!""不弄点苦头给你吃吃，你就痒痒了!""你知不知道自己是什么身份?""你是罪犯，知不知道你是人民的罪人?""这里是监狱，不是疗养院、不是学校，也不是工厂!""民警怎么说，你就这么做!""叫你干活，你就干活!""叫你拿掉，你就老老实实拿掉!""叫你丢掉，你就老老实实丢掉!"

另外，在维护监狱安全的名义下，不少监狱民警在执法过程中对罪犯权利无视，表现出极大的随意性处处可见：担心筷子伤人，就改用塑料调羹，全体罪犯再也不得用筷子；担心木凳砸人，改用塑料凳，所有木凳全部上锁；担心窗帘布撕开上吊，将窗帘布全部撕光；担心违禁品屡禁不止，任何罪犯一律不准再寄邮包，会见拒绝接受任何物品，哪怕是家乡土特产；担心打牌要赌博，一律不准打"关牌"；光膀子不雅，炎炎夏日不准赤膊睡觉；防止同性恋，所有罪犯"头对头"甚至"脚对脚"睡觉；美女头像容易刺激罪犯的性欲，所有杂志剪去"暴露"部分；要节约用水，所有罪犯必须在 5 分钟内洗完澡；要"追求光明"，晚上睡觉一律打开长明灯；随意走动不安全，锁上宿舍小铁门让马桶进监舍；消防器材会被不法分子利用，全部上锁或撤出监舍区。还有名目繁多的除了法律法规之外的各级规定："不得拥有……不得持有……不准……不允许……严禁……"；还有几十号人的大通铺、没有换衣室的澡堂、没有释放时的洗澡间与换衣间；不间断的夜巡、一言一行全方位的监视；等等。①

追求权利的实现是人的天性，如果说一个普通的人权利受到侵犯会产生不满甚至怨恨心理，就监狱罪犯而言，如果服刑期间权利得不到保障，甚至长期受到侵害，同样会使罪犯产生无助、无力、冤屈、仇视心理。大多数罪

---

① 朱福正："揭开囚禁者的神秘面纱——以人学为研究视域科学解读和认识罪犯"，载上海市监狱学会2014年编：《第八届监狱学（高峰）论坛优秀论文集》，第163～164页。

犯在高压态势下以忍气吞声来应对，而少数罪犯或者明里、暗里与监狱及民警对抗，或者将仇恨憋在心里，一旦回到社会后就可能伺机报复社会。

在新形势下，如何使监狱民警与时俱进，跟上时代的步伐，切实依法尊重和保障罪犯权利，需要做的工作很多。但有这几点是需要强调的：

一是进一步确立“以人为本”的理念，把罪犯当人看，尊重罪犯人格。最近在某报刊上看到这样一句话：对于比你身份低的人，你要把他当人看，对于比你身份高的人，你要把自己当人看。我觉得这话对监狱民警也是适用的。对于比你身份低的罪犯，你要把他当人看，干警与罪犯相比，地位上的差距是明显的。监狱民警是一种特殊的社会角色，承担着执行刑罚的义务，同时又有惩罚、改造罪犯的责任和权力，这一角色可以派生出诸多权力，包括行刑、管理、教育、监督、评价罪犯等权力，这些权力的运用又拉大了警囚的差距。对于这一点，只要是监狱民警都是清楚的。修养好的监狱民警会自觉调整自己，克服实际差距的不平等，在人格上尊重罪犯，把罪犯当人看，而修养不好的民警则很容易在这种巨大差距的惯性作用下，对处于弱势地位的罪犯不尊重乃至轻视他们。再看对于身份比你高的人，包括上司、社会上的大款，以及罪犯中具有优势资源的亲属等。对于这些人，监狱民警要把自己当人看，要有自己的人格尊严，更不要去趋炎附势，巴结逢迎。尽管你可能失掉了一些身外之物，但你保持了灵魂的干净和踏实、宁静。

二是进一步完善罪犯权利保障的法律规范。就现行的《监狱法》而言，有关罪犯权利保障部分规定不尽完善，可操作性也不强，因此建议在《监狱法》修改时，可增设一章“罪犯的权利和义务”，同时增设一章“法律责任”，将监狱执法侵犯罪犯权利的责任纳入，同时应明确规定在监狱内部建立专门的处理罪犯投诉的机构等等。

三是要加大对监狱民警的培训力度，使保护罪犯权利这种思想观念成为监狱民警的普遍共识，同时要提高监狱民警运用法律思维保障罪犯权利的能力，对侵犯罪犯合法权益的行为绝不姑息，依法予以处置。

四是对待罪犯过度维权的问题要依法说理，科学对待。相信只要工作做到家，绝大多数罪犯过度维权的主体是能够与监狱及干警予以配合的，罪犯合法权利的保障是能够在法治轨道上健康运行的。

六、弘　法

“法律是治国之重器”。身处当今的法治社会，法律与我们每一个人都息息相关。而与监狱民警更是须臾不可缺少。监狱是国家的刑罚执行机关，是一个没有硝烟的战场。监狱民警面对的是一个个触犯国家刑律被依法判刑投入监狱服刑改造的罪犯，监狱工作的目标就是把罪犯改造成守法公民，预防和减少犯罪。从某种意义上讲，监狱的工作就是执法。监狱民警要执好法，就要发自内心的崇尚法律，特别是要在弘扬监狱法治精神上下功夫。本文也侧重于谈谈监狱民警弘扬监狱法治精神问题。

如果把法律制度视为法治的身躯和骨骼，那么，法治精神就是法治的魂魄和血液，无论是法治中国建设还是法治监狱建设只有从法治精神中获取理念和人文支撑，才能行之广远。在适应法治中国建设需要、推进法治监狱建设的实践中，我国的监狱法律制度已基本形成，而孕育和培植与监狱法律制度相适应的法治精神，对于当下的法治中国以及法治监狱建设与发展更为重要和紧迫。它既是适应我国社会全面转型包括监狱工作全面转型的社会要求，又是适应我国全面深化改革包括监狱全面深化改革的时代要求，还是提升监狱治理水平，充分体现执法执行力的现实要求，更是把罪犯改造成为守法公民，预防和减少犯罪，促进社会和谐稳定的必然要求。

法治精神是人们对法治理想的向往，以及由此产生的信仰。社会主义法治精神是法治精神与建设社会主义法治国家具体实践相结合的产物，是人们对社会主义法治的真诚信仰和对社会主义法治理念的高度认同。[①] 监狱法治精神是社会主义法治精神的一个组成部分，它既有社会主义法治精神的一般要

---

① 本刊评论员：“大力弘扬社会主义法治精神，加快建设社会主义法治国家”，载《求是》2015年第7期。

求，又具有它的特性，就监狱民警需要弘扬的监狱法治精神而言，按照笔者的理解，至少可以概括为以下几个方面：

第一，监狱法治价值理念。

社会主义法治精神蕴含着许多先进的价值理念，其中依法治国是核心内容，执政为民是社会主义法治的根本要求，公平正义是社会主义法治的生命线，中国特色是社会主义法治的活力源泉，党的领导是社会主义法治的根本保证。① 这些价值理念理应是监狱法治价值理念的统领，与此同时，结合监狱工作具体实践，强调以下几个方面：

其一，安全。监狱所肩负的刑罚执行职责，决定了监狱所承担的社会责任，首先是维护安全稳定的责任，或者说是体现安全稳定的价值。社会和公众看监狱工作，最直观的就是看安全，全面维护监狱安全稳定，保一方平安是监狱行刑所要追求的首要价值。从宏观方面来看，设置监狱的首要目的是惩罚罪犯，警示社会，减少犯罪，提升社会的安全系数。② 从微观方面来看，就是要确保监狱自身安全稳定，做到固若金汤。如果监狱自身的安全都保障不了，就谈不上对社会负责和对广大人民群众负责。而要做到监狱安全稳定，法治则是实现监狱安全的一项根本和长远战略，又是一项艰巨而又曲折的过程。它要求我们要在构建常态化的监狱安全模式上下功夫，要转变运动式保安全的被动安全模式，通过法治，构建起非集中整治式、非运动式、常态化安全的治理新模式。

其二，公正。众所周知，法律是社会治理的最后一道防线，而监狱又是司法的最后一道防线。如果一起案件，在侦查、起诉、判决这些环节都是公正的，而到了监狱行刑环节不公正，徇私舞弊、贪赃枉法，不该减刑的罪犯得到减刑，不该假释的罪犯得到假释，不该暂予监外执行的罪犯得到暂予监外执行，那么前面的公正就被破坏了，司法公正就很难实现。因此，监狱必须把公正作为监狱法治价值来追求，要把公正视为监狱行刑的生命线。评价监狱公正的好坏，关键是要看能不能维护公平正义，促进社会和谐稳定。监

---

① 本刊评论员："大力弘扬社会主义法治精神，加快建设社会主义法治国家"，载《求是》2015年第7期。

② 姜金兵："长风破浪会有时"，载《江苏警视》2014年第9期。

狱行刑承担着惩罚与改造罪犯、预防和减少犯罪的神圣而艰巨的职责，必须把全力维护公平正义作为始终不渝的追求，不断提升公正执法的能力和水平。

从我国国情出发，从现阶段社会的客观条件出发，从监狱工作的实际状况出发，现阶段监狱工作所要追求的公正，其基本内涵主要包括：一是对服刑人员平等对待。坚持法律面前人人平等，对所有服刑罪犯一视同仁，反对特权，不能让有钱人、有权人钻法律的空子，禁止对无权无钱、无背景、老病残罪犯的歧视。就前者而言，不能因为其身份和地位而有所区别，绝不允许存在所谓的“法外罪犯”。就后者而言，对处于弱势或不利地位的罪犯要提供必要的法律援助、司法救助，以保证他们不会因为自身的弱势和不利地位而受到歧视和凌辱。二是坚持实体公正。就是执法结果的公正。无论对罪犯的奖励还是惩罚，都要做到事实清楚、合乎法律、合乎情理。三是坚持程序公正。就是在执法过程中严格遵守法定程序，确保监狱行刑得以准确有效的实施。这里特别要强调公开透明，以公开促公正，以公正赢得公信。①

其三，人权。一部人类文明史，可以说是一部人权从无到有、从少到多、从部分到全面的历史。② 在现代社会，人权已经成为宪法和法律的重要内容。法治要解决的核心问题是权力与权利的关系问题。法治的精神在于规范公权、维护私权。③ 监狱作为国家的刑罚执行机关，有一种天然的权力强势，在警囚惩罚与被惩罚、改造与被改造的关系中，是一种不对等的强制与被强制、服从与被服从的关系，在这种情势下，更容易出现对罪犯人权保障的忽略。因此作为监狱系统，更要把切实尊重和保障罪犯人权作为监狱工作的出发点和落脚点，一方面要着力规范监狱公权力，坚持用制度管权、管事、管人，保障罪犯的合法权利，并推进狱务公开，让权力在阳光下运行，在社会以及罪犯和亲属的监督下运行；另一方面要积极运用好法治手段、法治方式保障罪犯合法权益的行使，更为重要的是要以促进罪犯回归社会作为终极目标，这

① 中共中央政法委员会：《政法干警核心价值观教育读本》，中国长安出版社2012年版，第102~103页。

② 杨海坤：“2010年‘两会’三题——解读温家宝总理两会言论亮点”，载《中国司法》2010年第6期。

③ 朱华仁：“深化法治建设应注意把握好五个关键词”，载《法制日报》2012年12月19日。

是最大的罪犯人权保障。监狱工作要围绕回归导向确立战略发展方向。监狱改造为社会提供的公共产品是将罪犯改造成为守法公民，因此，其重点要围绕转变罪犯思想、增长知识、学会技能、适应社会等方面下功夫，形成以保障人权，特别是发展权为导向的立体化、系统化的改造格局，从而使罪犯的人权保障落地生根，并且不断有所强化。

其四，文明。清末我国监狱改良之父沈家本曾援引法国学者义佐的话说："觇其监狱之实况，可测其国度之文野。"可见监狱是一个社会文明的缩影，监狱文明程度如何是观察一个国家文明程度如何的一个重要窗口，必须高度重视。监狱法治中体现的文明，首先是所依之法须是良法。亚里士多德曾指出："法治应当包含两重含义：以成立的法律获得普遍的服从，而大家服从的法律应该本身是制定得良好的法律。"① 良好的法律要合乎社会发展要求，合乎法治精神，合乎一定时代的公正原则和人权要求等等；与此同时，监狱或主管机关所定的有关规定、监规监纪必须符合良法，不能搞违法的"土法规""土政策"。其次在执法过程中要讲求"善治"，不仅要注重监狱物质条件的改善，更要注重在对罪犯实施惩罚和改造的过程中，时时处处体现文明治监的理念。更好地提升我国监狱的文明程度和罪犯改造质量。

第二，监狱法治思维。

法治思维是指社会主体（包括国家公权力机关、政党组织、法人、其他社会组织和公民）依照法律理念基本原则、法治体现和法治逻辑规范对经济政治文化社会事务及公民个人行为进行分析、判断、选择、处理与协调的认知能力、认知过程以及能动准确客观反映的意识活动。② 法治思维可以界分为多个方面，联系监狱法治实际，关于监狱法治思维，这里主要强调三点：一是权赋思维。公权力机关、法人及其他社会组织、公民的权力（利）来源不同，其行使的方式有别，作为公权力机关的监狱的权源从根本上说来自人民并通过宪法和法律规范确认和规范，其行使的基本原则是"法定职责必须为，法无授权不可为"。罪犯作为公民，其人身权、生命权、健康权、人格权等是

① 转引自马怀德："直面法律冲突"，载《法制日报》2015 年 1 月 14 日。
② 徐汉明："强化法治思维，提升领导干部法治能力"，载《法制日报》2014 年 1 月 26 日。

与生俱有的，其经济政治文化社会等发展权是后天取得的，但其生存权和发展权都是宪法和法律所确认、规范并提供保障的，其行使权利的基本原则是“法无禁止即自由”，意识自治和履行法定义务。罪犯虽然被剥夺了人身自由，部分权利受到限制，但其他公民的权利一样也是宪法和法律所确认、规范和提供保障的。因此，作为监狱，一方面要自觉践行民本原则和依法行事，另一方面要确保罪犯的合法权益，不能随意扩大和缩小罪犯的法定权利。二是权限思维。对于掌握公权力的监狱及民警而言，法治之治就是权力制约之治。其制约权力防止滥用的途径在于，用权力制约权力，用保障罪犯权利制约权力，用制度制约权力，用社会力量制约权力，用法律制约权力，使公权力正确行使。三是规则思维。监狱及民警在工作过程中，一定要有规则思维意识，不能“踩红线”“触底线”，使各项工作在法律规范的范围内和法治轨道上运行。

第三，监狱法治敬畏。

所谓敬畏，简单地说，就是既敬重又畏惧。这是人类对待事物的一种态度。中国语境中的“敬畏”常和“道德典范”联系在一起。翻开中国古籍，从“君子以恐惧修身”到“凡善怕者，必身有所正，言有所规，行有所至，偶有逾矩，亦不出大格”，不难发现，“敬畏”是中华伦理精神的重要组成部分，是做人之基，成事之道。① 一个人心存敬畏，就会有所顾忌，就不会越过底线。从法治的角度看，从一定意义上说，人们只有内心敬畏尊崇法治，才能在行为上尊重和推行法治。② 这对于监狱民警来说同样是如此。时下，一些监狱民警甚至领导“权大于法”“警官就是法”“我就是法”的心态依然比较严重，导致在监狱执法过程中以言代法、以权代法、徇私枉法的现象时有发生。从根本上讲，就是缺乏对监狱法治应有的敬畏心。弘扬监狱法治精神，提高法治素养，其中一个重要方面就是要解决好监狱民警对监狱法治的敬畏问题。监狱法治敬畏的形成固然离不开宣传教育，但仅仅停留在此是不够的，必须严格执法，违法违纪，就要付出成本与代价，通过严厉的惩罚与制裁，

---

① 参见袁卫星：《道德八书——最为紧迫的时代呼唤心存敬畏》，福建教育出版社2013年版，第4~5页。

② 顾伯冲：“从内心敬畏法律”，载《人民日报》2015年7月30日。

使其不敢违法，以使其对监狱法治产生敬畏。如此，监狱民警内心里对监狱法治敬畏日增，监狱法治的威严也日益，也才能使监狱民警尊法守法的态势呈“螺旋式上升”。

第四，监狱法治信仰。

就信仰与敬畏的关系来说，敬畏是信仰的基础，而信仰是敬畏的最高境界。法国思想家卢梭说过：“法律只不过是穹窿顶上的拱梁，唯有历史积淀而形成的风尚才最后构成那个穹窿顶上的不可动摇的拱石。”① 美国法学家伯尔曼也说过：“法律必须被信仰，否则将形同虚设。”② 这都说明了法律信仰或法治信仰的重要性。法治信仰，是人们对法治表现出的忠诚意识、巨大热情和高度信任，它包含着社会对法治的推崇，寄托着公民对法治的虔诚，并且形成一种“随心所欲不逾矩”的定力。法治信仰的作用从大的方面来说，是社会发展的精神引导，具体到监狱法治信仰，是对监狱工作健康、顺利向前发展的精神引领。在监狱系统具体到坚定监狱法治信仰，就是要求广大监狱民警把法治精神内化于心，外化于行，最大限度地焕发法治精神的正能量。作为监狱民警，首先，要知道信仰是一种世界观和价值观。作为世界观它以付诸实践、付诸行动为本质，激励人们按照信仰的内容自觉去行动；作为价值观，它以值得肯定和值得追求为表征。其次，要理解法律被信仰才能变成行动的道理，依法治国、依法治监的目标能不能实现，关键要看监狱民警是不是信仰法律，法律只有被信仰才能有效执行。再次，要懂得信仰法律就要付诸行动，坚定的法治信仰，必须在实践中自觉遵守法律，维护法律的权威，把法治理念乃至法律规范落实到行动上。在这一过程中，作为监狱民警特别是领导干部，要从近年来一批落马民警特别是领导干部身上吸取教训，警钟长鸣，把宪法和法律视为神圣不可侵犯的戒律和作为修炼自己、处理事务的主要标尺。

弘扬监狱法治精神，对象主要是监狱民警特别是领导干部，要使他们具有监狱法治精神并弘扬之，这里应需要把握好以下四个关键环节。

---

① 转引自顾伯冲：“从内心敬畏法律”，载《人民日报》2015年7月30日。

② ［美］伯尔曼：《法律与宗教》，三联书店1991年版，第15页。

一是强化精神认同。弘扬监狱法治精神贵在知行统一，而对监狱法治精神的内心认同是前提，只有内心认同才能自觉践行。因此，要通过多种形式的和通过多种宣传教育途径在增强广大监狱民警的监狱法治精神认同上下功夫。这里特别强调监狱系统各级领导干部要做好表率，带头真心认同，才会引领其他民警真心认同。

二是建设法治文化。弘扬监狱法治精神必须建设监狱法治文化，文化是精神的母体，什么样性质的文化就孕育出什么状态的精神。法治文化是在不断推动法制完善和发展的基础上经过长期积淀形成的，需要常抓不懈，久久为功，从而对社会和谐和公民行为产生潜移默化的影响。[①] 今天在现实生活包括监狱执法过程中出现的有法不依、执法不严、违法不究等乱象，在很大程度上都是法治文化不成熟、不完善的表现。因此，要针对当下部分民警监狱法治精神孱弱和缺失这一状态，在建设法治文化特别是监狱法治文化上做文章，要积极探索新形势下监狱法治建设的新特点和新规律，加强监狱法治理论的研究和对现实问题的研判，善于从监狱法治实践中总结经验并上升为理性，积累监狱法治精神赖以产生的文化资源；要主动继承和吸收中国监狱历史文化的有益成分，善于借鉴发达国家的先进监狱法治文化，结合国情使之本土化，夯实监狱法治精神赖以滋生的文化土壤，以提炼本监狱的文化特色；要构建监狱法治文化的阵地和载体，发挥媒体的舆论引导作用，营造监狱法治精神赖以孕育的文化氛围。

三是注重实践培育。监狱法治精神培育形成中重要的一点，就体现为实效性。弘扬监狱法治精神，关键在于行动，行动最具有说服力，知行不一是弘扬监狱法治精神的大忌。只在文件层面、会议层面空谈弘扬监狱法治精神是不行的。因此，需要创造条件，通过实践，让监狱民警在参与其中自我体验，让监狱法治精神看得见摸得着，才会对人有真触动。这里特别需要指出的是，榜样的力量是无穷的，要善于弘扬先进典型，大力表彰体现监狱法治精神的先进人物，激发广大民警弘扬监狱法治精神的正能量。可充分挖掘一批监狱民警身边模范践行监狱法治精神的典型榜样，用身边事教育身边人。

---

① 严书瀚："建设'法治体系'亟须解决的若干问题"，载《北京日报》2014年12月15日。

四是完善制度设计。弘扬监狱法治精神，需要在制度层面上做出系统安排。一般认为，制度主要是指那些经过长期社会实践所积累或被人为设计并具有稳定性、受到普遍尊重从而能够持续发生作用的行为模式。[①] 制度既是组织良性运作的必要前提，也是社会良性运作的必要前提。就制度与弘扬监狱法治精神的关系而言，制度对其具有刚性的指引和保障功能。二者一旦脱节，甚至扭曲，那么就会极大地损害监狱法治精神的信誉和认可度。只有建立了好的制度环境，监狱法治精神才会有培育普及的土壤。这就要求监狱特别是顶层设计者，要完善制度设计，体现出制度的合法性、权威性和精准性，不仅要抓制度的制定，更要抓制度的有效实施，要让崇法、信法、守法者得益，让不崇法、不信法、不守法者受损，才能真正形成争先创优的正向机制，更好地助推监狱法治精神的发扬光大。

① 桑玉成："按照时代要求重塑党群关系"，载《上海支部生活》2014 年 11 月下半月刊。

七、善　良

善良是一种人类珍贵的思想品质，它也是一种软能力，印度特雷莎修女就特别具备善良的思想品质和软能力，她不仅获得了诺贝尔奖，而且成为人人敬慕的人。

请看她的名言："你如果行善事，人们会说你必定是出于自私的隐秘动机，不管怎样，还是要行善事；你今天所做的善事明天就会被人遗忘，不管怎样，还是要做善事；你如果成功，得到的会是假朋友和真敌人，不管怎样，还是要成功；你耗费数年所建设的可能毁于一旦，不管怎样，还是要建设；你坦诚待人却受到了伤害，不管怎样，还是要坦诚待人；心胸最博大最宽容的人，可能会被心胸狭窄的人击倒，不管怎样，还是要志存高远；人们的确需要帮助，但当你真的帮助他们的时候，他们反而可能攻击你，不管怎样，将你拥有的最美好的东西献给世界；你可能会被反咬一口，不管怎样，还是要把最宝贵的东西献给世界。"①

特雷莎修女虽然出于基督教信仰说了上面这番话，但表现出了她对善良的独到而深刻的理解：无私、忍辱、大度、从容，心无旁骛的行善……其中对特殊的传道士——监狱民警来说，不无启发，甚至有一种醍醐灌顶之感。特别是像她说的"人们的确需要帮助，但当你真的帮助他们的时候，他们反而可能攻击你，不管怎样，将你拥有的最美好的东西献给世界；你可能会被反咬一口，不管怎样，还是要把最宝贵的东西献给世界"这番话对监狱民警来说，太贴切了。监狱民警所打交道的是罪犯，而这些人大都对监狱民警充满敌意，对监狱民警的帮助不但不领情，反而以恶意忖度，乃至视监狱民警对他们的帮助为软弱可欺。面对这样的对象，身处这样的情境，监狱民警所

---

① 转引自鲁鸣：《软实力　在竞争中胜出》，北京出版社2009年版，第155～156页。

要做到的正如特雷莎修女所言，“他们反而可能攻击你，不管怎样，将你拥有的最美好的东西献给世界”“你可能会被反咬一口，不管怎样，还是要把最宝贵的东西献给世界”。这个“世界”对于监狱民警来说，就是监狱改造事业，具体而言就是罪犯本人。善良是监狱民警立身之本。也是对罪犯实施改造之本。

罪犯是犯了罪在监狱的服刑人员。由于各自所犯罪行、出身背景、人生经历、认罪基础、文化程度等各种差异，呈现在监狱民警面前的罪犯改造表现参差不齐、积极与抗改并存，特别是入狱初期抗改一面占上风。面对如此复杂、变化多端的罪犯改造现状和问题，监狱民警应该持一种什么心态来正视与处置呢？回答是：应当以一种善良的心态来正视与处置。要用善良唤回罪犯失去的善良。美国第三十二届总统富兰克林·罗斯福年轻时曾在一个农场打工，农场主德里斯无故扣发他的工资，他将德里斯告上法庭，德里斯居然找人做伪证，使罗斯福输了官司，非但没有讨回应得的工资，反而搭了一大笔诉讼费。罗斯福成为总统之后，德里斯由于经济危机面临破产，因为名声不好，没人愿意为他担保贷款。他无奈之下找到了罗斯福，罗斯福二话没说就为他担保，使他得到救命钱。罗斯福的夫人责怪他不应该帮助这个恶人，罗斯福却对夫人说：“假如一个人真的善良，那么善良就是他的天性，这善良不会因为面对的是一个善人或者恶人而改变。面对一个恶人，自己也变得凶恶，这还是真正的善良吗？所以，我们每个人都应该看到，我们的善良不能因为恶人的恶而发生改变。”罗斯福这种处世的态度，这种待人的境界对于监狱民警来说更有值得汲取的必要。我们所面对的是形形色色的恶人，而我们善良的天性绝不能在这种环境中丧失掉，同时更不能在罪犯面前变得凶恶，以暴力、欺凌罪犯为乐。而应该是用自己的善良、博爱去融化罪犯心灵冷酷的坚冰，把他们从罪恶的黑暗之海拉向光明的彼岸。不错，罪犯身上是充满恶的，不然也不会到监狱来服刑，但是监狱改造旨在促使罪犯改恶从善，面对罪犯身上存在的种种恶，监狱民警要做的就是要用自身的善良唤回罪犯失去的善良，即以善扬善，而不能以恶治恶。要通过对罪犯的理解和关怀，对他们真诚相待，融化他们心灵的坚冰，在荒漠的心灵土地上，撒下善良的种子，并培育成材，使之完成由恶到善的转变。

人们在与他人的交往中，势必会有所评价，此时，最难得的是对他人做出公允的评价，而一颗建立于公允之上的善良之心，不仅是对他人做出正确、合理评价的前提，更是建立良好人际关系，以及与他人和谐共处的根本条件。一颗善良的心，看到的事物便是善的；而一颗缺乏善良的心，看到的世界则是邪恶。这一点北宋苏轼和佛印和尚的故事或许会给人一些启发。有一次，苏轼与佛印和尚两人盘足端坐，参禅悟佛。苏轼看着两腿盘踞静坐的佛印和尚，突然大笑不已，说："大师，你现在的样子真像一堆牛屎。"佛印和尚听到此话后，并没有动气，而是对苏轼说："居士俨然一尊佛也。"听到佛印和尚如此夸赞自己，苏轼很高兴。但高兴之余，又心生疑窦，因为佛印和尚向来与他开玩笑都是不甘下风的，这次如此谦让，实在不像他的一贯作风。于是，苏轼回家以后，就将此事告诉了他的妹妹苏小妹。本想借此炫耀一番，但不料聪明的苏小妹听完，便捂着嘴笑了起来。苏轼不明白她发笑的原因，便问之。苏小妹回答说："哥哥好糊涂，还参禅论佛。佛印和尚的意思是：倘若人的心中有粪，那么看人便也是粪；若心中有佛，那么看到的也是佛。"这个故事说明一个道理，人们看待外界事物，其实都是基于自我对事物的视野去理解的，但人们想当然地认为，自己心中对于外界事物的印象，就是事物的本然状态和真正面目。其实这是一种先入为主的主观主义错误，而之所以由主观主义做出错误的评价和认识，就是人们在评判事物、他人之前缺乏一个客观合理的评判标准。这就告诉我们，客观合理的评判标准十分重要，而是否具有客观合理的评判标准从根本上说又是源于是否有一颗善良的心。监狱民警如果缺乏那颗善意的心。自己心中盘踞着"牛粪"，目光所及当然会把服刑罪犯统统看作"坏蛋""朽木"。这里需要指出的是，所谓的"坏蛋""朽木"或许只能代表服刑罪犯的过去，但不能完全代表他们的现在，更不能代表他们的将来。而之所以会有这样先验的歧视性评价，来源则是监狱民警自己那颗缺乏善意的心，自己心中盘踞着"牛粪"。

就监狱罪犯改造而言，监狱民警是否拥有一颗善良的心，不仅关乎监狱民警是否对罪犯给出正确合理的评价，更关乎着警囚关系是否和谐以及罪犯未来的改造走向，如果监狱民警持有一颗缺乏善意的心，那么他眼中的罪犯也都是不可救药、不堪造就的坏蛋和朽木，也必然在行动上充斥着厌恶、鄙视和讥讽，这样警囚关系就不可能和谐，还可能会形成紧张状态甚至激化矛盾。所以，监狱民警以一种什么样的心态面对他改造的罪犯至关重要，而拥有一颗善良的心是别无他途的必然选择。

监狱民警拥有了一颗善良的心，就可以对罪犯做出客观公允的评价，就可以营造一种和谐的警囚关系，就会积极发现罪犯心中蕴藏的善良的一面加以发扬光大，以善育善。英国学者麦克莱有句法律格言："善良的心是最好的法律。"通过善良的培育，使罪犯形成一颗善良之心，这也是心中的法律，是有效防止他们重新犯罪的治本之策。

监狱民警拥有一颗善良的心，主要不在于空谈论多少宏大话语，更多的是体现在日常的工作中，在与罪犯具体接触中让罪犯感受到监狱民警的善意。有一个监狱民警每天在集合罪犯整队出工时，都忘不了给罪犯问一声早上好！一个好字，使得罪犯一天之中心里暖暖的，各项活动都走在前面。在监狱工作的民警，不要小看一个细微的善意，它可以犹如蒲公英在风中播撒的种子，瞬间在无数颗心灵里生根发芽，这会让罪犯生命的改造过程充满光明和温暖。因此，我们在任何时候都要对罪犯表达善良的愿望，哪怕是一个理解的微笑，一句问候的话语，一个鼓励的动作。

此外，监狱民警的善良不仅体现在改造罪犯身上，还应当广泛丰富地体现在认识世界、理解社会、与人相处等方面，要学会用善良的心去观察和对待周遭的一切。应该看到，我们当下所处的现实世界还有许多不尽如人意之处，既有真善美的一面，也有假恶丑的一面，甚至假恶丑的问题依然层出不穷，面对正确与错误、缺憾和不足、得意与失落、暴富与匮乏等多种社会矛盾的交织，监狱民警既不能熟视无睹，麻木不仁，也不能耿耿于怀、愤世嫉俗，而应当怀着一个善良的胸怀来坦然地正视现实的一切，以一种善意的、理智的目光来扫描和认识喜欢与不喜欢的所有事物，尽最大的可能散发自身的正能量，化消极因素为积极因素。当然，具备这样的人格品质是非常不易的。正如当代学者周国平所言："我们最缺乏的品质也是善良，丰富，高贵。现在普遍缺乏善良，很冷漠，而且精神贫乏，人生追求非常单一，就是物质，还缺乏高贵。如果从前的哲人复活的话，来到我们这个时代，他们最怀念的品质一定就是善良，丰富，高贵，他们会为今天我们缺乏这些品质而感到遗憾。”①

作为改造罪犯灵魂工程师的监狱民警，要让善良成为我们的精气神，使自己的人品熠熠闪光，既照亮自己，守护自己内心的净土，又照亮罪犯穿过改造隧道，改恶从善，拥抱新的生活。

① 周国平：“做一个有灵魂的人”，载《光明日报》2008 年 1 月 10 日。

八、审 美

这是一个来自日本的故事：25 岁的日本劳动妇女北岛岁枝，贤惠善良。但她的丈夫是个浪荡子。每月家中的生活费都让他挥霍一空，还随意殴打妻子，吓得两个孩子常常躲在北岛岁枝的裙子下面哭泣。生活的阴影驱走了家庭的欢乐，她陷入了痛苦和忧愁之中，逐渐失去了生活的勇气。她恨极了丈夫，决心把他杀死，然后自杀，离开这个世界。在一个星光暗淡的深夜，她泪珠滚滚地望着熟睡的孩子。她原想提笔写份遗嘱，但又不知从何写起，便痛哭起来，直到哭干了眼泪，她才得到了瞬间的平静。突然，她想起了曾经看过的中国苗族民间故事《灯花》：苗家青年都林培育了一株百合花，一个中秋之夜，忽然从花蕊里跳出了一个美丽的姑娘。这是百合花的化身，她和都林结成夫妻，两人过着甜美的日子。谁知都林后来却逐渐变得又懒又馋，而且再也不听妻子的好心规劝，她十分伤心。一天晚上，灯芯里突然开出一朵花，灯花里飞出一只五彩的孔雀，把美丽的妻子带到月宫去了。以后都林悔恨改过，在一个中秋之夜，灯花盛开，妻子又回来了。从此以后，夫勤妻俭，生活更甜美了。北岛岁枝决定把这个故事写在遗嘱上，她要教育孩子长大后像改过后的都林那样用勤劳的双手来创造美满的生活。她写着写着，不知不觉竟教育了自己。她想，希望孩子勤劳、勤俭、勤奋，自己就更应该鼓足勇气，去创造新的生活。就这样，这个中国苗族的民间故事，唤起了她对生活的信心。她毅然放弃了杀夫和自杀的念头，同丈夫离婚，带着孩子顽强地生活下去。

一个来自中国苗族《灯花》的美丽传统，竟然使北岛岁枝打消了犯罪的念头，救了她一家。这也说明，审美对罪犯转化具有巨大的魅力。审美教育（简称美育）对罪犯改造具有独特的作用。

监狱民警的工作对象是罪犯。常言道：“爱美之心，人皆有之。”就监狱的在押罪犯而言，爱美之心也不比社会上的守法公民差，但爱美并不等于说他们就拥有正确的审美理想、健康的审美情趣和较高的审美创造能力。事实上，他们在审美时往往进入误区。他们以丑为美，以怪为美，凡洋皆美，以不劳而获、追逐金钱、享乐作为自己的人生追求；把肉麻当有趣，把纯粹的感官刺激当作美的情趣，把醉生梦死作为极大的乐趣；对美不仅没有什么创造，反而干着亵渎美、破坏美的勾当，以至于走上犯罪道路进而锒铛入狱。现实告诉我们，加强罪犯的美育十分必要。这也是监狱教育改造罪犯的一项重要任务。

美国心理学家弗洛姆曾说过，一粒种子看起来那么微小，甚至得用显微镜才能看清。但就是这样的种子存在着巨大的生长潜力。如果你把一粒花种抛到露天地里，用尘土将它覆盖，过些时候，它会开出一朵花。可是，假如你仔细观察就会发现，它只是一朵颜色暗淡的小花，还有细小刚发育出来的叶子，或许上面还有昆虫在蛀食它。但是如果你拿到同类的另一粒种子，将它种植在深度刚好适宜的土壤里，给它以适量的水分、阳光和营养，你就会如期看到一株美丽的植物，叶子葱绿苍翠，花朵色彩鲜艳。它启示我们，罪犯犹如遭到病虫害侵蚀的花朵，如果放任不管，他就会枯萎甚至死去，如果给他提供一个美好的环境，他就可以迎来一番新生。从一定意义上，罪犯美育就是做这个工作的，监狱民警作为特殊园丁，就是要给罪犯提供美好的生长土壤，用美的阳光雨露精心栽培，相信随着时间的推移，绝大多数罪犯审美的眼光会发生变化，会逐渐成为既善且美的新人，拥有新的美好人生。

监狱民警对罪犯美育有多种路径，这里主要强调以下几点：

其一，要善于发现罪犯身上的美的一面。说到美，有人会提出疑问，罪犯会有什么美可言。其实，美即使在罪犯身上，也是存在的，但并非人人都能够充分感受它。正如法国雕刻家罗丹所说：“美是到处都有的，对于我们的眼睛不是缺少美，而是缺乏发现。”这就要求监狱民警要学会对美的发现，如同英国诗人布莱克诗云：一颗沙中看出一个世界，一朵野花里有一座天堂。[1]要从一个罪犯中看出一个世界，在这个世界，有美有丑，按照唯物辩证法的

---

① 布莱克：“天堂的预言”，载《布莱克诗选》，三联书店1999年版，第89页。

观点，世间事物都存在着矛盾的两个方面，作为监狱改造对象的罪犯也是这样，既有丑恶的一面，也有美善的一面，只不过丑恶的一面暂时占上风。但这并不意味着罪犯身上没有美善的东西，即使那些顽危犯，也有他自身的哪怕是微弱的美善的一面。监狱民警要善于发现，善于捕捉，不要任其自生自灭，而是要扬美抑丑，化丑为美，可以从罪犯所做的一个个事情上发现美的闪光点，如对家人的思念、对学习的渴求，对某项文体活动的热衷，监狱民警可以创造条件，予以扶持。

其二，通过因势利导，在再塑美的心灵上下功夫。尽管罪犯中丑恶的一面占上风。但是通过审美教育，因势利导，也能够逐渐促使美好的一面占上风。比如如果罪犯喜欢在墙上涂写作画，可以直接将他编排在书法绘画小组；如果他总是夜半歌声，那就安排他进声乐班；如果他有在监房拿枕头打排球，拿小玩意儿踢足球的习惯，应该吸收他为竞技体育组成员；如果他总是喋喋不休且声音分贝较高，那应该是说相声表演曲艺的苗子等[①]，然后经过勤导航和正方向，发扬积极因素，克服消极因素，最后通过提升，使其心理垃圾得以清理，人性得以复归，心灵得以再塑。甚至有的监狱通过让罪犯出演电影中的角色，来再塑罪犯美的心灵。在这一方面我国在 20 世纪 80 年代一部轰动全国的影片《少年犯》中，参加拍摄的未成年犯就有 18 名，在影片拍摄过程中，上海市未成年犯管教所的领导和导演就有意识地让部分正在服刑的未成年犯出演影片里的部分角色，它们不仅很快进入了角色，演得活灵活现，而且通过演出，更好地洗涤了心灵的污垢，学会了做人，收到了很好的改造效果。无独有偶，这种形式在国外也有。据介绍，意大利影片《恺撒必须死》于 2012 年获最佳影片金熊奖，而这部影片的演员，并非是专业演员，而是在罗马看管得最严密的雷比比亚监狱里的囚犯，在导演的精心策划下，通过记录监狱中的一群囚犯排演莎士比亚名剧《尤里西斯·恺撒》的过程，用多变的镜头语言完整地展示了囚犯们心理的变化，同时讨论了有关政治、人性和艺术等话题。通过演出，这些罪犯发现了艺术的魅力，用他们自己的话说，

---

① 陈东升："艺术教育矫正在监管改造中的科学运用"，载《上海警苑》2010 年第 3 期。

“这里才真正变成一座牢房。”[①] 一座促使他们的心灵由丑变美的牢房。

其三，通过审美创造力的培养，使罪犯学会一技之长，不但成为守法公民，还能够用自己的双手创造美的生活。在这方面以上海监狱系统的部分监狱为例，如青浦监狱的玉雕加工项目、提篮桥监狱的习美工作室、未成年犯管教所的回春艺术团等，在人才培养上都取得了较好的效果。如参加过提篮桥监狱习美工作室的罪犯。回归社会后有的从事自由职业，出售自己所绘的画作，有的开设画廊工作室，开门经营，生活幸福。曾在提篮桥监狱服刑的陆某，因犯绑架罪判刑10年，入监后一度情绪消沉，自暴自弃。到习美工作室后，经过主管民警的教育，他在绘画中找到了自我，并代表监狱，他的绘画作品在上海美术馆公开展览。提前获得自由后，开设了一家画廊，继续以画为业，既美化了大家的生活，也使自己生活美满。[②] 这样的例子在提篮桥监狱习美工作室比比皆是。

其四，以监狱民警自身的内在美与外在美的形象影响罪犯。监狱民警既要做化丑为美的教育改造工作，又要以自身的内在美与外在美的形象影响罪犯，而后者潜移默化的“影响作用”，对于罪犯的心灵净化，是任何东西都不能代替的“最有用的阳光”。著名民族音乐家王洛宾曾被打成反革命犯关押在新疆第一监狱，而《撒阿黛》是他在狱中写的一首著名歌曲，是为一个女狱警撒阿黛而写。这个维吾尔族姑娘18岁刚毕业就分到监狱工作，她生得非常得美，对待犯人也很善良。王洛宾在一次接受采访时回忆道：“工地的生活太寂寞了，来一只小麻雀，大伙都觉得像见了亲人似的……每天上工，撒阿黛都会来开大门，大家都会盯完她走完80公尺。”就因为生活中有这样的美，似乎人就可以活下去。王洛宾出狱时，还给撒阿黛写了一封信：我走了，我感谢你，在我最困难的时候帮助过我，虽然姑娘不知道他为什么要感谢她。[③] 从中也可以看出即使在“文革”那种不正常的环境下也不乏撒阿黛这样的监狱警察美的形象深深地打动着罪犯，鼓舞着罪犯“活下去”，今天我们更有理

---

① 闻逸：“八旬老翁获奖——意大利影片《恺撒必须死》获最佳影片《金熊奖》”，载《上海警苑》2012年第5期。

② 严大地：“艺术矫治：习美的科学发展”，载《上海警苑》2011年第2期。

③ 黄薇：“国家人文历史”，载《党员经典导读》（上海）2014年12期。

由把监狱民警的形象塑造得更美，改造罪犯化丑为美，更好地成为任何东西都不能代替的“最有用的阳光”。

随着社会的发展，随着监狱现代化文明建设的不断推进，随着打造绿色监狱口号的提出，对监狱民警的审美素质要求越来越高。作为“改造罪犯灵魂工程师”的监狱民警，不仅要在罪犯改造中引导他们如何做人，向罪犯传授文化技能，教会他们如何做事，而且还要对罪犯实施美育，把美带给罪犯，再塑罪犯美的心灵，提高他们的审美情趣和创造力。而这又无不与监狱民警自身的审美素质密切相关，要完成好罪犯美育的任务，教育者要先受教育，不断加强自身审美修养，提高自身审美素质就显得越发重要。监狱民警审美素质的提高，也无什么捷径可走，无非是学习美学理论，确立正确的审美观；培养审美情趣，训练审美感知能力；善于发掘罪犯改造中的审美因素，把美育融于罪犯教育改造之中；积极参加审美实践，提升美的创造能力。我们相信，通过外在条件的创设和监狱民警自身的努力，监狱民警自身审美素质一定会有新的提高，从而更好地完成改造罪犯化丑为美的崇高使命。

第三篇

情怀篇

一、心 态

先看一则寓言故事：农夫的果园里，葡萄挂满枝头，狐狸们垂涎欲滴。第一只狐狸来到葡萄架下，想到葡萄是酸的，吃了会难受，便扬长而去。第二只狐狸来到葡萄架下，发现葡萄架很高，它不愿放弃，借助旁边的梯子爬上去吃着了葡萄。第三只狐狸来到葡萄架下，发现架子很高，就破口大骂，而且撕咬着葡萄藤，结果激怒了农夫，一阵乱棒将它打死。第四只狐狸来到葡萄架下，看到自己很矮小，于是伤心地哭了起来，最后郁闷而死。第五只狐狸来到葡萄架下，看到葡萄架很高，心想，既然我吃不到，别的狐狸也一定吃不到，于是心态很平和地走了。第六只狐狸来到葡萄架下，眼睛一转，把同伴们骗来将其一一打晕，把它们的身体摞起来，然后爬上去吃到了葡萄。第七只狐狸来到葡萄架下，它想，我为何不学习猴子捞月的合作精神呢，于是动员所有想吃葡萄的狐狸，搭成“狐狸梯”，大家都高兴地吃到了葡萄。第八只狐狸来到葡萄架下，发现自己能力有限，于是积极学习充电，勤练葡萄采摘技术，最终也吃到了葡萄。八只狐狸的不同心态，导致不同的结局和效果。相信这个故事对大家会有所启发。按照《三字经》的说法：“人之初，性本善，性相近，习相远。”从生理角度来看，人与人之间是“性相近”的，不存在太大的差别，但为什么有的人事业能够获得成功，而另外有些人却不行呢？心理学家给出的答案是心态使然。心态是指对事物发展的反应和理解表现出的不同思想状态和观点，它实际上是一种思维方式，一种信念，一种价值观和一种情怀。心态决定着事业的高度，心态是事业成败的决定因素。良好的心态是战胜自我，实现超越的重要法宝。

良好的心态能够给我们带来看问题的独特视角。在心态好的人看来，有问题也会变成小问题或没问题，俄罗斯著名作家契诃夫曾说过：“手指扎了根刺，你应该高兴地喊一声：‘幸亏不是扎在眼睛里！’”另在犹太，有一句谚语这样说：“如果断了一条腿，你就该感谢上帝不曾折断你的两条腿；如果断了两条腿，你就该感谢上帝不曾折断你的脖子；如果折断了脖子，那也就没有什么好担忧的了。”而在心态差的人看来，没问题会看成有问题，所谓“天下本无事，庸人自扰之”就是这个意思，小问题会看成大问题。有一个老太太，她有两个儿子，大儿子是染布的，二儿子是卖伞的。她整天都在为这两个儿子发愁。天一下雨，她就会为大儿子发愁，因为不能晒布了；天一放晴，她又会为二儿子发愁，因为不下雨二儿子的伞就卖不出去。于是，老太太就终日以泪洗面，没有一天开心的日子，弄得疾病缠身，骨瘦如柴。当然心态也是可以改变的。一位禅师路过得知此事，就开导她说，你反过来想想看：天一下雨，你就为二儿子高兴，因为它可以卖伞了；天一放晴，你就为大儿子高兴，因为它可以晒布了。在禅师的开导下，老太太从此以后每天都乐呵呵的。一切都没有变，心态变了，世界就变成了另一番景象。由此可见，个人看问题的角度，个人的成败得失，很大程度上在于你能否走出不良的心理误区，让自己拥有积极、正面的心态。心态是每个人重要的资源，故善管者主要就是管好自己的心，调整好心态。对于监狱民警来说，管理好自己的心，调整好自己的心态，才能有一个好心情，坦然地面对生活、工作，在心理上发挥出新的潜力，一些看似做不到的事就可以做到。

作为一个监狱民警，要适应环境，首先要从改变自己、改变自己的心态开始。南美有一种会走路的树叫卷柏，一个地方水吸完了，它会把自己的根拔出来，把身体卷成圆筒，滚到另一个有水的地方。有人做了这样一个实验，他们把卷柏固定下来，若干次滚动失败后，卷柏就放弃了迁移，而把根扎到更深的土壤里吸收水分，最终让自己得以生存。有个怀才不遇的人，找一位智者诉苦。智者问他：“你知道水是什么形状吗?”他答不上来。智者用瓢舀了一瓢水又问：“水现在是什么形状?”他又把水倒进瓶子里问：“水是什么形状?”这下，怀才不遇的人终于明白了，水之所以能够装进不同的容器里，是因为它不断地改变自己，让自己适应了环境。这些都告诉我们，改变自己始于改变心态，改变了心态就能更好地适应环境。这一点对于监狱民警来说也是非常有启示意义的。作为一个监狱民警特别是青年民警，你加入这个行业后，一开始你也许从喧嚣的城市来到远郊或偏僻的山区，你改变不了环境，但你可以适应环境；你改变不了现实，但你可以改变态度，最主要的一点就是，把自己过去的一切都放空，都倒掉，一切从零开始，抱着重新学习的态度，谦虚好学，不耻下问，培养自己对新角色、新环境的适应能力，这样你就可以变得内心强大，就会变得出手不凡，最终成为新环境的主人。

作为一个监狱民警，是否拥有好的心态就看你是否投入满腔热情从眼前开始行动。有位哲学家，让众弟子在麦田行走，并要求摘下一个最大的麦穗，但只许进不许退，当宣布时间到的时候，结果很多弟子两手空空，因为他们总以为前面的麦穗更大，前面的机会更多，而错失了许多眼前的良机。在哲学家的点拨下，弟子们才领悟到，人总在追求生命中的最大麦穗，却不知道把眼前的那一个握在手中，其实，眼前的这一个，才是最实实在在的。对于我们监狱民警特别是刚参加工作的监狱民警来说，当你对眼前的工作充满热爱时，工作就不再是苦差事，而会变成一种兴趣，只有如此，你才能获得更多的发展机会，也才能在监狱职业生涯中获得成功。你就可以从改变今天，改变眼前做起，然后到改变周围，改变你教育管理的罪犯，最后改变一个监区乃至一所监狱的面貌。

作为一个监狱民警有了一个好的心态，什么时候努力都不算晚。曾经有一位名叫胡达·克鲁斯的老太太，当其他年届70岁的老太太准备为自己料理后事的时候，她却以70岁的高龄开始学习登山。不仅成功地攀登了几座世界名山，后来还以95岁的高龄登上了日本的富士山，打破了攀登此山年龄最高的纪录。胡达·克鲁斯老太太获得成功的秘诀就是她积极向上的心态，它同时告诉我们，拥有一个好的心态，什么时候努力都不算晚。对于监狱民警的事业发展来说，也同样有重要的启示作用。哪怕你曾经虚度了一段岁月，或者说你参加工作以来没有多大长进你也无动于衷，而你如今开始意识到我不该如此下去了，要积极、阳光起来，只要你用这种心态去告别过去，积极、主动地对待今后的工作，相信你绝不会比别人差，随着时间的推移定会令人刮目相看，甚至会得到意想不到的收获。

二、幸　福

幸福是一个十分诱人的词，可以说，世界上没有谁不向往幸福，不在追求幸福。在漫长的历史长河中，人们不停地探索着人生幸福的真谛。但是究竟什么是幸福，则众说纷纭。有的人认为钱多是幸福，有的人则认为钱少也是幸福；有的人认为幸福是感受出来的；有的人说幸福是创造出来的……人们由于所处的社会地位、成长环境、受教育程度、思想方式以及观念等诸多方面的差异，对幸福的理解和认识就呈现出多元化，所拥有的幸福也就有很大不同。那么，什么是监狱民警所应拥有的幸福呢？

从表面上看，监狱民警这一职业并不一定是幸福的。诸如一些民警所抱怨的高风险、高压力、单调、枯燥、乏味等，但只有在监管改造工作中能充分感受这一职业的内在尊严和充分实现自己的人生价值的监狱民警才是幸福的。监狱民警的幸福始于神圣，结于厚重，它不止于物质生活，罪犯的改过自新，社会的平安稳定，都是对监狱民警生命意义的确证。“把大墙内的人改造好，让大墙外的人生活好”①，这既是监狱民警的职业价值追求，也是监狱民警最大的幸福。

这一点在不少监狱一线民警身上得到了印证。江苏监狱系统的英模汪家杰，在央视2011年中国十大法治人物颁奖晚会上，著名主持人欧阳夏丹对汪家杰作现场采访提问：“为什么监狱警察是一份让你感觉很快乐的工作？”她的意思很明白，整天与罪犯打交道，从事这么一个充满风险的职业，汪家杰怎么快乐得起来？汪家杰回答：“由于我们的教育挽救，绝大多数曾经危害社会的罪犯能成为对家庭、对社会有用的人，我感觉到我们的工作很有价值、

---

① 上海市南汇监狱所提的办监宗旨，其实也代表了全国监狱干警的共同追求目标。

很有意义，做一名监狱警察，我很快乐。”[①]

如果汪家杰这番话还略感抽象，那么我们再寻找一些具体的事例予以说明。上海市监狱系统的某位民警，曾以手记的形式写了一个真实的故事[②]。一个罪犯在移押前的一天，采用紧急呼叫的方式，其目的就是在临别之前，能够见上这位民警一面，以当面感谢20年前对他的教育帮助而获得减刑。这位民警说，一晃20年过去了，我教育改造过的罪犯无数，他也早在我的记忆中淡去。他现在也不在我工作的监区。没想到他至今还心存感谢，担着接受纪律处分、执意采用紧急呼叫的方法终于见到了我，算是圆了一个心愿。这位民警写道：此刻，我为自己的付出在时隔20年后仍能够得到回报而激动，我为自己从事监管改造工作无悔且自豪。

还是在上海市监狱系统，这里的南汇监狱，这所集中收押老病残罪犯的所在地，就曾发生过这样一件事[③]：有一个人已60多岁了，但是他有30多年是在监狱中度过的。当被移押到南汇监狱时，已进入老年，剩余刑期已不长。然而这个三次脱逃、三次加刑、多次被严管的罪犯，如今却害怕刑满释放，害怕回归社会了。监狱民警深深知道，大墙外沧海桑田，社会变迁，半辈子蹲在监狱的人，出去以后怎样在社会上立足呢？按理说，将他刑满释放就可以了，但是如果不做好与社会的“对接”，就不能安定一家，稳定一方。因此民警就担负起了再送一程的任务。通过努力、努力再努力，通畅了他的回归之路。一个阳光明媚的下午，时任监狱长的戴卫东坐在这个罪犯对面，于是，一边是语重心长，一边是泪流满面。在他释放前的一天，戴卫东和他作了一番长谈。原来19年前，他在服刑时，戴卫东是他的主管民警。而今穿过时光的对视，他想起了这些年来在漫长刑期中所受到的教育，不禁百感交集，敞开了心扉。他说他忘不了监狱给他订制安装钛合金假肢的恩情；忘不了民警为他释放出监联系落实户口、镇保、帮助办理残疾人证奔走辛苦；更忘不了

---

① 李三中：“有一种坚守叫职业良知”，载《江苏警视》2014年第5期。

② 江宏：“押前的紧急呼叫”，收入上海南汇监狱编：《民警探索丛书》（第二辑之四）2012年“扬帆·执法礼赞篇”，第20～23页。

③ 陆萍：“监狱中的人性人道之光”，收入上海南汇监狱编：《民警探索丛书》（第二辑之三）2012年“扬帆·职责感悟篇”，第255～256页。

监狱精心安排他和老母亲相见的感动。还有今天，此刻，令他终生难忘！他要踏踏实实走路，堂堂正正做人。于是，刑释两个半月后的一天，他用监狱为他安装的假肢走到监狱门口，十分敬重地献上了“大爱无疆　恩同再造”的锦旗。这八个字，出自一个“曾经的顽危犯”之手，个中滋味，让南汇监狱的民警们无不感慨，也欣慰不已，幸福不已。这种幸福感是一种天使般的圣洁感，是一种让身陷黑暗的人心生光明的付出感，是一种把坠入深渊的人拉上悬崖的使命感，是一种化腐朽为神奇的自豪感。

接下来让我们看看什么是监狱民警所应具有的幸福感或幸福品质。在我们看来，一个人的幸福，源自于对待劳动、对待工作的热情和创造态度，源自于博爱与奉献精神。幸福就是成为人时的意义感，就是生命超越时的崇高感。[①] 这一点对于监狱民警也是非常适合的。可以这么说，做监狱民警，不同于其他民警和其他行业的公职人员，他的使命绝不是单纯的刑罚执行，而是要在刑罚执行过程中改造人。监狱民警面对的是曾经犯过罪，现正在监狱服刑，需对其灵魂进行拯救的特殊人群。对社会而言，他们能否改造好，关系到社会的和谐稳定，人民的安居乐业。对本人而言，关系到今后的走什么路，是新生还是再入狱以及家庭是否完整、幸福。监狱民警最好的回报是罪犯告别了罪恶的昨天，重新走上了新生的道路。想想无数罪犯在自己的引领下从黑暗走向光明，从苦海走向新岸，有了新的开始，有了新的人生，有了新的幸福家庭，你就是改变他命运关键的那一个，社会因此而和谐、平安，那是何等让人舒心、让人骄傲的成就。

应该看到，并非所有的快乐都令人幸福，也并非所有的痛苦都令人不幸。幸福不是自然而然获得的，需要经过痛苦的磨砺，需要人的积极争取。许多痛苦令人难以承受，而为什么有些痛苦却让人感到幸福？首先，如果能够正确对待，痛苦可以历练一颗坚强的内心。钢铁是怎样炼成的？痛苦、挫折、失利、不幸……在保尔·柯察金的成长历程中，痛苦给了他幸福的根基：一颗在痛苦中越来越强大而豁达的心。其次，痛苦在被人们赋予“意义”之时，

---

① 张荣伟、任海宾等：《教育基本原理》，福建教育出版社2007年版，第304~305页。

才具备幸福的深层底色。生活才能够被照亮。叶佳莹先生①有句座右铭：“以无声的觉悟做有声的事业，以悲观的体验过乐观的生活。”这话对于我们监狱民警也是有启示的。我们做人的转化工作，靠的是长期的积淀、日常的积累和润物无声的觉悟，好的干警对罪犯的影响是终身的，当新生后的他临终回忆，可能就是影响他一生的几个关键性人物之一。所以，监狱干警的事业是无声的，又是有声的，既是当下的，又是长期的；以悲观的体验享受乐观的生活，才能臻于幸福的境界，糖水里泡大的人对幸福的理解只是表层的，体验罪犯这个特殊底层的生活，体验他们中各色人的活态，甚至体验他们的困顿渴求，都是必要的，让罪犯起死回生，起死，面对死不可能让人乐观得起来，需要有悲天悯人之心，需要苦苦地劳作，但一旦对象复活，其幸福感自然会油然而生。并体会到莫大的幸福感。因此，作为监狱民警要敢于面对痛苦，勇于承担痛苦，在对事业的追求和奋斗中付出、甚至痛苦、焦虑，而一旦有所突破，一旦上升到一个新的境界，此刻心中荡起的幸福感是丰厚物质的报偿所不能给予的，是一种旁人无法体会的特有的神圣、庄严、自豪的感觉。正如唐朝诗人王维的一句诗所言，“行到水穷处，坐看云起时”。就监狱干警而言，在职业的生涯中，难免会有这样或那样的曲折和痛苦。如果在遇到曲折、痛苦甚至到了难以继续下去的时候，更需要一种消化痛苦，以苦为乐的胸怀，需要一种“行到水穷处，坐看云起时”的平静和潇洒。迎向痛苦，转化痛苦，最终得到幸福。

最后，祈愿我们的监狱民警都是一个带着幸福感的监狱民警，带着幸福感去做工作的监狱民警，正如揣着初心与理想上路，才能使监狱民警这一职业真正成为有崇高社会地位和富有内在尊严的职业，成为充满彰显正义和人性光辉的事业。

---

① 叶嘉莹为加拿大籍中国古典文学专家，现任南开大学中华古典文化研究所所长、博士生导师，加拿大大不列颠哥伦比亚大学终身教授，加拿大皇家学会院士。代表作品有，《迦陵文集》十卷，《叶嘉莹作品集》第二十四卷。

三、感　恩

感恩，简单地说，就是感谢别人给予自己的恩惠。感恩思想在中国文化中源远流长，我国古代就有“投我以木桃，报之以琼瑶”“滴水之恩，涌泉相报”“衔环接草，以谢恩泽”等故事名言千古传颂。深厚的感恩文化传统，深深地滋养着生长在中华大地上的一代代人。感恩不但是中国文化传统，也是人类文化传统。西方有一句名言：“上帝有两个住处，一个在天堂，一个在感恩者的心中。”洛克说：“感恩是精神上的一种宝藏。”尼采也认为，“没有感恩就没有真正的美德”。

感恩一词也是当今使用频率较高的一个词。经常挂在老百姓嘴边之一的话就是：做人要知恩图报。教育系统也在强调感恩教育。之所以如此，是因为感恩文化存在于社会的方方面面，如对父母的养育之恩，要有“谁言寸草心，报得三春晖”之心；对待师长的教育之恩，要有“一日为师，终身为父”之感；在受前人开创业绩的基础上创业做出了成绩要明白“吃水不忘挖井人，前人栽树后人乘凉”的道理。扩而大之，要回报大自然的恩赐，国家的恩泽，朋友的恩情乃至陌生人的恩惠。一个人生活在这个世界上，无时无刻不与他人联系着，无时无刻不处于他人的帮助之中，即使一个人走在马路上，也要明白，清洁的道路是环卫工人辛苦劳动换来的，有序的交通是交通民警和管理人员辛苦的工作得来的……

在监狱教育改造工作中，监狱民警对罪犯教育的一个重要内容就是感恩教育。而要做好这一教育，监狱民警先要懂得感恩。教育者先受教育，自己都不懂得感恩，又怎么能够有资格让罪犯感恩，使罪犯在知恩图报中积极改造，走向新生。唐代诗人韦应物在做苏州刺史的时候，因为逃荒的人太多，曾写下“邑有流亡愧俸钱”的诗句，自责自己愧拿朝廷俸禄。白居易也深知“嗷嗷万族中，唯民最辛苦”，写下《观刈麦》，古人尚且有这样的感慨和觉悟，作为我们今人特别是属于公务员、人民警察双重身份的监狱民警，更应该反思自己付出了什么？对于监狱民警而言，自觉学会知恩、感恩、报恩，既是做人、做事、从警的基点，也是党性、人格、警德的重要体现。常怀感恩之心，就会为自己已有的而感恩：感恩单位，在我们需要工作的时候，给我们提供了工作的机会，使我们能够用自己的劳动报酬养育家人；感恩领导，是他们的严格要求和热情相帮，让我们不断成长和进步；感恩同事，与我们一起工作和奋斗，分享友谊和快乐，共同面对困难，共同解决困难，共同开拓未来。这样就会对单位、对领导、对同事少一分挑剔，多一分欣赏。常怀感恩之心，才能心情豁达，平心静气，宽以待人，抛弃不应有的怨气，时刻以一种感恩社会、感恩组织、感恩单位与同事的心去投入工作，时时有一颗感恩的心，就会谦虚待人，为人所敬重。

感恩的反面是不知感恩，知恩不报甚至以怨报德、恩将仇报。幸福属于感恩的人，一个不懂得感恩的人，他的生活心态一定是扭曲的，在道德舆论面前，忘恩负义是遭人鄙视和受人谴责的，而且作为个人也难得幸福。正如英国作家萨克雷所说："生活是一面镜子，你笑它也笑，你哭它也哭。"因为当你抛弃感恩的美德后，它背后的东西也随之被抛弃。这里介绍一则寓言故事：有两个人在沙漠上行走多日，口渴难耐，恰遇一个赶骆驼的老人，骆驼上驮着一大袋水，于是便向老人讨水喝。老人分别给了他们半碗水，其中前一个人分到半碗水后，一个劲地抱怨老人吝啬，并在一气之下，把水泼掉了。而后一个人则怀着感激之情喝下了这半碗水。后来，前一个人因为拒绝半碗水而死在沙漠中，后一个人因为喝了半碗水，顺利地走出了沙漠。这也就说明幸运像是一个淘气的孩子，常常喜欢躲在感恩的背后，若不是后一个人怀有感恩之心，就不会走出沙漠，而前一个人不仅不知道感恩，反而还以怨报德，最终落得个渴死在沙漠中的下场。在我们的现实生活中，也确实存在有的监狱民警不懂感恩、一味怨天尤人的现象，甚至把自己的抱怨夸大其词放到网上，最近笔者就在微信中读到一个有关监狱民警工作的段子，现抄录如下："做监狱警察一年没有了自由，三年没有了朋友，五年没有了青春，十年没有了健康。早起的是监狱警察和收破烂的，晚睡的是监狱警察和按摩院的，不能按时吃饭的是监狱警察和要饭的，加班的是监狱警察和摆地摊的，加入就很难退出的是监狱警察和黑社会的，过节回不了家的是监狱警察和正在劳改的，担惊受怕的是监狱警察和贩毒的，请珍惜你身边做监狱警察的朋友，因为他们真的不容易，挣得是卖白菜的钱，操得是卖白粉的心！送给加班的监狱警察。”看到这个似乎还是监狱民警原创的段子，在戏谑调侃的背后，字里行间充斥着晦暗。虽然写手的初衷是送给节日期间加班加点的同行，试图说明监狱民警的收入、待遇与付出不对称，希望人们能够予以理解和同情，但客观上将监狱民警与收破烂的、按摩院的、要饭的、摆地摊的，甚至黑社会的、劳改的、贩毒的进行类比，没有了自由，没有了朋友，没有了青春，没有了健康。实际上是一种不顾事实以怨报德的非理性宣泄，起到了一种十分恶劣的抹黑监狱民警形象的负面作用。

其实，如今监狱民警绝没有像上面说的那样苦不堪言。反倒是十分抢手的职业。如2011年江苏常州监狱“监区管教科员”一个岗位报名者竟达到了646人，是当年公务员招录中竞争最激烈的一个，在网上被评为“最牛岗位”。在报考金陵监狱的考生中仅南京大学、清华大学的考生就有30多名，至于浙大、东南大学、华东政法等名牌大学毕业的考生也不在少数，其中还不乏一些原来单位就不错，也在一定领导岗位的人员。在招录中，某负责招警工作的干警说：“过去大家略带调侃地抱怨，说监狱警察是献了青春献终身，献了终身献子孙。而如今想献还很难呢！”从过去的抱怨到今天的欣慰，说明监狱警察的地位已今非昔比。[①] 另外，监狱民警的工作条件也是今非昔比，1999年，监狱民警被列入国家公务员队伍管理，身份明确，收入稳定，劳作方式也大都由室外转入室内，配有先进的现代科技安全防范设施，工作环境逐步改善，实现住房城市化后，很多人都在城里买房，生活质量大幅度提高。监狱各级领导关心民警特别年轻民警的政治业务成长，对民警生活待遇也在与日俱增。如果说二十世纪五十、六十、七十年代的老一代监狱民警“献了青春献终身，献了终身献子孙”都能够做到对党、对人民、对单位、对领导、对同事有一颗感恩的心，那么今天在这样好的条件下，对于正在监狱管理岗位和即将从事监狱工作的人来说，更要珍惜你的拥有，要懂得感恩。

① 转引自常胜：“珍惜你的拥有”，载《江苏警视》2011年第12期。

而不要身在福中不知福，不要更多的想到的是索取，而是更多的想到的是回报，不要一方面心安理得地享受现有的待遇，另一方面又牢骚满腹，处处抱怨。这样的灰色情绪不仅不会带来任何有建设性的东西，反而只能像毒素一样扩散，影响工作热情，破坏积极的人际关系，出现越“抱”越“怨”的现象，甚至会在怨天尤人、碌碌无为中毁了自己。当然，作为监狱系统的各级领导，也不能满足于监狱民警队伍建设的现有成绩，还应该把工作做得更好一些。正如浙江乔司监狱政委陈飞跃所开出的三剂药方：“一是从优待警，让民警感到待遇体面，生活无忧；二是公平公正，让民警感到有展示能力的舞台，人生出彩的机会；三是组织是靠山，让民警产生自豪感、归属感。”① 相信这样实实在在去做，就更加使监狱民警有一个好心态，就更能够唤发起绝大多数民警的感恩之心，以更加饱满的热情和充足的干劲投入监管改造罪犯事业中去。

最后以一个佛教的小故事结尾：一天，小和尚在禅房门口看到师父端坐在阳光下大汗淋漓，泪流满面，就非常惊讶地走向前去，低声问道：“师父，你怎么了?”“没什么，我正在沐浴、洗涤呢。”师父心平气和地说。小和尚觉得更为困惑，他出去走了几圈后还是不解，就又回头来问师父：“师父，我没有看到你沐浴、洗涤啊?”“我是在为心灵沐浴、洗涤，你当然看不到了。”师父静静地回答。小和尚更加奇怪了，就又问：“怎么才能为自己的心灵沐浴和洗涤呢，师父可否开导一下弟子?”师父告诉他：“点燃一颗感恩戴德的心，在自己的心底煮开半腔热水，再加入仁义、孝悌、反思、忏悔等名贵心结（药材），就可给心灵沐浴了。”② 给身体洗澡，使人清爽；给心灵洗澡，令人心怡。愿我们的监狱民警特别是年轻的同志，要经常给心灵洗洗澡，去除那些有损健康的污秽东西，常怀感恩之心，常表感谢之意，这是每一个人，每一位监狱民警不可或缺的素质、心境、情怀和品格，它会让你的心更明澈，使你在同事中更有人气，在罪犯中享有崇高威望，在事业和人生的道路上走向辉煌。

---

① “这就是政治思想工作——‘民警安心工程访谈录’读后感释放出的启示”，载《浙江监狱》2016年第1期。

② 转引自成杰：《气场》，中国华侨出版社2012年版，第96~97页。

四、信　任

卡尔·汉莱提是美国电影《逍遥法外/猫鼠游戏》中一个警官的名字。这是一个由真人真事改编的电影，卡尔的人物原型是乔·夏弗，他原本只是美国联邦调查局经济犯罪科的一名普通探员，后因破获弗兰克·阿巴内尔之案而声名大噪。弗兰克·阿巴内尔（1948—）是联邦调查局历史档案中年龄最小的头号通缉犯。他被称为“20世纪最非凡的骗子”，因为在他不算长的诈骗生涯中，先后成功地冒充了飞机驾驶员、儿科医生、律师等身份，并通过伪造支票诈取了几百万美元。破案不是这个故事的重点，其精彩之处在于警察相信骗子，探员感化罪犯、关怀罪犯，因为卡尔的信任和不懈地等待，一个诈骗犯的人生走上了全然不同的道路。①

弗兰克渴望关怀，盼望被信任，16岁离家出走，就是因为父母离异。从此，弗兰克踏上了一条寻求关怀、寻求温暖之路。他无论走到哪里，都要寄信给父亲，孩子似的向父亲炫耀自己的成绩，他给父亲买崭新的凯迪拉克跑车，请父亲吃昂贵的午餐，请父亲相信他们有一天能够将曾经的美好寻回。他之所以选择一个平凡的护士组成家庭，是因为她全身心地相信他，他迷醉于女孩一家守在电视机前，兴奋地高声歌唱的甜蜜。这份安定给了他归属感。

弗兰克未曾料到，是一个警察给了他所期盼的信任与关怀，卡尔和弗兰克的信任建立在漫长的追捕之中，两人在多次交锋中加深了对彼此的了解，竟在某些时候能够心意相通。圣诞节，卡尔在警局的电话前等待弗兰克的电话，而弗兰克则在某一酒店窗前拨通卡尔的电话，谈话间，两人有斗智斗勇

① 该资料参见曾妮：《学会关怀》，海峡出版发行集团、福建教育出版社2013年版，第69~71页。

的紧张时刻，也有“圣诞快乐”的轻松祝福。

因为信任，卡尔未带一刀一枪与弗兰克谈判。彼时，弗兰克在母亲家乡的一个废旧工厂中印制支票，卡尔告诉他，他已经跟法国警察达成协议，由他只身进来说服他。弗兰克不相信，只想带着印好的支票逃出厂房。卡尔喊道：“你要是出去，会被埋伏在外面的警察打死。”弗兰克回头盯住卡尔问：“你有孩子吗?”卡尔说：“我有一个四岁的女儿。”弗兰克说：“你以女儿的名义起誓。”卡尔点头。弗兰克接过手铐，自己将其带上。走出工厂，法国警察涌了上来，将弗兰克推进了警车中。卡尔站在外围，一直在说“他是自愿被捕，我需要做一个官方的记录”“你们要把他带到哪里，我要跟过去”。他趴在车窗上喊道：“别担心，弗兰克，我会把你引渡到美国的。”此时的弗兰克，已经不是卡尔所追捕的目标，而是他关心的对象。

因为信任，卡尔为弗兰克争取提前出狱。在一次探监时，卡尔偶然发现弗兰克的作案经验可以应用于破案。于是，他开始按照繁复的手续逐一办理，不断向上司和检察官担保其不会逃跑。他坚信，年轻的弗兰克不应该在狱中荒废年华，聪明的弗兰克应该拥有美好的未来。经过四年的努力，卡尔终于将弗兰克带离监狱，并担任了弗兰克的监护人，负责监督他的工作。

因为信任，卡尔愿意给弗兰克自由选择去留的机会。在联邦调查局工作的弗兰克，除了卡尔，没有别的依靠。一个周末，卡尔要去看他的女儿，弗兰克只能自己度过。在商店里看见飞行员制服的弗兰克，不仅再次动心，他还想要再逃。卡尔追到了飞机场，弗兰克没有掩饰他的去意。他说，很抱歉给你添了这么多麻烦。卡尔直言，如果逃走，将会增加牢狱之灾。他指了弗兰克身后的那条空荡荡的通道，拍拍他说：“你瞧。没有人追捕你，我让你走，因为我知道你会回来。”

周一，卡尔不停地看钟，反复问秘书，弗兰克是否来过电话，上午快要过去，弗兰克还是没有回来。卡尔开始他的日常工作，正当他为同事分析一种新型的伪造支票时，一只手伸向了支票，弗兰克的声音响起：“我能看一看吗?”

电影到此结束，真实世界中，弗兰克和卡尔（乔·夏弗）的友谊一直保持至今。目前，弗兰克已结婚多年，家有三个儿子。他成立了安全公司，设计了银行和世界500强公司每天使用的安全支票，还同时兼职作为联邦调查局研究院和外事处的顾问与讲师。

这部影片虽然只有两个小时，但给人的启示很多。尽管由于国情的不同，卡尔的这些举动在国内警界以及社会公众看来简直不可思议，但细细品味，有些情节所揭示的道理还是值得我们思考和借鉴的。

第一是卡尔对弗兰克的信任是建立在人本理念的基础上的。卡尔始终对弗兰克保持信任不动摇，是基于一种坚持不懈的挽救，总是希望他远离犯罪，回归主流社会的信念，这已经超越了他的工作职责，因为他的工作职责就是管破案。而这正是卡尔的伟大之处，把人当人看，把犯罪嫌疑人以及罪犯当人看，只要能够使其走上正道，就不放弃努力。影片体现了卡尔的仁爱之心，博大胸襟，这也是卡尔始终保持信任的不竭动力。这一点是值得我们监狱民警学习的。监狱民警本身就是从事着改造人、教育人、挽救人的工作，理应将把罪犯改造成为远离犯罪、回归主流社会的守法公民作为自己的天职。而在现实生活中，有些监狱民警并没有认识到自己工作职责的神圣和崇高，反倒是觉得入错了行，有的选择离开，有的离开不了就混一天算一天，对工作缺乏热情，对罪犯缺乏关爱，甚至觉得和罪犯打交道倒霉，见了他们气不打一处来。抱有这样的心态可想而知工作效果也不会好到哪里去。

第二是卡尔与弗兰克始终保持着良性互动。特别是两人在交往的过程中，都展示了真实的自己，即使立场有别，即使性格相异，但两人都不隐瞒自己内心的真实想法，以至于每一次沟通都是真心的互动。它告诉我们，信任是建立在真诚的基础上的，只有真心才能换来真情，如果双方都有诚意，事情就更好办了。当然，就卡尔与弗兰克良性互动关系的建立而言，起主导作用的还是要靠卡尔的主动性和创造性。当然弗兰克的真诚回应也必不可少。这就启示我们，监狱民警在罪犯改造过程中，要想达到好的工作效果，就要在建立警囚之间的良性互动上下功夫。这里关键在于监狱民警要发挥主导作用。因为监狱民警是执法者、监管者和教育者，在某种程度上掌握着罪犯的命运，因此监狱民警对罪犯态度如何罪犯十分关注，而且绝大多数罪犯都希望得到监狱民警的信任和帮助，因此，监狱民警要用真情实感去接触罪犯，相信他们是愿意吸取教训，重新做人的。与此同时，要将罪犯对民警的信赖感不断予以扶持，加以扩大，使警囚关系在互动中形成良性循环。

第三是卡尔对弗兰克的信任绝不是轻信和放任。从影片卡尔对弗兰克的信任中，一方面我们看到了卡尔柔性的一面，另一方面这种柔性不是轻信和放任。在影片中，弗兰克的性格显得多样化，人性中的优点和劣性，善与恶交织在一起，不断地搏斗，一时这边占上风，一时那边占上风。而卡尔总是一面扶持他的善端，一面对他的劣性和丑恶的地方绝不姑息迁就，对他提出严重警告。例如当卡尔未带一刀一枪与弗兰克谈判，彼时，弗兰克在母亲家乡的一个废旧工厂中印制支票，卡尔告诉他，他已经跟法国警察达成协议，由他只身进来说服他。弗兰克不相信，只想带着印好的支票逃出厂房。卡尔喊道“你要是出去，会被埋伏在外面的警察打死”，这就是一种严重警告，再不悬崖勒马，将会有生命之虞。从而中断了弗兰克的犯罪企图。它启示我们，监狱民警在罪犯改造中，对罪犯信任是完全必要的，但绝不能把信任理解为轻信与放任，否则就会产生负面影响，甚至会对罪犯失去控制，并可能导致问题乃至重大问题的发生。

第四是卡尔的冒险值得点赞。卡尔在与弗兰克的较量过程中，他的设计，都具有很大的风险性和不可测性。甚至是在赌一把。一般患得患失的人是不会去冒着个险的。而这正是卡尔了不起的地方，值得点赞之处。如果什么都可测度，都在盘算之中，尽管有胜算，但好像少了敢于打破常规的勇气和创新。冒险可能有失误，需要本人具有敢于担当的魄力和极强的心理承受力，另外有关部门与主管的包容也不可少。而卡尔在争取弗兰克上做得不少工作，已超越了常规，需要领导人对属下的理解和支持，这方面卡尔的上司给予了他鼎力相助，才能使他放手做一些事情。由上对我们的启示是，一方面监狱民警在与罪犯的交往中，或者说在给予信任的时候，要有一种打破常规、敢于创新的勇气；另一方面作为主管部门和领导，要给予大力的支持。要建立一种容错机制，允许下属试错，下面有了过失主动担责，并帮助下属一起分析失误原因，找出避免问题再次发生的办法。这样就可以促使下属更好地在今后的工作中放开手脚，做出非同一般的成绩。

记得百事可乐公司的总裁维普勒说过：“人们会容忍某些错误。但是你一旦失去了他们的信任，就很难再重新赢回来。这就是你必须把信任当作最宝贵资产的原因。”因此，监狱民警在改造罪犯的工作中必须把信任融入其中。既要对罪犯予以信任，同时又要通过对罪犯的信任赢得罪犯对监狱民警的信任。这样警囚之间的相互信任一定能够形成良好的改造氛围，改造罪犯工作一定能够取得最佳成效。

五、同 情

同情是建立良好人际关系的一个重要条件，也是建立良性警囚关系的一个重要条件。

曾看到这样一个心灵寓言：一只小猪，一只绵羊和一头乳牛，都被关在一个畜栏里。有一次，牧人来捉小猪，小猪不停地嚎叫，猛烈抗拒。绵羊和乳牛厌烦地说："有什么好叫的，牧人不也常常捉住我们，我们从不像你这样大呼小叫。"小猪回答："牧人捉住你们只是要你们的毛和乳汁，但是当他捉住我时，却是要我的命呢！"这个寓言虽然是拿动物说事，但其寓意还是针对人而言的。人之所以为人，是因为有同情心、怜悯心。但是，每一个人处在不同的立场、情景，很难了解他人的感受。很多时候，我们的"以为"，并不等于是"事实"，处在不同立场和不同情境的人不可能完全了解对方的感受。在监狱改造的过程中，监狱民警处于执法者、管理者的优越位置，对于罪犯我们也不可能完全了解他们的感受。但基于监狱工作宗旨的考虑，对于罪犯，监狱民警所能做的不仅仅是严控、指责说教，还要能够设身处地的同情他们，尽可能用温暖去了解和关怀他们。

所谓同情亦即感同身受。人生下来，了解世界的方法是同情。从同情、从感同身受，一步步脱离认知上的自我中心，逐渐学会从不同角度去了解世界，去掌握世界的普遍性，由此扩大并深化同情。一方面开始一步步掌握世界的普遍性，抽出同类事物的共通性，发展出人的抽象思维能力；另一方面人因同情而开始了解别人的感受，开始建立待人处世的态度，建立自己的价值观，甚至进一步建立自己的世界观。在这个意义上，求真与求善之路合为一途。[①] 由于同情是世间一切价值、善与爱的根源，在监狱这个特殊的行刑环

① 黄武雄：《学校在窗外》，首都师范大学出版社2009年版，第121~122页。

境，监狱民警既要严格执行刑罚，又要做教育人、挽救人、改造人的工作。作为监狱民警能做而且该做的就是在严格监管的前提下选取镜头，让镜头聚焦在那些身陷囹圄的服刑人员身上，同时把自己投射在那些人物身上，用自己的内心去同情、去思辨，去开发罪犯的改造潜能，挖掘和发展他们的价值。

在监狱这种空间，容易使从事这项工作的人产生冷漠和暴力，而监狱中特别是发生在罪犯中许多美好的东西正因为监狱民警的冷漠和暴力而不知不觉消失，要真正让罪犯远离犯罪，重新做人，就需要监狱民警对罪犯的要有同情感，要把他们看作哀苦无告的被支配者，看成亟须帮助的无助者，要真切地感受到这些人背后有许多悲伤的真实故事。使我们能够从对方的处境来体察他们的行为，了解并因此产生一种拉他们一把的特殊感受，像感受自己一样去感受罪犯的内心世界，由此产生共鸣，使对方得到理解和尊重，从而更好地调动起罪犯的改造积极性。

当一个监狱民警不愿或不能同情罪犯时，与罪犯建立的改造通道必然受阻，至少会产生以下的后果：其一，罪犯觉得监狱民警不同情自己的时候，就会觉得监狱民警并不把自己放在眼里，不关心自己，随之会感到很失望，很沮丧，与监狱民警的心理距离会拉大，向监狱民警敞开心扉的欲望会很快消失。其二，监狱民警对罪犯不同情，也就不能接纳罪犯、包容罪犯，非常容易把罪犯"妖魔化"，更容易把罪犯作为假想敌去无端地指责和打压，这种出于监狱民警主观意识的"自我信息"的表达会让罪犯反感和受到伤害，与监狱民警的关系也就会出现明里或暗里的对立。其三，当监狱民警不能同情罪犯时，也就不能正确地对罪犯的所思所想做出积极的回应，对罪犯内在世界中需要得到引导和纠正的地方也就不能带来建设性的帮助，甚至会把罪犯推向对立面。

要做到对罪犯的同情，就要站在罪犯的角度来开展工作，罪犯到监狱服刑，唯一可以依靠和指望的人就是监狱民警，他们心目中的监狱民警，当然不乏威严、刚强、严肃，但还要威严中有慈祥，刚强中有柔和，严厉中有关爱。这样才能够使罪犯对监狱民警又敬又爱。这就要求我们监狱民警在惩罚监禁罪犯的过程中，用同情去做好罪犯的教育、感化、滋润、挽救、改造工作，以产生良好的改造效能。这一方面我们的不少一线民警是做得很出色的。

这里不妨举一个某未成年犯管教所的女民警谈过的一件事："有一名女犯，因家贫年仅9岁就被卖给他人做妻，什么都还不懂时，她生下了一个儿子。好不容易设法跑出了那个可怕的'家'，与老乡来到江苏，指望能有一个新的人生，可悲的是又一次被出卖，与一个30多岁的男人生活，她才17岁，争吵中她拿起菜刀犯下故意伤害罪。13年的牢狱，该恨谁？——她母亲聋哑、父亲痴呆，该怨谁？她目不识丁、她愚昧无知，她更觉生无可恋。因为监管安全我防她出事，更因为同样是女人，我同情她，因为与她相处久了，我开始舍不得她，教她写字读书，教她人生道理，叫她去体味去寻找快乐。我与她相处有6年了，她在变，在变得有主见、有内涵、有自信，看到她积极阳光的一面时，我想到了'赠人玫瑰，手留余香'。"[①] 从这个女民警的表述中，我们发现，这个女民警正是很好地用同情改变了这个罪犯，这个女民警自身也对自己的工作效果产生了舒畅的快乐感和满足感。

要做到对罪犯的同情，要注意关注那些可能会对他（她）们服刑改造带来不利影响的人和事，尽可能予以化解。据有关资料介绍，我国服刑人员子女近百万，但其生存状态一直少获关注。司法部调查报告显示，有70%的服刑人员子女走上犯罪道路。司法部预防犯罪研究所课题组《监狱服刑人员未成年子女基本情况调查报告》中显示，服刑人员未成年子女在其父（母）入狱后的辍学率大幅攀升，占82.43%，生活困难是首要因素。数据显示，这些未成年子女中有95%未得到任何救助，半数孩子没有生活保障，78.94%的服刑人员家庭月收入低于900元。民政部已开始尝试探索将"事实无人抚养儿童"纳入儿童福利。[②] 看了这则资料，需要思考：罪犯在监狱服刑，如果其子女的实际问题得不到解决，不仅会给社会带来不稳定，而且对于身为人父或人母的服刑罪犯更是一种极大的心理冲击，不利于罪犯改造。因此，作为监狱民警要注意到此类问题，以极大的同情心协助相关方面做好此类工作，即使这个被遗忘的角落不为人遗忘，同时更好地促进罪犯改造。

曾记得在一本书上看到有这样一段母女之间的对话。有个小孩对母亲说：

---

① 凌海燕："带上翅膀飞向幸福的彼岸"，载《江苏警视》2014年第7期。

② 据2014年财经网，赵晗文，载《生活文摘报》（山西）2015年2月27日。

“妈妈今天好漂亮。”母亲问：“为什么?”小孩说：“因为今天妈妈一天都没有生气。”这一段看似简单的对话，却暗藏着发人深思的哲理。联想到监狱改造，我们思考的问题是：“是否监狱民警拥有漂亮也很简单，只要不生气就可以了?”这可能才是“漂亮”民警的本质与意义。是的，喜欢和颜悦色是人的共同情感需要，罪犯也是人，同样喜欢监狱民警的和颜悦色。我们在工作实践中可以看到，和颜悦色的美好往往更为罪犯所喜欢，甚至若干年后还能记得某某民警的音容笑貌。而声色俱厉的民警罪犯可能一时会害怕，但喜欢不起来，也在其心目中“漂亮”不起来。因此，作为监狱民警要注意自己的这张脸，使其心平气和些，让自己的脸拥有那份“漂亮”，而要使自己的脸拥有那份“漂亮”，关键还是要有一颗同情心。正如人们常说的“相由心生”，有了同情心，自然脸上就会绽放出会心的笑容。

总之，监狱改造在任何时候其核心都必须是以人为本，以罪犯为本。要把监狱改造工作做到罪犯的内心深处，离不开同情这座桥梁。只要监狱民警熟谙同情，真心去做，相信一定能够在罪犯中建立良性的警囚关系，更好地促进罪犯改造，同时也使自己在这个特殊的岗位上绽放着耀眼的生命光彩。

六、接　纳

前不久读了一篇北京师范大学教育学部副教授杜霞写的一篇文章①，其中转叙了一部美国电影《心灵捕手》的主要故事情节，看后对接纳一词有了新的认识。

美国电影《心灵捕手》（1998）展示出了一个残酷的天才大男孩威尔转变的故事。该电影有一个主题，那就是：接纳你，便接纳你的全部。该电影的主人公威尔是个街头小混混。但他面对富家女勇敢而炽热的爱，本能地选择了退缩和逃避，不惜用激烈决绝的言辞去伤害心爱的女孩，甚至伤害那么看重他的蓝波教授。

正是这位麻省理工学院的资深学者蓝波教授最先发现了威尔，他在课堂上出示了一道难题，让无数学子知难而退，却引来了身为清洁工的数学天才威尔。这本该是一个伯乐与千里马的故事，成就另一段感人的温暖与传奇。但遗憾的是，天才小子却是一匹不折不扣的野马驹，读书与解题，只是业余时间偶尔为之，更多的时间里，他热衷于和几个死党四处闲逛，打架滋事，最拿手的则是去名牌大学用“三分钟摆平一个笨蛋”。当蓝波教授找到威尔的时候，他因为打架袭警刚被送进看守所。

但就是这样一个叛逆小子，却解出了全世界只有两个人能解的方程式。难怪爱才心切的蓝波教授会向法官求情保释，不辞劳苦地开始了天才打造工程。如果按照蓝波教授所预设的培养路线行进，那么威尔就会充分发挥他的天赋，成为一个像乔布斯、比尔·盖茨那样能够改变世界的精英。但千里马偏偏不想被规范驯服，他用自己的独特方式，赶跑了蓝波请来为他做治疗的五位心理医生。

① 杜霞：“接纳你，便接纳你的全部”，载《中国教育报》2015年9月25日。

可是如果你了解威尔的身世，如果你知道他先是被父母抛弃，被寄养时辗转四个家庭，其中三次被严重虐待的话，你也就能理解他为何总用一种不屑与轻慢对待这个世界。在过往的一次次被责骂、凌辱和抛弃的经历中，他已经对这个世界失去了信任。

而在蓝波教授对威尔的看重中，其实有一个很重要的前提，就是威尔的数学天赋，也就是威尔那个“好小孩”的一面。可以设想，过往被寄养的经历，一定也让威尔领悟到了一种好小孩的生存法则，那么他一定要展示出自己优秀、完美的一面，否则，他就会遭到责骂与惩罚。所以，面对蓝波教授有条件的规范与塑造，威尔本能地要抗拒与戏谑。

Unconditional love，这是心理学上的一个名词：无条件的爱。可真实的状况是，我们现实中的爱，却很难不附带任何条件。以监狱为例，最熟悉的用语出自“八劳会议”，在严格管理的前提下，对罪犯特别是青少年犯实施“三个像”“六个字”的政策方法。在“三个像”“六个字”的名义下，隐含了多少捆绑和控制，而在这种控制的背后，又潜藏着施爱者的多少强加于人的成分。因此效果就不一定好。如威尔拒绝蓝波教授为他安排的锦绣前程，并报复性地将解题方案付之一炬。有些罪犯面对监狱干警的感化之举并不买账也在一定程度上说明了这一点。

好在威尔遇到了尚恩，一个生命旅途中极为重要的人。尽管威尔一开始就毫不客气地对尚恩发出挑衅，甚至成功地用他坏小孩的一面激怒了这位依然沉浸在丧妻之痛中的心理学教授，但尚恩没有退缩放弃，他一眼就看出这个狂妄孩子内心的“怕”。

他知道这个孩子真的是怕了，怕到不敢相信，不敢去爱，不敢去发展一段亲密的关系……赶到被抛弃之前，先将对方抛弃。

威尔一开始也想用这种方式拒绝尚恩，但尚恩不同，他帮助威尔，并非因为他是一个数学天才，“我接纳你，只因为你是你”，——这是亲子关系、爱情关系中非常重要的一条原则，也可以推而广之。面对一个千疮百孔的灵魂，尚恩要做的，就是无条件地接纳与等待。

影片细致展示了尚恩与威尔之间的七次交流，那真是宛如创世纪般的艰难历程。挑衅、对峙、沉默、退缩……是的，教育是一棵树摇动另一棵树，一朵云推动另一朵云，但是很多时候，我们近在咫尺，却又遥不可及。但尚恩有足够的耐心和信心去等待，这不仅仅得益于丰富的经验，更源于他心地的善良和对人性的乐观持守。

接纳你，就接纳你的全部，尚恩以他不抛弃、不放弃的诚挚与坚持，逐渐赢得了威尔的信任，当威尔流着眼泪投入尚恩如父亲般宽厚温暖的胸膛时，一个流浪的小孩，终于踏上了回家的路。

看了此文，不由产生一些联想。监狱服刑人员对干警、对监狱、对亲人、对社会，有多少是出自害怕，怕到不敢相信，不敢去爱，因此在表面上总是用一种冷漠、玩世不恭甚至破罐破摔的铠甲包住自己，而我们一些人则往往或者对他们更加严厉处置，或者弃之不管。这样只会加剧警囚之间的对立。另外，我们对罪犯的爱与感化总是附有条件的，前提是你必须表现好，配合我，否则，就会将该犯列为“问题犯”或“顽危犯”之列。这显然是有问题的。对服刑罪犯，作为监狱民警不仅对他们好的一面要欣赏，要肯定，对于不好的一面也要善于包容，也要学会接纳，即“接纳你，便接纳你的全部”。这种接纳不是纵容，不是姑息养奸，不是好坏不分，而是在这个过程中，通过艰苦细致的工作，最终使其回到正确的轨道上来。遗憾的是，在工作中我们太缺少像尚恩这样的人了。尚恩这种榜样是值得我们的监狱民警去学习的。

监狱民警承担着改造人、造就人的职责。在警囚关系中，与其说接纳是监狱民警对罪犯的改造态度，还不如说它是一种监狱民警在哲学上的人性观。在本质上，这种人性观倾向于“性善论”，即相信罪犯是可以改造的，通过监狱良好的改造与社会的积极影响，可以朝着好的方面转化和发展，相信监狱民警对罪犯的良好沟通，会产生好的影响——不论这种沟通效应的发生会需要多长时间。基于这种人性观，监狱民警才会对为什么要接纳罪犯有深刻层面的认同，才会在改造工作中，真正做到接纳罪犯。我们可以想象，一个在人性观上不相信罪犯具有改造可能性的监狱民警，就不可能从内心深处对罪犯产生接纳。

接纳是这样一种心理品质：监狱民警相信罪犯是一个有价值的人，并想方设法让罪犯相信自己是一个有价值的人，并帮助罪犯相信管教他的民警即使对他的犯罪思想和行为不认同，但是，他在监狱民警眼中仍然是一个可以改造、可以造就的人。监狱民警不要求罪犯先变得让人满意，然后才接受他，而是始终无条件地相信自己管教的罪犯有朝好的方面转化的可能性，这是接纳本质所在。事实上许多罪犯特别是顽危犯在他们转变以后，常常会说是某某干警起初对他们的无条件的接纳才让他们对自己产生了信心，产生了改变自己的动力。他们正是在这种正面心态下发生真正改变的。

接纳要多给予罪犯支持与鼓励。对罪犯给予支持与鼓励，主要表现在他们在监狱陷入自由被剥夺，亲情被限制、情绪显低沉或面临实际困难时，能够在精神上给予帮助、关心和点拨。而罪犯特别是在服刑初期的罪犯，尤其需要得到外在的支持与鼓励。一个陷入轻生或想破罐破摔的罪犯，更需要监狱民警拉他们一把。而罪犯一旦获得了来自监狱民警的支持与鼓励，这不仅能够让他们较为顺利地度过困境，而更为重要的是能够让他们感觉到自己的被接纳，因为，“如果缺乏被支持和被鼓励的感觉，我们很可能会觉得自己不被接纳和认同”。[①] 这话对于罪犯来说同样是适用的。

这里需要指出的是，对罪犯的接纳，是出于监狱民警的爱与责任，它绝不是一种对罪犯的无理性、无信念、无原则的迁就。恰恰相反，对罪犯的真正接纳包含了以下几个方面的内容：其一，对罪犯的接纳并不等于赞同罪犯的不良和犯罪行为，一个罪犯作为一个人的价值与这个罪犯的犯罪和不良行为是两个不同区域，监狱民警接纳的是罪犯作为一个人的价值。罪犯曾经犯下的罪行和当下服刑期间所做的一些违规行为不仅不接纳、不赞同，并要旗帜鲜明的表示反对。其二，对罪犯的接纳并不等于监狱民警可以放弃自己的价值观和思考模式。接纳罪犯是指监狱民警即使有自己的价值观和思考模式，但仍然给罪犯一个自由表达的空间，即使罪犯还没有转变，但仍给予他们鼓励进步的力量。其三，接纳罪犯也意味着让罪犯在表达自己内心想法时，不要轻易下判断，可以先进入罪犯内心世界去聆听，让罪犯能够袒露出自己内心的真实想法，在内心深处始终对罪犯未来的良性转化持积极、乐观的态度。

---

① ［法］法梅里：《绝对自信》，李紫燕译，上海人民出版社 2008 年版，第 58 页。

七、真　情

真情是一种宝贵的人格品质，它具有极大的感召力、穿透力和转化力。

先从一则佛教中的故事说起，曾经有一个年轻的妻子，找到一位大师，希望大师能够帮助她的丈夫回归以往的温柔和体贴。大师听了回答说："没有问题，只要你能给我一根老虎的胡须，我就能给你所需要的秘方。"年轻的妻子惊呼："老虎的胡须！你要我怎么能拿到呢？"大师不语。回家后，年轻妻子左思右想，试图想到一个好办法，来让她成功拿到老虎的胡须。第二天晚上，她端着一碗肉酱，站在距离老虎洞穴很远的地方，呼唤老虎出来吃东西。但过了很长时间，也没见老虎出来。隔晚，她又去了，这次站得比较靠近一点儿，还是没有老虎出来。这样，每天晚上她都站在这里，渐渐地，那只老虎也习惯看到她出现在那里。终于有一天晚上，她走到离洞口仅几步远处，用温柔、平和的声音对老虎说话。老虎犹豫了一会儿，走出来开始吃起她递过来的肉酱。然后，每天晚上她都来给这只老虎喂肉酱。有一晚，她轻抚老虎头部后对它说："我有件事想请你帮忙。我要跟你要根胡须，请别生我的气！"老虎听了，仍继续吃肉酱，并点头同意，她便拔下一根虎须。第二天一大早，她拿着虎须高兴地去找了那位大师。大师拿起虎须看了一眼，就把它丢进壁炉中。年轻妻子十分痛惜地说："这是我好不容易才拿到的啊！"大师则说："我们已经不需要那根虎须了。我问你，你丈夫会比一只老虎凶猛吗？他对你的好意和谅解会无动于衷吗？如果你能以温柔和耐心赢得一只凶猛、嗜血动物的信任，你当然也可以对你丈夫做同样的事情。"年轻妻子听了，恍然大悟。[①] 这个故事意在说明，只要能够以真情，以理解和耐心去对待他人，这种真情就会焕发出极大的感召力、穿透力和转化力，赢得他人的信任与配

---

① 转引自梁旭编著：《卓越领导力与影响力》，东方出版社2012年版，第90～91页。

合，哪怕是一只凶猛、嗜血的动物。

如果说上述故事可能有一定的虚构成分，那么在现实生活中，确实有人将动物转化过来的实例。据《野生的艾尔莎》一书的作者乔伊·亚当森介绍，1937年她从自己的祖国奥地利出发，到非洲的肯尼亚去旅行，被那里的茫茫原始森林所吸引，就决定在那里住下来，谁知一住就是43年。这期间她收养了一只在狩猎中幸存下来的小雌狮——艾尔莎。乔伊·亚当森白天对艾尔莎认真饲养，晚上搂着它睡觉，艾尔莎嘴里含着亚当森的手指头。艾尔莎长大后，每晚搂着亚当森睡觉，嘴里仍含着亚当森的手指头。艾尔莎经常和别的动物玩耍，但从不咬伤它们。有时受了别的动物的戏弄，就回身把对着它笑的亚当森扑倒在地，按摩她的胸部，撒娇似的亲她的脸。后来亚当森决定让艾尔莎还野，她把它放入森林就搬走了。三年后，亚当森旧地重游，出奇的是艾尔莎带着自己的三个“子女”来看望“外婆”，艾尔莎与亚当森相聚之后，依依不舍地走进了森林，却把三个“子女”留给了“外婆”，于是，亚当森又不辞辛苦地担负起抚养的责任。

毛泽东说过：“动物也可以教育嘛！牛可以教育耕田，马可以教育耕田、打仗，为什么人不可以教育他有所进步呢?”① 其实毛泽东的这番话不全是一种比喻，是有科学根据的。牛和马的祖先也是野兽，是后来被人们驯育为家畜的。它们在学会耕田、打仗的过程中，渗透着人们感化驯育其中包括付出真情的劳动。我们之所以不厌其烦地引述人们驯服野兽的事例，只是为了说明，既然吃人不眨眼的野兽可以通过真情驯化，改变它们的生活习性，与人友好相处，那么我们更有理由相信，作为高级动物的人，哪怕是一个犯了罪的人，只要我们的工作到家，他们是能够转化过来成为守法公民的。这里的关键是要投入真情。你看就动物的驯化而言，无论是前面提到的那个年轻的妻子还是亚当森，她们都对老虎或狮子投入了极大的真情，并且不断坚持，最终把动物驯育过来。联系到监狱民警所处的环境，有人曾形象地比喻为看守虎狼窝，与虎狼打交道。这种虎狼是披着人皮的虎狼，尽管被囚禁，但还

---

① 司法部劳改局编：《毛泽东等老一辈革命家论改造罪犯工作》，法律出版社1993年版，第6页。

在散发着原始的、犯罪的野性，但是只要监狱民警投入真情也可以驯服他们。前面提到的那个年轻的妻子和亚当森，她们驯服野兽靠的是真情，监狱民警要使罪犯在监狱这种特殊环境改过自新同样需要真情，真情是建立在坚信罪犯是可以改造的这样一种信念的自然表露。实践证明，只要付之以真情，绝大多数罪犯是可以重新做人的。

这里举一个河南许昌监狱民警精诚所至、一片真情成功改造“六进宫”服刑人员张军（化名）的案例①。

2007 年 11 月，服刑人员张军来到许昌监狱服刑，已入不惑之年的他，第 6 次踏入监狱大门，将度过自己在监狱里的第 23 个春秋。

1965 年张军出生在郑州一个公安民警家中，作为家里的独苗，从小任性，不服管教，接二连三地进看守所、劳教所、监狱，让张军的父亲——一个老公安丢尽了脸面。他的父亲对他已经是彻底失望了。在写给他的一封信中，开篇便是这样一句话：“一个苹果坏了一点，用刀子削掉还能吃，如果是全部坏了，那就要抛弃。”决绝之心，溢于言表。

而监狱民警却没有放弃。经过分析，张军一方面身体不好，患上了骨膜炎，白天行走困难，晚上疼痛难忍彻夜失眠；另一方面重罪在身，因此导致自卑感重，丧失新生信心，有自杀倾向。监狱民警针对他的情况，给他运用了“三心”教育法，即狠心、爱心、耐心。开出“四味药”，即心理矫治、治疗腿病、亲情感化、关心起居。以后有所转变，家庭也相认了。后来利用他爱下棋的特点，鼓励他钻研棋艺，后来居然在监狱举办的象棋比赛中拿到了冠军。使他对生活的信心增强了，自我控制能力也有了可喜的变化。一次，与张军同监舍的罪犯违规受到民警批评，该犯怀疑是张举报，不仅暗地里骂他是“鱼头”（狱内打小报告的人），还当着他的面指桑骂槐，甚至把一个钉子尖朝上放在其常坐的凳子上。对此，张军极为恼火：“我纵横江湖几十年，哪受过这气，一定要和他一决高低。”气话过后，他马上想到民警对他说过的话：“凡事要三思而行！”他紧握的拳头又松开了。之后，监狱民警发现他爱写诗，便发挥他的长处，让他办板报，办得不错，写的诗也发表在内部新生

① 关学杰等：“精诚所至促转化，一片真情塑新生”，载《法制日报》2010 年 7 月 20 日。

报上。张军说："如果我今生的最大不幸是犯罪进了监狱，但今生最大的荣幸是遇见了许昌监狱的好警官。是你们的真情打动了我，你们胜过了我亲爹！"

张军的转变说明，只要监狱民警投入真情，就可以做到精诚所至，金石为开。它也启示我们，罪犯改造的秘诀之一在于真情。这里包含有两方面含义：一是首先监狱民警心中要有真情，要关爱罪犯；二是监狱改造要培养罪犯心中的爱，要在罪犯心灵中植下爱的种子。监狱民警就是要用爱心培养爱心，用真情呼唤真情。渴望真情，这是人们为之所向往的。对于服刑罪犯来说，也是如此。心灵的创伤只能用心灵的温暖来医治，精神的病毒只能用精神的甘露来洗涤。一般说来，入监服刑的罪犯，由于触犯刑律被依法惩处，自由被剥夺，不少正常人可以享有的权利受到限制，因此在心理上与监狱民警存在一种"隔膜"和"距离"，此刻，他们特别需要温暖，需要理解和帮助，如果对他们真情相待，用关心去换取信任，用温暖去启发觉悟，就能促使彼此情感上的沟通，使其主动敞开紧闭的心扉，任监狱民警用精神的雨露去洗涤和浇灌。这一点在以上所举的张军转化的实例中就可以得到印证。

总之，无论是对动物的驯化还是对罪犯的改造都要投入真情，特别是对罪犯改造融入真情，它能融化其心灵的坚冰，清除其悲观的瓦砾，点燃其希望的明灯，鼓舞其新生的勇气，使之最终转化成守法公民。做一名监狱民警不光是要有威严、有棱角，也要有真情、有爱心，因为教育改造罪犯本身就是以情动情的过程。鲁迅先生有一诗句说得好："无情未必真豪杰，怜子如何不丈夫。"让我们大胆地模仿说："无情未必真改造，真情方能改造人。"

监狱民警的这种真情，无论是对罪犯劳动、学习、生活现场的深入，对罪犯改造走向的牵挂，还是对罪犯以及亲属期待和渴求目光的解读，都无不有所体现，这种真情，它表现为一种精神的感应，犹如熟睡中的母亲，常常会因为婴儿一个轻微的翻身而惊醒。中央领导要求监狱干警做到"三像"其中一像是"像父母"，监狱民警应该有这种母亲对子女真情的内在警觉和特殊听力，以更好地召唤罪犯走向新生。

八、乐　观

曾经在一部书里看到这样一则对话：

一个人听说有一个很有名的乐观者，便前去拜访。

“假如你一个朋友也没有，你还会高兴吗？”这个人开门见山地问乐观者。

“当然，我会高兴地想，幸亏没有的是朋友，而不是我自己。”

“假如你正在行走时突然掉进一个泥坑，出来后你成了一个脏兮兮的泥人，你还会快乐吗？”

“我还是很高兴的，因为我掉进的只是一个泥坑，而不是万丈深渊。”

“假如你被人莫名其妙地打了一顿，你还会高兴吗？”

“当然，我会高兴地想，幸亏我只被打了一顿，而没有丢掉性命。”

“假如你正在睡觉，忽然来了一个人，在你面前用极难听的嗓音唱歌，你还会高兴吗？”

“当然，我会高兴地想，幸亏在这里号叫的是一个人，而不是一匹狼。”

“假如你马上离开这个世界，你还会高兴吗？”

“当然，我会高兴地想，我终于高高兴兴地走完了人生之路，可以高高兴兴地去参加另一个‘宴会’了。”

“这么说，生活中没有什么是可以令你烦恼或者痛苦的？”

“是的，只要你愿意，你就会在生活中发现和找到快乐——痛苦往往是不请自来，而快乐往往需要人们去发现，去寻找。”乐观者说。

另外在一本书里看到美国科研人员进行过一项有趣的心理学实验，名曰“伤痕实验”①。每位参与实验的志愿者都被安排在没有镜子的小房子里，由专业化妆师在其左脸做出一道血肉模糊、触目惊心的伤痕。志愿者被允许用

① 转引自非非：“看到自己”，载《上海支部生活》2014 年 7 月下半月刊。

一面小镜子照照化妆的效果后，镜子就被拿走了。关键是最后的一步，化妆师表示需要在伤痕表面再涂一层粉末，以防止它被不小心擦掉。实际上，这时，化妆师用纸巾偷偷抹掉了化妆的痕迹。对此毫不知情的志愿者被派往各医院的候诊室，他们的任务就是观察人们对其面部“伤痕”的反应。规定的时间到了，返回的志愿者竟无一例外地叙述了大致相同的感受——人们对他们比以往粗鲁无礼、不友好，而且总是盯着他们的脸看！可实际上，他们的脸与往常并无二致。

以上这则对话和这个实验说明什么问题呢？从这则对话中，给人以最大的启示是，一个人是否乐观、悲观，积极、消极，愉悦、忧伤等等，并不取决于外人以及事物和事件本身，而是取决于你的看法和所持的态度。你所看到的、听到的和所做的，都不是客观事实，而是你心中所认定的主观事实，所有的人、事、物都是你的心理投射，就像镜子一样反射你的内在。从这个实验中，也说明一个人内心怎样看待自己，在外界就能感受到怎样的眼光。它验证了一句西方格言：“别人是以你看待自己的方式看待你的。”一个快乐的人，感受到的多是温暖的眼光；一个自卑的人，感受到的多是歧视的眼光；一个和善的人，感受到的多是友好的眼光；一个行窃的人，感受到的多是警惕的眼光……可以说，有什么样的内心世界，就有什么样的外部感受。它们共同说明了一个道理，物随心转，境由心生，快乐不快乐由你自己心定。

任何事物都是中性的，不具有先天上的意义，所有的意义都是人加上去的。乐观与悲观的感觉都是自己生发的，都是内心的一种需要。你看待自己的眼光，同样是你感受到外界看待你的眼光，就是别人是以你自己看待自己的方式看待你的。

每个人都有一种框式，对于外界的人、事、物，都会用这个框式去框定、取舍与组合。由于每个人的框式不同，所以面对同样的人、事、物，其赋予的意义也不同，甚至截然相反。这个框式实际上就是一个人固有的、带有个人主观色彩和经验背景的意识和看法。

同是夕阳，李商隐说：“夕阳无限好，只是近黄昏。”叶剑英说：“老夫喜作黄昏颂，满目青山夕照明。”

同是咏梅，陆游说：“无意苦争春，一任群芳妒。”毛泽东说：“待到山花烂漫时，她在丛中笑。”

同是落花，林黛玉说：“侬今葬花人笑痴，他年葬侬知是谁?”龚自珍说：“落花不是无情物，化作春泥更护花。”

面对半瓶水，悲观的人说：“唉，怎么只剩下半瓶水了。”乐观的人说：“太好了，还有半瓶水。”

面对一个有缺口的花瓶，悲观的人说：“这花瓶虽然漂亮，可惜有个缺口。”乐观的人说：“这个花瓶虽然有个缺口，可仍然很漂亮。”

正如有人所言，外面是一面镜子，你对它哭，它就哭；你对它笑，它就笑。

要想改变自己，就要进行框式的改变。框式改变，你的态度就会跟着改变；态度改变，你的习惯就会跟着改变；习惯改变，你的性格就会跟着改变；性格改变，你的人生就会跟着改变。

境由心造，事由心变。心是你动用的天地，你可以把地狱变成天堂，也可以把天堂变成地狱。

乐观的人像太阳，照到哪里哪里亮；悲观的人像乌云，飘到哪里哪里就阴霾。眼睛里关注的是阳光面，你就会成为乐观的人；眼睛里关注的是昏暗面，你就会成为悲观的人。

罗曼·罗兰曾经说过：“要散布阳光到别人心里，先得自己心里有阳光。”监狱民警要让罪犯从绝望中看到希望，从悲观的心态中变得对改造前程有信心，感到乐观，就必须使自己成为一个乐观、开朗、充满阳光的人。

作为一个正常健康的生命个体，乐观是其人格之中的一个非常重要的基本元素。监狱民警的乐观主要体现在对待所从事的罪犯改造工作：对待工作充满热情，面对困难以乐观态度对待，适应性强。监狱民警从事的罪犯改造工作是一项艰巨、复杂的工作，监狱民警面对的是形形色色的犯有不同罪行，正在监狱服刑的罪犯，情况错综复杂，工作压力大，采取何种心态处之，非常重要。它需要监狱民警保持一往无前的热情、乐观开朗的心态。只有在乐观的心态下，监狱民警才能充分发挥自己改造罪犯的工作热情和潜能，而罪犯也才能在你的感染下发生改变。也就是说，作为监狱民警的你改造对象的改变，主要是由你的心态来决定的。监狱民警是罪犯的管理者和领路人，这似乎不言自明地规定了监狱民警的角色——一定要是一个积极乐观心态的持有者。

一些调查结果显示，现代人经常面临情绪危机，如快乐减少、情绪低落、心情郁闷、焦虑骤增。从监狱民警群体情况看，这种现象也不乏存在。而监狱民警所从之业则是最需要投入情感的职业之一。监狱民警是在再塑罪犯灵魂，这就要求监狱民警必然是一个有着乐观心态的人，监狱民警应拥抱积极、阳光、乐观，剔除消极、阴霾、悲观，面对困难和问题，要勇于面对，不怨天尤人，不乱找借口和推诿，而是眼睛向内，即求诸内，而不是怨诸外。把负面框式转换为正面框式，将会带来一系列人、事、物的改变。

总之，一个人是否乐观都是由精神、心态决定的。只有当监狱民警心中洋溢着乐观开朗的情愫，你的脸上才会洋溢着灿烂的阳光并自然地照亮和温暖罪犯黑暗冰冷的心房，在罪犯心间播下明亮的种子，结出善果，使罪犯从病态、悲观心态中解脱出来，促使罪犯重新振作起来，重新站立起来，等他们在若干年后回忆你的时候还会充满感激和敬意。

第四篇

敬业篇

一、忠　诚

忠诚，就是对人或者事、价值或者原则矢志不渝、尽心竭力的思想觉悟和道德品格，表现为强烈的归属感、执着的使命感和高度的责任感。

为了对忠诚有所理解，先看最近网上流传的一个负伤退伍的美国老兵的故事，真假无从考证，但是故事却很感人[①]。屡遭挫折最终找到工作的这个老兵接到总裁给的任务：为总裁去买一个礼物，这个礼物是在一个礼品店飞橱窗里面一只蓝色的花瓶，然后他需要在老板出发前送到火车站。拿到总裁给的地址后，退伍军人郑重表示一定完成任务。然而，执行这个任务并不顺利。一开始就发现老板给的地址是错的，在附近几个街区找到商店后却发现商店经理外出度假，商店关门了。想要砸破橱窗拿到这个花瓶，却有个警察时刻把守着。老兵好不容易以自己的战场经历感动老板，说服他派人卖给他花瓶的时候，却发现已经误了火车……一路障碍都没能阻挡住他完成任务的决心，因为他的心中一直不放弃开始的承诺：保证完成任务。最终他雇用私人飞机赶上火车，将花瓶送到火车上总裁的手中。后来才知道，这是总裁特意设计的一个对他的测试，最后他被委以重任。

另外最近又读到日本的一个普通邮差清水龟之助获国家终身成就奖的事情[②]。清水龟之助的工作就是送邮件，和那些从事改善人类生活和研究生命的专家学者们比较起来，简直微不足道。无论怎样也不可能把这样一个平凡的人物与“终身成就奖”联系起来。可是，清水龟之助在自己从事邮差工作的

---

① 转引自林光明、饶晓谦、冯昀：《领导力基因，为什么别人愿意追随你》，机械工业出版社 2015 年版，第 71～72 页。

② 转引自梁旭编著：《卓越领导力与影响力》，东方出版社 2012 版，第 32 页。

25 年当中，从未缺勤过。也就是说，在 25 年职业生涯中，他从来没有请过假，也没有迟到、早退过。他在获奖时说，他之所以 25 年如一日地做好邮差工作，主要是他喜欢看到人们接到远方亲戚朋友捎来的信息时，脸上出现的那种喜悦无比的神情。只要那种令自己感动的神情出现，无论是多么恶劣的天气，多危险的情况，他都下定决心将邮件送达。

美国老兵和日本的清水龟之助都是一些普通的人，做的也是极为平凡的工作，在他们身上体现了承担某一工作、责任所表现出来的不折不扣、不屈不挠、使命必达的忠诚精神。一个能做到像美国老兵那样的人，能做到像清水龟之助那样的人，他也必然是一个忠诚的人。

对于监狱民警来说，忠诚从大的方面，就是忠于党、忠于国家、忠于人民、忠于法律。具体到本职工作，就是忠于中国特色社会主义的监狱事业，无怨无悔，竭尽全力，忘我工作，这样定会获得一种强大的正能量，事业将会更加富有成就感，监狱惩罚与改造罪犯的工作就会成为一种人生享受，人生会变得更加丰满。

说起忠诚，监狱（劳改）战线老一辈的人格魅力是一笔宝贵的财富。特别是有的人历经坎坷，但却对党的事业始终无怨无悔。曾经读过这样一部书，书名为《三次被开除党籍的人——一个老红军的自述》[①]，主要写了陈复生这个老革命曲折的一生。陈复生 1926 年参加革命，经过二万五千里长征，在红军中一直做侦查保卫工作。彭雪枫、苏振华、陈赓等同志当年先后当师长时，他就是师特派员。然而他一生竟然三次被开除党籍，多次死里逃生。第一次开除党籍是因为他知道康生的一些历史问题。康生便借故整他，他气不过，用手打康生没打着，险些把桌子撞翻，结果关进牢房，后来罗瑞卿、滕代远将他保住。没杀头，坐了几年牢，1945 年重返前线，在火线上重新入党。

第二次被开除党籍是调往公安部劳改处当处长期间。此期间他起草了第一部带有监狱法规性文件——《中华人民共和国劳动改造条例》，先后多次易稿，后提交政务院审议通过实施。在“三反”“五反”运动中，他被“重用坏人”“贪污”等帽子扣住，开除党籍，发配到青海德令哈农场工作，不久因表

① 陈复生：《三次被开除党籍的人——一个老红军的自述》，文化艺术出版社 1992 年版。

现突出当上了农场副场长，1956 年重新入党。

第三次开除党籍是 1962 年，当时青海省劳改系统突然遭到一场劫难——省劳改局局长张德贵一夜之间成了反革命集团首领，并被捕入狱，同时开始挖黑线，全省劳改系统受处分的干部达一千多人，县处级以上干部近三百人，陈复生也受到株连，第三次被开除党籍，强迫退休。陈复生在穷困潦倒之际，写信给总理，要求回北京落户，后公安部批准陈于 1964 年回京。粉碎“四人帮”后，陈复生的问题得以解决，恢复了党籍，并在街道居委会工作，担任居委会主任兼党支部书记，1982 年回公安部任顾问。陈复生人虽然已退休了，但在所住街道做了大量的促进社会和谐稳定，挽救失足青少年的工作，曾被选为北京市政协委员，二十世纪八九十年代许多电台、报纸报道过他的足迹和事迹。

这是一个活生生的老一辈监狱干警充满铮铮铁骨的辉煌形象。一滴水可以见太阳，从陈复生身上，我们可以看到老一辈监狱干警对党的赤胆忠心，对所从事事业的赤胆忠心，对于祖国和人民的赤胆忠心。尽管有那么老的资格，有那么丰富的经历，却一生中屡遭坎坷，甚至被自己的党开除过三次，但他没有抱怨，没有灰心，没有倒下，仍然一如既往地相信党终究会给自己平反昭雪，一如既往地忠诚于党的事业。

我们欣喜地看到，在新的历史条件下，新一代干警在继承老一辈监狱干警优良传统的基础上所展现出来的忠诚丰采。这里给大家介绍一个无限忠诚的监狱民警——吴战保的事迹。吴战保生前系湖南省永州监狱民警，1983 年出生，2006 年参加工作，先后在永州监狱特警队、四监区工作。他奋斗在第一线，全身心地投入“教育人、改造人、挽救人”的监狱事业，为教育转化罪犯、维护社会和谐稳定竭诚工作，2009 年 12 月 6 日，在监狱抗击 HINI 流感疫情工作中，因劳累过度突发心脏病，牺牲在工作岗位上，年仅 26 岁。司法部追授他“全国司法行政系统一级英雄模范”荣誉称号。吴战保爱岗敬业，在监区不到一年，就成功转化了 6 名顽危犯，听到吴战保牺牲的消息，罪犯易某含泪说："是吴警官给我重新树立了生活目标，让我朝着这个目标走下去！"[①]

无独有偶，江苏省龙潭监狱民警潘磊，2009 年 4 月他依依不舍离开人世的时候，才只有 35 岁的年龄。因为连续的加班，极度的疲劳，引发脑血管瘤破裂，经抢救无效病逝。潘磊是在工作岗位上突然发病离去的。那天晚上十点多钟，他还在值班室处理一个罪犯的问题，顿时他心里一阵难受。这时其他人赶紧送往监狱医院抢救，随后又送到南京鼓楼医院救治，终因病情太重，两天后离开了他心爱的监狱事业。35 岁的副教导员，一个鲜活的生命就静静地撒手而去了。而尴尬的是，按照现行的规定，因为他发病到去世，超过了 48 小时（事实上，潘磊的抢救时间是 50 个小时），而最后无法确定为因公牺牲，更无法追认为烈士。但这丝毫不影响他对事业、对职业无限忠诚的崇高风采。

应该看到，监狱民警这个职业，在今天的职业特别是政法系统公检法等行业来说，总显得有些逊色。因此特别是对于一些年轻的干警来说，有的人坚持一段时间如果有机会就跳槽走人，有些实在走不了就抱着做一天和尚撞一天钟的思想，不求有功但求无过。而对事业的不忠诚，不仅不会使工作出成绩，还可能将自己跌入失败的悲惨境地。有这么一个故事写到，因为老木匠准备退休了，他告诉老板自己要开建筑业，和家人一起过休闲的生活，尽管他再也拿不到薪水了，但没有薪水也能过得下去，他还是想退休。建筑商觉得失去一个技术熟练的老员工很可惜，就请老木匠为他再盖最后一间具有个人风格的房子。老木匠答应了，可此时他的心早已不在工作上了。他工作很不努力，使用的材料也较差。当老木匠结束工作后，老板来看这间房子。他交给老木匠这间房子的钥匙，并告诉老木匠说："这是我送你的礼物！"老木匠愣住了，他不敢相信自己的耳朵，更不敢面对自己的成果。

如果当初他知道房子是给自己盖的，他一定不会这么做。他一定会用最好的建材，最精湛的技术把它盖好。然而，现在他却因为自己的自私和偏心，造成了一个无法弥补的遗憾。如果可以重来一次，他一定不会那么做。但时

---

① 参见中共中央政法委员会：《政法干警核心价值观读本》，中国长安出版社 2012 年版，第 217～221 页。

间是无法逆转的。

每个人都是木匠，都在钉钉子，装木板，或是拆下一面墙。你今天所做的一切，就是在建造明天要住的房子。所以，我们干警都应把自己的房子盖好。

对监狱事业的忠诚，就是对自己的忠诚。在忠诚于自己的事业时，你就会发现工作中包含着许多个人成长的机会。通过工作，你能学到更多的知识，能够充分挖掘自己的潜力，展现自己的才华，这些无形的资产，是无法用金钱衡量的。

国外有一本书《把信送给加西亚》，虽然是一个在特定战争时期发生的故事，但其中所包含的一种重要精神品质就是忠诚。作为一名以改造罪犯灵魂为己任的监狱民警，更需要忠诚的精神品质。而本书给人印象最深的就是这样一句话："主动就是不用别人告诉你，你就能出色地完成工作。"而这种主动，正是建立在对所从事的职业的无限忠诚的基础之上的。送信人罗文被尊为英雄，昭示着全世界的人们都在呼唤与赞美这样一种忠诚与主动精神，这种精神是对处于任何一个职业上的人来说都是不可缺少的，这也是我们监狱民警一生矢志不渝地为之追求的，

"天下至德，莫大于忠"，监狱民警只有强化忠诚品质的修养，才能始终定住心神，站稳脚跟，挺起脊梁，永远不做背叛自己事业的俘虏。

二、责　任

责任是对人的行为的最基本、最普遍的要求和规定，属于最基本的道德范畴。[①]

一个医生，要练就不管是面对什么样的病人，都要一视同仁，满腔热情，不嫌不弃，积极医治的高尚品德。这就是行医的崇高责任。这一品德集中体现在希波克拉底誓言里。希波克拉底誓言是2400年以前诞生的古希腊医学职业道德圣典。几千年来，这个誓言已跨越古希腊国界为世界知晓并广泛接受，任何一个想以医学作为职业安身立命的人，都必须学习这一神圣誓言而且要郑重立誓。“尽我的能力，谨守为病人谋利益的道德原则，并杜绝一切堕落即害人的行为。我将保护我的病人远离伤害和不公正。我不得将有害的药品给予他人，也不指导他人服用有害药品，更不答应他人使用有害药品的请求。我将保证我的生活与工作的神圣与圣洁，无论到什么地方，也无论需诊治的病人是男是女，是自由民、是奴婢，对他们我一视同仁，为他们谋幸福是我唯一的目的。”

希波克拉底誓言影响深远，使得这一誓言早已超越医学的范畴。许多行业都以希波克拉底誓言作为他们职业道德的要求来规范从业人员的行为，优化自己的服务。

现代国际护理事业的创始人南丁格尔的誓言：余谨以至诚，于上帝及会众面前宣誓，终身纯洁，忠贞职守。勿为有损之事，勿取服或故用有害之药。尽力提高护理之标准，慎守病人家务及机密。竭诚协助医生之诊治，务谋病者之福利。这个誓言明显可以看到希波克拉底誓言的影响。

医生在希波克拉底誓言里郑重承诺救死扶伤，不因病人的肤色、愚笨贵

① 黄行福：《克尽责任》，海峡出版发行集团、福建教育出版社2013年版，第4页。

贱、尊卑好坏，一视同仁，克尽责任，为病人谋福利是他们唯一的目的。

无独有偶，那些热心于慈善事业的团体或个人也无不把忠实履职，洒向人间都是以爱作为自己的工作信条，最著名的莫过于特雷莎修女，这个于1910年出生于阿尔巴尼亚的女人，但正像她自己所说，她的国籍是印度，自她18岁离开家乡始，她便在印度加尔各答奉献着自己的全部的爱。1979年，她获得了诺贝尔和平奖。当时的颁奖词是这样的：她的事业有一个特征，那就是对单个人的尊重。最孤独的人，最悲惨的人，濒临死亡的人，都从她手中收受到了不含施舍意味的同情，接收到了建立在对人的尊重之上的同情。1997年，她因心脏病逝世，印度举国为其送葬，即使大雨倾盆，也阻止不了人们走上街头，为其流下悲伤的眼泪。

特雷莎修女给予爱，以有尊严的方式赠予爱。她走进印度的贫民窟，蹲在地上，教孩子们童谣和孟加拉语。她用木棍画出字母，用手势教他们梳洗。她奖励孩子们肥皂，不仅是告知他们要讲卫生，更是教会他们爱自己。它深入加尔各答的麻风病流行区，她和她们的姐妹们为病人们筹钱，送病人们食物，带给病人们微笑。她为纽约的艾滋病人奔走，当那些艾滋病人的同胞们都害怕被传染时，是特雷莎修女和她的宗教团体为他们申请收容所。她亲吻着被病痛折磨的艾滋病人，给他们以深深的抚慰。她曾在诺贝尔和平奖的致辞中讲到这样一个故事：一天，她们从阴沟里救出一个人，他的半个身子已经被蛆虫吃掉。特雷莎修女将他带回收容所悉心照料。他躺在床上，握着修女的手，一字一顿地说：从前，我在街头过着动物一样的生活，现在，是你们，让我能像天使一样死去。

这就是特雷莎修女的崇高责任感和博大情怀，或许不是每一个人包括监狱民警都能如她那样有强大的信仰的支撑，但我们至少可以学习她对慈善事业的尽责，她爱人的那种方式。她将每一个生命都当作奇迹，无论他们有多么弱小，多么不堪，她都以敬奉神圣的方式对待他们，让他们获得无上荣光。她告诉我们，每一个人都值得被尊重，每一个生命都应该认真相待。当然也包括正在监狱服刑的罪犯以及他们的亲属。

在这一点上，在我国这些被社会或人们遗忘了的特殊群体，也被一些类似特雷莎修女一样的人所关注。在北京顺义区赵全营镇板桥村，有一个太阳村，十多年来，这个以“太阳村”为名的非政府组织无偿代教了一批又一批服刑罪犯的未成年子女。这些孩子在进“村”之前，有的流浪社会，有的沿街乞讨，有的被亲属们当作皮球踢来踢去，有人不禁发出疑问：“爸爸10年后回来，妈妈不在身边，我们还能不能也和别的孩子一样，拥有健康快乐的童年?”父母有罪，孩子无辜，如果放弃这些孩子，不仅使之得不到健康成长，还会成为违法犯罪的后备军，成为影响社会和谐稳定的不利因素，还会严重影响其父母在监狱的改造情绪，给监狱管理带来这样或那样不安全的因素。“太阳村”的“村长”张淑琴曾任陕西省监狱局未成年犯管教所助理调研员，因为关心这群孩子，她一面撰文呼吁，引发有关方面关注，一面组织志愿团体，建起“小家”。当制度设计还未完全考虑到服刑人员子女的教养问题时，幸而有了这样一批人，以自己对国家和社会所负责任的深刻认识，主动承担责任和履行义务，为和谐社会建设默默奉献。

对我们这些被尊称为“改造罪犯灵魂工程师”的监狱民警来说，从某种意义上讲，我们的责任就是“治病救人”，罪犯就是我们的“病人”或流浪人，况且中央制定的“三个像”“六个字”的政策方法，其中像医生对待病人一样对待罪犯，也可以看到监狱民警与医生职业的某些相似点，医治罪犯灵魂的创伤，使他们走向新生，有一个美好幸福的明天也是我们监狱民警的唯一目的。他们进来时是精神上的病人，通过我们的医治，使他们精神上得到康复，他们进来时是魔鬼，而通过我们的灵魂洗刷，使之像天使一样重返自由世界。

监狱民警是中国特色社会主义建设事业的卫士，肩负着惩罚与改造罪犯的重要使命。监狱民警职业虽然在看不见的战线进行，默默无闻，不为外人所知，但十分重要。小而言之，监狱民警的职业品质关系到罪犯的改造，是否将来重新违法犯罪；大而言之，监狱民警的职业品质和素养关系到国家的长治久安问题。党和国家把惩罚与改造罪犯的重任交给我们，这是对监狱民警的信任，作为监狱民警必须忠诚于党的监狱事业，切实把改造人、造就人的责任担当起来，尽心尽力，踏踏实实，勤勤恳恳，兢兢业业把工作做好，以出色的业绩给党和国家交上一份满意的答卷。如果做到了这些，就可以称得上是有责任心的人。

关于责任以及担当，法国作家纪德说过：即使最质朴牧羊人也无不如此。因为他们在星空下，勤勤恳恳地牧放着几头羊，他若意识到了自己的任务，就会觉得自己不是一个走仆。他是一个哨兵。每个哨兵都身系王国的安危。[①]联系到监狱工作实际，只要稍加留心，就能处处看到充满责任感的监狱民警忘我工作的身影。

江苏省徐州监狱民警汪家杰参加工作20多年来，始终牢记责任，记不清具体管过多少罪犯，印象深的还是那些“刺头”。在徐州监狱服刑的黑龙江籍罪犯张某，因为不服管教而被列为省级挂牌的“顽危犯”。汪家杰成了他的管教民警。起初，汪家杰没有立即给张某立规矩，而是细心观察，发现他十分牵挂儿子，对儿子的成绩尤为关注。“有门儿!”接下来，汪家杰每月都给张某的儿子写一封信。每每写完信后，他都把信的内容念给张某听，并感叹一个好父亲对孩子成长的重要。向来鲁莽蛮横的张某听后沉默不语，有一次眼角竟溢出泪水，日常表现开始改观。

2006年年初，因突发腹部疾病，汪家杰被迫停下工作，经检查被诊断为结肠癌。看着尚未成年的女儿和收入微薄的妻子，想着同患重病的父母，他无法掩饰内心的痛苦，“有些绝望，这家里有那么多事还等着我去支撑啊!”就在动大手术的前一天晚上，汪家杰却放心不下张某，“我要最后见一下他，和他谈谈心。”妻子的劝解无济于事，汪家杰走进监房，看着有些吃惊的张某说：“你大概知道，我要做大手术了吧。或许，我的孩子将永远失去爸爸，但是，我多么希望把一个好父亲还给你的孩子啊!”

此时的张某听到这番肺腑之言，不禁失声痛哭：“汪警官，我对不住你，现在你都病成这样，还想着我这个不争气的犯人……”

所幸的是，经过两次手术，汪家杰肚中的肉瘤最终确诊为结肠良性增生。而张某，也像完全变了一个人似的，“不让汪警官失望”成了他积极改造的动力，此后三年连续两次被评为改造积极分子。20多年来，像张某这样被汪家杰感化的顽固罪犯还有很多，而“责任”也成为汪家杰对服刑人员和监狱工作的不二法宝，其成功效应一次次应验。

---

① 转引自王黎明：“双叟与花神咖啡馆”，载《扬子晚报》2015年4月5日。

汪家杰的事迹唯其普通、平凡，才更彰显其伟大。在监狱正是有这样一批监狱民警肩扛责任，把一批批罪犯领向新岸，维护了监狱安全和社会稳定。

最后，还是回到文章前面的医生职业上。几年前的一个偶然机会，看到已故的著名妇产科专家林巧稚女士的一句话："我的文章写在病人身上。"从这朴实的话语中，可以体味到林女士把全部心血倾注在病人身上的高度责任感。作为特殊医生的监狱民警。面对有这样或那样心灵残缺的罪犯，也应学习林女士的这种责任感，把"文章写在罪犯身上"。恪尽职守，无私奉献，以此体现自己的成就感、自豪感。这种成就感、自豪感在哪里？最朴实的话就是"多少年后你康复过的人还在念叨你，感谢你！"

三、诚　信

诚信即诚实守信，历来是中国人崇尚的道德标准，是人最基本的立身行事之道，是一种有价值的生活方式。中国古人把诚看作内在的生命状态，信则是诚的外在表现，“诚于中而形于外”，就像一枚硬币的正反两面，诚可以“养心”，信可以“应事”。以诚养心，才能求得心灵的安宁与身心的和谐，培养一种大中至正的“大丈夫”风范，以信应事，才能成就自己，成就他人，成就事业。历史发展到了今天，诚信被我国党和政府提升到社会主义核心价值观体系对个人要求之一的层面。

应该看到，改革开放以来，我国的科技取得了巨大的进步，经济取得了空前的繁荣。但在社会转型过程中，也出现了不少问题，其中缺乏诚信的问题较为普遍。在这种情况下，非常有必要呼唤诚信，坚守诚信。

有这么一则故事让人感慨颇深。1949 年 1 月 27 日小年夜，黄浦江边一条开往台湾基隆的太平轮上挤满了人，原定上午 10 点出发，后改为下午 2 点，但时间到了，货物还在源源不断地运上船。5 点左右，太平轮起航。近 7 小时后，当晚 11 点 50 分，在舟山群岛的白节山附近，太平轮与装载木材和煤炭的建元轮相撞，后沉没在东海海底。听说这条船原定载客 508 人。但这是年关前去台湾的最后一班船，许多人想尽办法登船。因此据后来估计，这一天的太平轮上，实际载了千余人。有些人被周围岛屿的渔民救起，生还者共 40 余人，其余近千人全部葬送东海。太平轮船难发生后，由于太平船务公司的其他船只都在欧美保险公司投保，唯有太平轮在中国华泰保险公司投保，海难发生后，保险公司无力赔偿，宣布破产。没有保险公司的理赔金，于是遇难者家属来到中联公司（太平轮营运公司），将公司的办公用品捣毁。接下来是遇难者家属将公司告上法院。而开庭数日后，被告中联公司的四个股东只剩下负责财务的周庆云，他本可以有机会带着全家和财产远走高飞，但他不想被人戳脊梁骨，决定留下处理赔偿事务。后来他将家里存放的黄金以及全家人身上的金银首饰统统卖掉，又卖了花园洋房和汽车，周庆云唯一的要求是从中支取一部分，支付保姆和司机的工资。家属代表同意了。把这些钱都用来赔偿家属，但实际上只赔偿到难民的70%左右，没有赔足。1949年5月，随着蒋介石的政权撤离上海，这场两岸的官司诉讼也暂告中止。可周庆云为了信守承诺，一家人的赔偿脚步却几十年如一日没有停止。1959年周庆云在北京工作时突发脑溢血过世，1975年周庆云的老伴在去世前，对儿子们说，她和父亲对不起他们，但希望他们一定要把剩下的赔偿债还清，他们答应了。这一年老大32岁，老二30岁，但他们都没有考虑结婚之事，每个月领到工资，就按照父母的借款账，满上海地跑，给人家还钱。有的人看着这厚厚的账本，会流下泪来。有的人根本记不得借钱的事，说不需要还了，但两兄弟总是坚持让对方收下。这些大户人家出身的孩子，硬是省吃俭用，砸锅卖铁，又用了6年时间，到了1981年，把父辈的欠款全部还清。听完整个故事，不禁叫人震撼，与现在只知道吃喝玩乐的富二代相比，这些原先也是真正大户人家出身的孩子，为了上一辈的债务，信守承诺，多年如一日，终于还清所有债务，实在令人感动。① 这种故事在社会转型，缺少诚信的当下，听起来实在难得。

另据蔡辰梅所著《坚守诚信》一书②介绍，济南市民房泽岸是一个承诺做无偿献血志愿者的人，他曾因63次无偿献血，获得卫生部无偿献血最高奖——全国无偿献血特别促进奖。在参加完“世界无偿献血日”活动后，房泽岸乘公交车回家，随身携带的包裹在车上被偷。包裹里有现金、手机、银行卡、身份证等，但他最舍不得的是那63张无偿献血证。半个月后的一天，它丢失的包裹被原封不动地送到了小区传达室，63张献血证整整齐齐，其他东西也没有少，更让他意外的是，在包裹的最里面，还多了一封信，而信竟是偷包人写给他的。全信如下：“首先让我真诚地向您说一声，对不起！希望收到我送还的物品后，能够原谅我。当我看到您包里的资料，知道您的事迹

① 转引自阿庄：“记忆”，载《劳动报》（上海）2015年4月26日。

② 蔡辰梅：《坚守诚信》，海峡出版发行集团、福建教育出版社2013年版，第109~110页。

后，我的灵魂被深深地触动了，看您做了那么多的好事，无偿献了那么多的鲜血，这些鲜血要是输给病人得救活多少人啊！怀着对您无比的敬重之情，我想起了小时候妈妈给我讲的事：生我的时候，因为产后大出血，面临生命危险的妈妈因输了别人捐献的热血后，才保住了我们母子的生命。房大哥，请相信我，我一定会重新做人的，像您一样做一个有爱心、对社会有用的人。祝好人一生平安，谢谢。一个心灵接受洗礼因您而改变的人。2009 年 6 月 28 日。"

当手捧这封真诚的信，房泽岸感慨万千："这是我 11 年无偿献血以来最感动的一次。献血能拯救人的生命，却不一定能拯救人的灵魂。而这次我没有想到，自己的 63 张无偿献血证，真就拯救了一个误入歧途的灵魂。这让我感到无比欣慰。"房泽岸以他人性的美好、诚信触动了失足者堕落的心灵，唤醒了人性当中诚实向善的本性。这一过程不但改变了那个迷途的人，也在改变房泽岸自己，使他对于自己作为普通人的善行价值有了更高更深的认识，献出去虽然是拯救生命的血液，但渗透出去的却是唤醒心灵的力量。

作为监狱民警，有些人天天做着拯救罪犯灵魂的工作，可是却不识庐山真面目，觉得自己所做的工作委屈，没有意思，而对比一下房泽岸，他把通过诚信、向善无偿献血换来误入歧途者的良心发现，拯救一个误入歧途的灵魂比无偿献血所获得人的生命的价值看得更重，"是我 11 年无偿献血以来最感动的一次"。如此说来，我们还有什么理由来说这个职业没意思、没有获得感呢？我们在自己的天地里年复一年、日复一日，复苏了多少灵魂，这是救人的事业——一种特殊的救人——拯救灵魂的事业。我们应该为之感到骄傲和自豪。拯救了一个人，挽救了一个家庭，给社会带来更多的安宁和美好，还有比这个过程和结果更让人无比欣慰和自豪吗？

有人说，罪犯或曾经犯罪者大都是一些不讲诚信的人，欺骗是他们从事犯罪的惯用伎俩。因此对他们也无诚信可言，这也可以叫"以毒攻毒"。其实这种说法貌似有理其实是站不住脚的。正因为罪犯不讲诚信，作为监狱民警对他们更要讲诚信，使他们由不讲诚信变得讲诚信。其实，在我们的监狱，不少干警征服罪犯的法宝倒不是像有人所说的不讲诚信，靠"以毒攻毒"。而是用诚信打开了罪犯心灵的通道，用诚信激励他们走向新生。这里可以讲一个《一位老民警的承诺》的事例[1]：罪犯陈某，1999年因犯盗窃罪被依法判处有期徒刑11年，同年投入南京监狱服刑。在服刑期间表现不好，就在余刑还有3年多，该犯不守监规，甚至偷吞刀片，以自残自伤对抗劳动，在监区造成极坏影响。监狱民警李建新在深入调查后，多次找他长谈，在李警官的耐心教育下，该犯在改造中变了，一心一意度过最后的刑期。可天有不测风云，2008年，李建新患上直肠癌，必须放下手里工作，在医院接受治疗。在治疗期间，李建新还惦记着陈犯，手术后在家养病，还经常忍着疼痛，抽空来监区看望陈犯，鼓励他继续努力，不能出现反复，再走错路。2009年年初，李建新来监区看望陈犯时，了解到2月10日刑满可以走出高墙了。但是他家里却没人来接，李建新毅然决定对陈犯许下承诺："你已经服刑几年了，外面的变化很大，你不识字，路又不熟，到时我来送你。"陈犯听了后非常激动，没想到李警官身患重病还对他的事情考虑得这么周到，不管李警官来不来送，这份爱心已让他感动不已。

陈某刑满释放的这天早上，吃完早餐，打扫监房内务卫生后，向小组服刑人员一一话别，等待监区民警办完手续后离开监狱，走出高墙，他以为李警官临时有急事，完全可以理解。然而，令陈某意想不到的是，李建新拖着疲惫的身子来到了他的面前。陈惊讶地问道："李警官，你怎么还是来了?"李建新满脸微笑地说："既然我对你承诺过，在你出狱的那一天，无论什么情况，只要我能走路，就一定要送你。"此时的陈某异常激动，眼含泪水，连声说："谢谢！谢谢!"

陈某走了，踏上了人生的新的征程。他不仅带走了这几年在南京监狱的所学所获，而且带走了一名老民警的真诚承诺和真切希望。

通过以上几个事例。对罪犯要不要讲诚信，已经不用我再说什么了吧。古人就说过，精诚所至，金石为开。不管是什么人，哪怕是罪人，也要讲诚信，而且要使他们幡然醒悟，重新做人，更要讲诚信。在他们的以往经历中，所得出的结论就是人与人之间尔虞我诈，而通过事实，使他们看到，人与人之间不光有尔虞我诈，也有相互坦诚的美好一面。使他们懂得讲诚信，拥有

---

① 季承志、北方："一位老民警的承诺"，载《上海警苑》2009年第8期。

一个新的开始。

有一句话说得好，想要别人心里有阳光，自己心里先要有阳光，要使罪犯具有真诚、言行如一的品质，监狱民警自己首先应当是一个真诚的人，是一个言行如一的人。试想，如果一个监狱民警自己都是不真诚，不讲诚信的，与他朝夕相处的罪犯又如何学会真诚、讲诚信呢？

总之，监狱的改造是一种纯真的改造，监狱民警的行为必须是发自内心的，必须是真诚的，充满诚信的，来不得半点虚假，只有这样，才能赢得罪犯的尊重和信服，建立良好的警囚关系。要做到这一点，要求监狱民警必须坚守诚信，表里如一，言行如一，试想，如果一个监狱民警自己都不守诚信，与他朝夕相处的罪犯又如何去摒弃虚假、学会讲诚信呢？是的，监狱改造拒绝作秀，监狱民警的行为更拒绝作秀，监狱改造既然是在与罪犯身上的假恶丑作斗争，那么它的实施来不得半点虚假，这是一个毋庸置疑的真理。

四、正　义

正义是人类社会普遍认同的崇高价值，正义是一个相对的概念，不同的社会、不同的阶级有不同的正义观。但衡量正义还是有一个客观标准的，那就是这种正义的观点、思想、行为是否符合社会发展的规律，是否满足社会中绝大多数人最大利益的需要。正义是法律的基本价值之一，从某种意义上说法律的任务就在于创设和维护一种正义的社会秩序。罗尔斯指出："正义是社会制度的首要价值，正像真理是思想体系的首要价值一样。某些法律和制度，不管它们如何有效率和有条理，只要不正义，就必然加以改造或废除。由正义所保证的权利决不受制于政治的交易或社会利益的权衡和左右。"① 因此，正义一直被看作最崇高的法律价值。法律是实现正义的重要形式。法律的正义能够满足人们对正义的需求，法律能够实现人们追求正义的目的。

监狱作为国家的刑罚执行机关，是法律精神贯彻执行不可缺少的重要环节，维护社会正义是其当然责任，遵守正义理所应当。正义是监狱民警的必备品格。监管改造从某种意义上讲就是一种除暴安良、除恶务尽的事业。有一个刚从警不久的青年民警，到了工作岗位，她的带教老师就对她说："既然从事政法工作，那就要坚持一个信念：除恶务尽，正是这四个字，让我在往后的工作开展中，盲目渐少，方向渐明。"② 这里所说 的"除恶务尽"就是一种正义的信念和力量，在监狱工作中体现得尤为明显。监狱工作的对象都是触犯刑律而走近大墙的服刑人员，他们因为自身之恶，危害他人和危害社会，犯下种种罪行，他们被判刑入监服刑，既是法律对其作恶的一种惩罚，同时也是让他们在监狱能够将犯罪思想和恶习改好，从而刑释后回归社会成为一

---

① ［美］罗尔斯：《正义论》，何怀宏等译，中国社会科学出版社 1988 年版，第 3 页。

② 徐佳薇："不忘初心，力求始终——浅谈从警一年的工作体会"，载《上海警苑》2014 年第 4 期。

个守法公民。监狱民警的工作可以说就是通过对他们的关押惩罚保一方平安，就是要尽力除去他们的身上之恶，让其重新回到正常的人生轨道。除暴安良，除恶务尽，彰显了监狱行刑的一种正义，监狱民警必须秉持、坚守，为捍卫正义不懈地努力工作。

可以设想，一个监狱民警身处监狱一天到晚与罪犯打交道，如果没有正义的品格，他就是一个无原则、无立场的人，是一个在丑恶面前退缩、怯懦的人，是一个不敢担当、没有脊梁骨的人。当一所监狱，民警群体如果缺乏正义的力量，正气得不到应有的鼓励和扶持，丑恶反而会在监狱和民警的无视和纵容中变得猖狂，监狱必然会难以避免地陷入乱象丛生的混乱境地。作为个人的德行，正义是监狱民警个人立身、立业的根本。作为监狱安全稳定的基础，正义比阳光还要有光辉，若正义消失，监狱民警会同时失去心灵的光明和监狱的安全稳定，会陷入黑暗、陷入动荡不安。

对不正义的退缩和恐惧也会让人们包括与罪犯直接打交道的监狱民警倾向于明哲保身。在他们看来，这些亡命之徒“光脚的不怕穿鞋的”，往往铤而走险，不计后果，和他们作对恐怕弄成鱼死网破。事实上罪犯特别是顽危犯的凶恶和狰狞大多源于人们的想象，除了极个别心理变态的异类外，多数顽危犯的恶行源于明哲保身之人的娇纵。监狱民警的恐惧、退缩会让他们更加感受到威胁、淫威所带来的满足感。丑恶就像一只气球，人们的恐惧与退缩就是气球的打气筒，人们越是充满恐惧，处处退缩，丑恶这只气球就会膨胀得越厉害。这就像是一场战役，当正义的一方因为恐惧而节节败退，不正义的一方必然会步步逼近。终有一天，不正义的旗帜会耀武扬威地到处飘扬。监狱民警面对顽危犯只有通过针锋相对地斗争，让他们为自己的恶行付出应有的代价，才能使正义的大旗在监狱高高飘扬，正义的精神充溢大墙之内。

这里需要指出的是，从总体上讲，监狱的设置是正义的呼唤，正义的体现，但这并不是意味着监狱以及民警的所有行为和措施都符合正义。在一般人看来，监狱里关押的罪犯都是罪大恶极之徒，把他们抓起来判刑投入监狱这是罪有应得，也是一种正义的伸张，把他们关在监狱，让他们多吃点苦头，甚至捆捆打打也是天经地义的。如果说一般人这么说说也就算了，但是作为监狱民警也这么想，这么说，甚至这么做，那就大错特错了。因为监狱民警是代表国家执行刑罚，所有的执法活动都要接受相关法律法规的约束，都要纳入法律的框架中去，否则正义的守护者很可能在不知不觉中变成了正义的敌人。

正义不是免错金牌。追求正义的过程中也可能发生很多不正义的事。法国大革命年代的沙龙女王罗兰夫人曾经痛斥多少罪恶假自由之名而行。其实不只是自由，正义的圣旗下也可能躲藏着罪恶，别尔嘉耶夫是20世纪俄罗斯最有影响力的思想家之一，他在《论人的使命》中就善如何变成恶进行过透彻的分析："善恶斗争的主要悖论是同恶斗争经常产生新的恶——不宽容、狂热、暴力、残酷和凶恶感。'善人'在同'恶人'斗争时，却经常是凶恶的。对善自身的爱，对善的不懈追求，常常导致对待人的态度上的凶狠、不友好和无情。""人们甚至以上帝的名义，为了正义，为了真理而残酷迫害和消灭人，实施暴力，否定精神自由。而那些把消灭他人身上的恶当作自己目的的人，自己常常被恶所充满。"[①] 联想到我国监狱工作实际，监狱民警个人越过法律底线去强行正义，就很好地诠释了这种善恶悖论。若想避免监狱民警个人强行正义的问题，就必须依法、依政策，不能凭个人的主观好恶就去代理正义。因为个人强行正义的不可行主要在于个人情绪的不稳定性，还可能会发生赏罚不公的问题。由于主观认知的差异，个人在制裁不正义行为时具有一定的随意性。对于恶劣程度相同、性质一样的恶行，由不同的人实施惩罚，那么很可能这些相同的恶行受到的惩罚会相差很大。而且，个人的观察力、判断力、行动能力等毕竟有限，很难保证个人制裁不正义时不会产生偏差。无论是对不正义判断错误还是惩治失当，那样都可能造成不正义的发生。很多事实表明，人在道德激情的驱使下，很难把握住惩罚的度，容易出现过激言行。[②] 这一点对于监狱民警个人来说同样是适用的。在监狱日常工作中，确实会出现有些罪犯不服从管教，甚至顶撞干警，在这种情况下，民警该不该动手，回答是否定的。尽管罪犯的行为可气，面目可憎，但也不是监狱民警可以冲动的理由，更不是可以动手动脚的借口。也许有的人这么做了，初衷

---

① 转引自张志华：《伸张正义》，海峡出版发行集团、福建教育出版社2013年版，第43页。

② 张志华：《伸张正义》，海峡出版发行集团、福建教育出版社2013年版，第36页。

是好的，是恨铁不成钢，是为了让他头脑清醒些。但这种以侵犯罪犯合法权益的方式来彰显正义的做法本身就是一种该遭谴责和该受到追究的“恶”。这种“以恶制恶”不仅达不到伸张正义的目的，反而会引发出更多的不正义。

我们生活在当今的时代，与以往相比更为千变万化，充满着错综复杂的矛盾。正如英国作家狄更斯在《双城记》中说的：“那是最好的年月，那是最坏的年月；那是智慧的时代，那是愚蠢的时代；那是信仰的新纪元，那是怀疑的新纪元；那是光明的季节，那是黑暗的季节；那是希望的春天，那是绝望的冬天；我们将拥有一切，我们将一无所有；我们直接上天堂，我们直接下地狱。”在我们今天这个时代，套用一句官方用语，处于社会转型阶段，既是战略发展机遇期，又是矛盾凸显期。在监狱，那里是地狱，又是通往天堂的必由之路；那里关押着众多魔鬼，但经过改造又可以成为天使；这里既充满污秽，又充满洁净；既存在黑暗，又展示着光明；既叫人感到绝望，又让人感到希望，监狱就是这么一个矛盾的综合体。但作为监狱民警一定要恪守正义，要把正义始终作为一种高尚的人格去修炼、去践行，同时要划清监狱民警个人越过法律底线去强行正义与真正意义的主持正义的界限，用正义之剑披荆斩棘，正义之力把罪犯领上人间正道。

五、公　平

曾经看到过这样一个故事：英国维多利亚女王整天忙于政务，常常把自己的丈夫阿尔贝托冷落在一边。有一天，白金汉宫举行了一场盛大的宴会，最忙的就要数女王了，她一直忙于接见王公大臣，几乎忽视了自己丈夫的存在。阿尔贝托有些生气，悻悻地回房了。过了一会儿，有人敲门，他问："谁呀?"门外传来一个侍从的声音："女王陛下。"阿尔贝托更加生气，没有开门。这时聪明的女王示意侍从走开。她再次走到门前，抬手敲门，阿尔贝托又不耐烦地问："谁呀?""我是维多利亚。"女王和气地在门外回答，然而屋里的人用被子蒙住头，还是拒绝开门。女王看到这个情形，想要转身离去。她走了几步，想了想，又回来第三次敲响了门。"谁?"阿尔贝托再次问。女王委婉地回答说："你的妻子。"这一次，阿尔贝托笑着打开了房门。

这个故事是否真有其事现已难以考证，但它至少说明了一个道理，对任何人来说，都不愿意接受不公平的待遇。无论你是谁，哪怕你是掌握一国权柄的国王。你只有平等地对待别人，别人才会尊重你。这一点对于监狱民警也是适用的。尽管监狱民警手握执行刑罚的权力，罪犯是在剥夺自由的条件下接受改造，但这并不意味着监狱民警可以颐指气使，高高在上，不公平地对待罪犯。相反，一个监狱民警，无论手上掌握着多大权力，都出于公心，尊重罪犯人格，平等相待，这样才能拥有使罪犯遵从、服从的魅力，也才能更好地促进罪犯改造。

公平是自古至今一直是社会各界关注的焦点。在中外历史的各种社会运动中，我们不难发现，许多抗争活动都是以争取公平为诉求的。公平也是现代监狱的根本诉求，在现代监狱行刑的过程中，作为代表国家权力机关的监狱，必须遵循公平的价值标准。

那么什么是公平呢？公平从其本身的语义看，"公"为公正、合理，能获得广泛的支持；“平”指平等、平均。一般来说，公平是指公正、平等对待一切人和事，不偏袒某一方或某一个人，即通过公平标准的设置，使参与社会合作的每个人承担他应承担的责任，得到他应得的利益。公平侧重的是分配意义上的合理性，强调的是所有参与者在各项属性上的比例恰当。公平的这种分配意义是监狱行刑、改造中必不可少的价值参照。监狱民警在执行刑罚、改造罪犯的过程中，公平是始终绕不开的话题，时时处处都要涉及公平问题。监狱民警要体现公平，至少要注意把握以下几点：

第一，法律面前人人平等。不论是身处草根的弱者，还是官员、巨富，只要侵犯了他人的正当权益，都逃脱不了法律的惩罚。① 触犯了刑律，都逃脱不了刑律的制裁，特别对于后者，不论过去有多大功劳，不论是出于什么样的理由而犯罪，只要是犯了法，就不容法外施恩。否则就是对于法律神圣性、庄严性的亵渎。在行刑阶段，尤其是对那些以往有一定身份的官员、商人等也要与其他罪犯一样对待，不能对他们另眼相待，在狱中成为享受优厚待遇的特殊罪犯，特别要加强对减刑、假释、暂予监外执行等涉及罪犯切身利益的执法环节的监督，以防止和杜绝司法腐败。另外在日常对罪犯发生问题的处置上，也要注重一碗水端平，这样才能达到好的效果，否则就会给工作带来被动。这里试举一例：在上海市白茅岭监狱监管改造历史上，有一名绝食长达187天的罪犯张某。用绝食对抗改造的例子并不鲜见，但如此长时间确属罕见。干警李长海了解情况后主动请缨，找张某个别教育。一句“你认识我吗?”让张某抬起了头，当得知眼前的是颇有威望的李长海时，不由有些愣神，这一变化被李长海看到眼里，随后开展的2个多小时细致深入的谈话中，他从家庭情况讲到人生道路，从社会价值谈到阴曹地府，张某随后渐渐打开了心扉。起因是一起打架事件，张某被严管处理，另一个人却逃避了打击，张某出于面子问题，加之表达能力有限，引起管教误解。眼见处理不公，干脆以绝食对抗改造。“我会还你一个公道，但你如果继续以此对抗改造，那你必须对自己的行为负责。”李长海这样说。随后将此事缘由立刻汇总上报，并由监区对另一名逃避打击的罪犯进行了公正处理。张某随后进食，并主动要

① 张志华：《伸张正义》，海峡出版发行集团、福建教育出版社2013年版，第37页。

求做公开自我检讨，以后的变化与前比判若两人。此事在犯群中引起了轰动。[①] 纷纷称道监狱民警处事公正，不偏心，我们心服口服。由此可见，只有坚持法律面前人人平等，才能更好地发挥公平的威力，扶正祛邪，促进罪犯积极改造。

第二，监狱民警特别是领导在监狱行刑中彰显公平要注意到决策与操作的统一。在决策过程中，要对特定情境下的资源配置和行为指导做出目标设定，制定详订的方案，并按照各个要素的现实情况对其进行公平配置，达到一种合理的状态。在具体操作过程中，由于罪犯情况千变万化，不同时期的工作要求不尽相同，民警的个人情况和应对能力也各不相同，这就需要把公平作为处理具体问题的指导性标准。也就是说，在类似情况出现时，进行类似处理，而不能偏离一定的边界。从而把公平落到实处。

第三，要注重赏罚公平。赏功罚过，古已有之。但要赏罚得当并发挥其效应，贵在公平二字。相传三国时期，蜀国尚书令李严犯了严重过失被流放，长水校尉廖立"诽谤先帝，庇毁群臣"，被削职为民，但由于执罚者诸葛亮出以公心，人情合理，他俩别无怨恨，以至于诸葛亮去世时，廖立痛哭流涕，李严悲痛致死。后人评曰："夫水至平而邪者取法，镜至平而丑者无怒"。这就是公平的效应。联系到监狱民警在行刑、改造罪犯过程中对罪犯的奖惩，同样要注重公平。对于积极改造，做出成绩的要奖励，包括行政和刑事奖励；对于消极改造乃至抗拒改造，造成恶果的要惩罚，包括行政和刑事惩罚。赏当其功，罚当其罪，才能赏到点子上，罚到要害处，不仅对于当事人起到了奖赏的作用，而且会使罪犯群体正气上升，歪风邪气没有了市场。反之，不仅对于当事人没起到应有的作用，而且有可能在罪犯群体中造成抗改神气，改造受气，想改泄气的局面，监管秩序也会陷入一片混乱之中。

总体来说，公平是建设现代化文明监狱、实现监狱治理现代化的必由之路，也是世界各国监狱发展共同追求的目标，作为监狱民警要把公平意识融化在脑海里，落实到行动上，努力把监狱行刑、改造中的不公平现象减少到最低限度。

---

① 金凯："红烛铸忠诚，青春献白岭"，载《上海警苑》2012 年第 11 期。

六、公　开

人类已进入全球化时代，从社会体制的角度看，全球化的内容、过程、目的，就是各个国家、各个民族间互相学习、互相交流、互利互惠、互相促进，各自将自己的社会体制由前现代不见阳光的地下室社会体制转型为现代阳光照耀下的社会体制①，这是现代文明潮流下的大势。

进入新世纪以来，“公开”已经成为我国走向法治时代的“关键词”，如果说监狱法治是监狱系统贯彻和践行依法治国基本方略的应有之义，那么狱务公开则是监狱法治的题中应有之义。早在2001年10月21日，司法部就下发了《在监狱系统推行狱务公开的实施意见》，这一文件标志着我国监狱实行狱务公开的开始，随着党的十八届四中全会通过的《决定》对狱务公开的强调，2015年4月1日，司法部印发了《司法部关于进一步深化狱务公开的意见》，狱务公开再次吹响“集结号”，为在更高、更广、更深、更有力的层面上全面推行狱务公开打下了坚实的基础。

所谓狱务公开，是我国监狱在执行刑罚的过程中，实践公平、公开、公正原则，将执法的主要内容、程序和结果通过一定的形式，向罪犯及其家属亲友和社会公布并接受广泛监督的一项执法活动。而狱务公开最终还是要靠监狱民警来执行，因此提升监狱民警实施狱务公开的认识和能力水平，是达到通过狱务公开“促进执法公平公正，提升执法公信力”的关键所在。

从传统的视角看，监狱是一个与社会隔离的封闭的监禁场所，是一座“里面的人想尽快出去，外面的人谁也不想进来”的赎罪式的刑罚围城，当然，从执行刑罚和安全防范的视角上看，一定的封闭是完全必要的。但是这种封闭绝不能成为构成对罪犯基本权利诉求和社会各界知情权的封闭理由，

---

① 陆震：“我们的队伍向太阳”，载《上海警苑》2015年第9期。

同时过度的封闭会造成监狱民警思想的僵化，甚至会成为监狱民警执法腐败的藏身之地。近年来媒体公开披露的发生在监狱内部的某些监狱民警玩忽职守、收受贿赂、滥施酷刑、虐待罪犯，甚至发生张海的“中国式越狱”的司法腐败、沈阳第二监狱中被曝光的减刑生意、毒品流通，黑龙江讷河监狱发生的微信诈骗等现象，令人触目惊心，这也引申出如何把监狱民警的执法权力关进笼子的问题，而这则有赖于狱务公开的实施。特别是在新的时代背景下，监狱行刑要充分体现法治、文明和人道，其中实施狱务公开，让监狱与阳光亲密接触是一个重要方面。而狱务公开的推进必然引发一系列连锁反应，而首当其冲受到冲击的是监狱民警队伍。

应该看到，这些年来，党和国家对政法干警包括监狱民警队伍建设高度重视，通过持续开展思想政治教育、纪律作风整顿、业务技能培训，大多数监狱民警综合素质有了明显提升，且能够适应推行狱务公开的新形势、新要求。但是，也有少数民警对狱务公开表现出不适应，概括起来，主要表现在：

首先，是思想认识方面的不适应。主要反映在，一是怕制约。少数监狱民警对权力制约还不能正确对待，怕狱务公开后会对执法权力的实施带来影响，弱化监狱行刑的权威性，觉得监狱民警在管理过程中说话分量轻了，权力变小了，进而影响到了工作积极性。二是怕监督。在众多舆论环境下进行狱务公开，怕给监狱带来负面影响，显得底气不足。三是怕麻烦。由于习惯了在一个对外封闭的执法机关管教罪犯，使得部分监狱民警对现在推行的狱务公开不习惯、不适应，认为是在自找麻烦。

其次，是执法层面上，由于传统的执法经验和执法习惯，在“搞定就是稳定、摆平就是水平”的潜规则影响下，监狱民警执法上重实体、轻程序，选择性执法以及功利性执法有一定市场，甚至得到某些领导的默许。然而狱务公开意味着监狱民警执法活动必须透明，更加公平公正，更加强调执法规范，这就使得一些监狱民警在执法上面对狱务公开显得不适应。

最后，在职业素质上，狱务公开将监狱民警的执法活动置于罪犯以及亲属乃至全社会的公开监督之下，这必将对监狱民警素质提出更高的要求。而有些民警由于疏于学习，对有关狱务公开的新规定、新制度一知半解，由于专业水平不高，对于应对狱务公开中出现的新情况措施、办法不多，处于被动应付状态。再加上缺少大数据时代应有的知识和技能，导致工作经不起监督，经不起公开。鉴于以上这些问题，在狱务公开的背景下提升监狱民警的思想认识、执法能力和业务素质是当务之急。

监狱民警如何适应新形势下狱务公开的新发展、新要求？

首先，要在提高认识上下功夫。要通过各种教育培训，使监狱民警认识到，狱务公开是避免司法腐败，提高监狱司法公信力的重要举措，是创设公平、公正改造环境、提高罪犯改造质量的重要抓手，有利于提高监狱民警的执法水平和业务素养，同时有利于树立良好形象，取得社会各界对监狱工作的支持。要通过提高认识，把监狱民警的思想认识统一到新形势下上级对狱务公开的要求和部署上来。

其次，监狱要坚持从严治警、依法管警、素质强警的战略方针，大力加强监狱民警队伍的革命化、正规化和专业化建设，确保形成一支训练有素、纪律严明、作风严谨、战斗力强的执法主体队伍，切实保障狱务公开的推进。尤其要着力提高监狱民警运用法律思维和方式分析和解决问题的能力，解决实施狱务公开过程中遇到的诸多矛盾与问题。要通过监狱执法的标准化建设，促进监狱民警群体适应狱务公开要求下监狱执法标准化的新常态。

最后，要强化监狱民警的廉洁自律意识。通过组织监狱民警学习、讨论监狱警察的各类违法违纪案例，做到警钟长鸣，增强监狱民警的廉洁自律意识；通过制度建设，特别是不断完善监狱对减刑、假释、暂予监外执行工作的制度管理，杜绝和减少执法腐败的发生；通过监狱警务督察活动，做到工作不到位绝不放过，问题不解决绝不放过，教训不吸取绝不放过，使监狱民警执法更加规范、精准和文明，防止违法违纪问题的发生。

总之，作为国家机器中最隐蔽、最难为人所知、也最不想为人所知和最不可能为人所知的监狱系统，如今也紧随时代文明潮流在改头换面，迈出了狱务公开的坚实步伐。让阳光照进来，让监狱行刑在阳光下运行，让执法文明的阳光普照监狱，这正是我国监狱深化狱务公开所要做的事。随着狱务公开的不断深化，在不断倒逼监狱民警提升素质去适应，而随着监狱民警素质的进一步提升，必将不断推动狱务公开的创新发展，使狱务公开不断迈上新台阶，并会带动整个监狱事业的发展达到质的飞跃。

七、良　知

在当下的社会转型期，一方面是随着科技进步和经济繁荣，党和政府引领国家以高速列车的时速奔向和全面建成小康社会，另一方面不讲良知的丑恶现象层出不穷，严重制约着社会发展、民族振兴和人民幸福。呼唤良知，激荡正能量更为必要和紧迫。

其实，千百年来，中国老百姓怀着朴素的信仰和善良的心灵，代代相传着关于“良知”或“良心”的道德信念（在伦理学中，“良知”和“良心”两个概念经常是可以互相换用的），对良知的坚守和追求一直没有停止过。他们不断地告诫自己和后代：做人一定要讲“良心”，千万不可做“伤天害理”的事情。无论是官方还是民间，有无良心或良知始终是评价一个人最根本的标准。人们常说的“天地良心”“不能昧着良心说话”“天凭日月，人凭良心”“要开良心店，莫赚黑心钱”等，都是对良知的生动有力的呼唤和追求，足见其珍贵的价值和永恒的意义。

在中国历史上，良知一直享有很高的地位，被视为人的主宰，人性的主体和核心。而且是人皆有之的。最早提出“良知”一词的孟子说过：“人之所不学而能者，其良能也；所不虑而知者，其良知也。”他进一步把良知细化为“恻隐之心”“羞恶之心”“恭敬之心”和“是非之心”。

说到良知，就不能不提到王阳明，对良知论述最多的就要数他了。2015年习近平总书记谈到“王阳明的心学正是中华传统文化的精华”，对王阳明的历史作用进行了充分肯定。关于“心学”王阳明说：“身之主宰便是心，心之所发便是意，意之本体便是知，意之所在便是物”。心是身体和万物的主宰，当心灵安定下来，不为外物所动时，本身所具备的巨大智慧便会显露出来。王阳明中年悟得“心即理”——“万事万物之理不外于吾心”，在晚年悟得“心即理”的本体就是“良知”，“良知即天理”。当然，最终还得靠“致良知”去“穷理”。王阳明一生是“致良知”的典范，他临终有一句名言：“此心光明，亦复何言！”后人冯友兰先生在谈到王阳明关于“良知”的认识时，举过这样一个例子：王阳明的弟子有一次半夜里捉到一个小偷，便对小偷讲“良知”的道理。那小偷笑着问道：“请问，我的良知在哪里?”当时天气很热，王阳明的弟子请小偷脱掉外衣，随后又请他脱掉内衣，小偷都照办了。但脱到最后一件时，小偷犹豫说，这恐怕不妥吧。王阳明的弟子便对小偷说：“这就是你的良知！”这个故事告诉我们，每个人都有自己的良知，包括那些行为不端者，这良知便是人的本心，是人内心的亮光。

应该指出的是，从孟子到王阳明，都是把良知视为与生俱来人皆有之的人性和天赋直觉，这是有片面性的。其实，良知的这种直觉作用来源于社会历史形成的人类的社会性心理遗传，以及道德活动的环境和经验给个体带来的知觉定式。马克思从社会存在决定社会意识的高度，明确指出：“良心是由人的知识和全部生活方式来决定的。”今天，通常对良知的解释为，它是一个伦理学范畴，是对于自我的行为从理智和情感上所进行的统一评价。对正确的行为感到“问心无愧”，对错误的行为感到“问心有愧”。良知是人性的主体和核心，它与善良、求真、公平正义联系在一起，与我们每个人休戚相关。它既是衡量一个人的精神境界高低的尺度，又是检验一个国家文明程度的一个侧面。在当下的社会转型期，出现了不少让人痛心的社会丑恶现象，重拾良心，唤醒良知，对于提高人的文明素质，实现真正的人生价值和幸福生活，对于整个中华民族文明程度的提升有着至关重要的意义和作用。

当下的社会环境，以及监狱民警的职业特点，决定了我们监狱民警要凭良心工作。其一，监狱民警的工作对象是罪犯，罪犯特别是重刑犯、顽危犯的改造是一个缓慢而长期的过程，受到多种因素的影响和制约。监狱工作的宗旨是改造人。就改造人而言，改造人的效度既可以通过考核作以评定，但鉴于人的内心和外在行为在很多情况下也可以不一致的特点，很难对罪犯是否真正改造好了做出一个精确的研判。监狱民警对罪犯的改造，其工作方式更多地是需要个别接触，是沟通，是交流，是碰撞，在沟通、交流、碰撞的过程中产生火花，从而影响罪犯的灵魂，影响罪犯的改造轨迹，而这种影响效度和深度，都不能简单地用量化考核和直观感受来获得。一个监狱民警到底对罪犯用心多深，用情多专，用力多大，工作成效是否经得起时间经验，很大程度上取决于监狱民警的良心。其二，在监狱内部，为了激励监狱民警做好工作，从上到下都制定了若干纪律、制度。当然，纪律、制度对从严治警是必不可少的，但纪律、制度对监狱民警工作的影响又是有限的。严格的纪律、制度可以限制监狱民警的身体，可以把他限定在工作岗位上，限定在工作现场。但无法强制他投入感情和用心做工作，如果监狱民警工作敷衍应付，看起来忙忙碌碌，实际上是低效工作，那么提高改造质量也只是一句空话。其三，在当下这个浮躁的特殊时期，监狱民警也是人，也会受到各种各样的诱惑，良心也会受到极大的挑战和考验。在我们队伍里也确实在是否讲良知上存在一些问题，如有的监狱民警怀疑良心的价值，认为只有待遇是实惠的，良心多少钱一斤？有的为了得到某种利益而用尽心机，罪犯及亲属成为他们达到个人目的的手段；有的甚至出卖良心，为某些罪犯获得不当利益奔走，成为金钱的俘虏。这就告诉我们，监狱民警是需要自律的，而自律的依据是监狱民警的道德素养和良知，监狱民警只有保持良知，让良知来监督和约束自我，才能堂堂正正，问心无愧。

一个有良知的监狱民警会忠实履职。把改造罪犯放在工作首位，一切为了罪犯的改造负责。对监狱行业出现的一些乱象，能保持独立的思考和人格，不轻言跳槽，不会把不满的情绪带入工作，不会歧视家境贫困的罪犯，更不会对罪犯实施冷暴力甚至打骂、体罚罪犯，或以权谋私。而会用更多的时间和精力与罪犯沟通与交流，去做耐心细致的转化工作，或者换一句话说，就是用监狱民警的良知去唤回罪犯的良知。监狱民警所面对的工作对象虽然是罪犯，每一个罪犯的内心深处也都有那么一抹良知的亮光，也就是都有自己的良知，即使是那些令人挠头的顽危犯。只要我们坚信每个罪犯心中还是有“良知”存在的，只不过微弱而已，如同前面提到的王阳明的弟子面对的那个小偷，这也正是给我们监狱民警带来力量和希望所在，在任何情况下都不言放弃。监狱民警要通过自己内心良知亮光，唤醒罪犯的良知，复归罪犯的良知，从而使其远离黑暗、罪恶，走向光明、新生。

一个有良知的监狱民警会坚守道义。监狱民警在执法过程中最大的道义就是把公平正义作为基本取向和理念指针。应该看到，监狱所接收的罪犯绝大多数都是罪刑相适应的。但有没有冤假错案呢？事实证明，佘祥林、赵作海等案件的平反就说明了监狱确实有这种现象。而且这些人长期关押在监狱，狱方和相关民警也没有为他们做些什么，只是因为“亡者归来”才得以洗清冤情，可是在监狱白白关押了那么多年。好像是谁说过这样一句话，对于一个被冤枉坐牢的人，对于整个刑事司法系统所经手的大量案件也许不算什么，但对于当事人及其家庭那则是百分之百的灾难。因此，在刑事司法过程中，要尽可能减少类似问题的发生，一旦发现，应该及时纠正，监狱民警也有这个责任，这里涉及监狱民警的良知。当然有些时候，监狱所收押的罪犯，具体情况监狱不清楚，监狱照常管理也没什么错，但如果根据常规经验和一些掌握的材料，发现该人确实需要复查，在积极作为与消极作为之间就取决于监狱民警的良知了。这可以与“一厘米主权”的事例相联系。相传一位看守柏林墙的东德守卫，忠实地执行任务，向试图翻墙的民众开枪。德国统一后，这位前东德守卫受到审判。该守卫辩解说，他被迫执行上级命令。而法官则回答：“虽然你有开枪的职责，但是你有将枪口抬高一厘米的权利，这是你应主动承担的良心义务。”这个法官的回答意在说明，在邪恶面前，具体执行人自以为无力左右大局，于是麻木、顺从，沦为极端之恶的帮凶这同样是一种不能原谅的恶。作为看守柏林墙的守卫，你能不能把枪口抬高一厘米呢？联想到我们生活在现实生活中，很多不公正的事情不能由自己左右，每一个人都有很多不得已之处，但也不是没有可选择的余地，在不少时候，人们还是拥有“一厘米主权”的，是否使用它，是你的良知和思想在起作用。就监狱民警而言，你可能不能左右局势，但至少你可以在你的职权范围内，使用“一厘米主权”，这样也许会帮助类似佘祥林的人早日昭雪冤情，早日以无罪之身走出监狱大门，能否使用“一厘米主权”，是检验一个监狱民警是否拥有良知的重要尺度。

一个有良知的监狱民警，在改造、造就了罪犯的同时，也进一步成就了自己，自己也享受到了从业的快乐和幸福。罪犯的新生是监狱民警工作的根本指向，也是监狱民警的快乐和幸福感的源泉，看到这些人入监时一脸阴气，目光浑浊，良知缺乏，万念俱灰，而经过我们监狱民警的悉心引导，指引航向，经过改造熔炉的磨炼，最终走出监狱大门一脸阳光，目光明澈，心怀良知，重树信心，回归社会后开始新的人生。这就是监狱民警辛勤劳动的最好回报，也是我们监狱民警全部付出的价值所在，更是我们监狱民警最大的快乐和幸福。

做一个有良知的监狱民警是时代对监狱民警寄予的厚望，对每个监狱民警赋予的重任。我们监狱民警既要以国家平安、社会稳定的大业为己任，又要考虑到每个罪犯改造对于他的家庭、他的周围和他的未来的意义，珍视自己所承担的职责，兢兢业业，乐于奉献，做一个真正的有良知的人，把“良心活”做得尽善尽美。

八、奉　献

人生在世，有的人是在消费人生，有的人是在虚度人生，有的人是在祸害人生，而有的人则是在奉献人生。

印度诗人泰戈尔说过：“花的事业是甜蜜的，果的事业是珍贵的，让我干叶的事业吧，因为叶总是谦逊地垂着它的绿荫。”其实用绿叶来比喻我们的监狱民警是再合适不过的了。在监狱这条看不见的战线，承担着惩罚与改造罪犯重任的监狱民警就是像绿叶一样的人，长期默默无闻地奉献却无怨无悔，点缀着祖国万紫千红的春天。这种无私奉献，它真实，触手可及；它熟悉，就在你我周围；它质朴，无须过度渲染。它在监狱民警身上，至少体现在三个方面：

其一，奉献热爱。在监狱工作领域我们可以看到，有些监狱民警从一开始立志从事监狱工作，直至热爱上了这项工作，对这一职业倾注心血和汗水，几十年如一日，无怨无悔。也有些监狱民警对这行由无奈到认同再到热爱。有的民警说，选择了这个职业，也认可了这个职业，最后热爱上了这一职业。战斗在监狱工作战线的不少同志，热爱本职工作，乃至已深深地镶嵌在他们的心底，即将退休也割舍不了这种情愫。如一位刚参加工作不久的青年民警这样深情地写道：“一位老同志每当谈及行将退休之事，总会唏嘘般地更新一组数字：离退休还有×××天啦。每每从这缓慢低沉并略带嘶哑的声音中听到这组精准的数字以及嗅着话语中流露出的那股恋恋不舍的气息，我的神情总会为之动容。我曾打趣地说，都说监狱这份工作是在掩埋青春，并耗掉人的半生光阴，好不容易要光荣地解脱了，我们青年人羡慕还来不及呢。老同志则摇摇头，不以为然地说：你们年轻人还不懂这份感受，就是因为这里曾流淌过自己的青春和汗水，留下了自己的半生光阴，30多年走过来，才愈发让人不舍。事实上，这里已经是心里的第二个家。末了，老同志会认真地告诫道：我们身为监狱民警，从事的是惩恶的工作，同时也是扬善的工作，这份工作对社会、对罪犯本人可是功德无量啊。青年人一定要稳下来，沉下去，认真做事，真心把这里当成要立足的第二个家。”① 某监狱民警老王几十年如一日，只有一年就退休了。但他仍然深深地对他热爱的岗位，没有丝毫懈怠。批阅罪犯周记还是那样一丝不苟，对罪犯进行个别教育还是那样如涓涓细流，让罪犯心服口服。甚至有的同志已经从岗位上退下来了，依然心系事业。某未管所退休民警老吴，虽然已经退休多年，但他始终牵挂那些被关押的未成年犯。他们犯了罪，理应受到惩罚，进行改造，但他们的改造顺利吗？父母有没有定期来看望他们？这是他的时常思念。既非亲非故，又没有工作责任和外界的要求，他只是本能地深爱着他曾为之奋斗多年事业，在履行一个老监狱民警的社会责任，这样奉献热爱的同志，还有很多很多。

其二，奉献本领。在过去人们的眼里，监狱民警就是一个看守罪犯，只要罪犯不跑、监狱不出事故就算尽责的狱卒。而现代监狱条件下的监狱民警，是改造罪犯灵魂的工程师，是罪犯新生的领路人。它需要监狱民警有高超的、做人的工作的本领。他是另一种意义上的特殊园丁、特殊的心灵大夫、特殊的改造专家。正是战斗在监狱一线的干警用自己改造罪犯灵魂的特殊本领努力支撑这份事业的点点滴滴，用自己的改造本领使得一批批罪犯起死回生，重新做人。特别是近几年，随着心理矫治在监狱改造中的推行，不少监狱民警为了提升心理矫治本领而钻研业务，通过了国家不同级别的心理咨询师职业资格考试，并将学到的本领奉献于罪犯改造事业。安徽省白湖监狱分局矫治监区监区长刘珍珍，作为国家二级心理咨询师，全省首席教育改造专家，多年来，用所学的专业为罪犯点燃通往新生的心灯。而且十分注重工作上的创意。在一次以油菜花传递为媒介的团体矫治中，金黄的油菜花映照着囚服，每个服刑人员都舍不得松手，无奈身边已经有双期盼的手正在伸来。就在这个时候，很多服刑人员笑着对刘珍珍说：“能不能给我们一人发一支，我们带回去给其他人都看看。”这一刻，油菜花不仅仅开在了春天里，更开在了服刑人员心里，他们的心已经回到了春天。② 从这个事例中也可以看出监狱民警在

① 梁树合：“三年一页序”，载《上海警苑》2010 年第 10 期。

② 朱乾：“刘珍珍，心理咨询师的诗和远方”，载《安徽监狱》2016 年第 6 期。

奉献本领过程中所显示的特殊效果。

其三，奉献生命。不少人终其一生把自己的生命年华奉献给监狱工作，生命不息，奉献不止。过去形容监狱民警奉献生命的一句行话是：献了青春献终身，献了终身献子孙。有的任劳任怨，以至于病逝在了工作岗位上，如甘肃省白银监狱狱政管理科副科长张树俭，就是在51岁“走”掉的。职业生涯31年，将生命倾注于监管改造事业。工作超负荷运转，“每年平均办理减刑、假释案件2000余件，释放罪犯2000人次，总共4000多人次的案件，需要经过2.8万多道程序，每一道程序没有出现过任何差错。”这样的“拼命”，致使“2005年被查出患有高血压、糖尿病，一直靠药物控制病情”，在这种情况下，还“忙着处理狱内紧急事务”。张树俭的行为，就像夜空下耀眼的礼花，照亮人们的精神世界。① 另据刊载，在河南新乡的平原监狱发生过这样一件事。51岁的民警黄文中因劳累过度倒在了工作岗位上，他的殉职同样感动了服刑人员，应141名服刑人员的强烈要求，监狱破例在狱内开了追悼会。罪犯们执意要自己出钱，请人买了花圈、挽联，以自己的方式亲自送一送这名好民警。在挂着挽联与遗像的追悼会上，141名罪犯一个一个向黄文中遗像鞠躬道别。“黄指导，我们舍不得你走呀!”突然，有3名罪犯“扑通”一声，齐齐跪在遗像前，失声痛哭。一名罪犯代表发言说：“我们不会忘记，黄指导生前像医生、老师和亲人一样，对我们每一名服刑人员都倾注了无尽的关怀与爱，伴随着我们在改造路上不断进步……”他读了5页的发言稿，竟被迫停顿了10次，都是被他和服刑人员的哽咽声打断的。这又是怎样的一种爱戴与情怀啊，从警一生，为民一世。让人忆起当年张思德追悼会上毛泽东主席的评价，为人民利益而死，就比泰山还重。②

应该看到，不同年代的人，有不同的特征。如果说“老一代监狱民警”包括“50后”、“60后”，出生在新中国成立后不久的时间里，当时的社会环境赋予了他们“家国一体”的价值观，所谓“家国一体”就是个人、家庭依附于单位、国家，对个人、家庭利益的关注建立于服务单位、国家的前提之

---

① 参见李成：“监狱警察的代际职业认同及人物叙事”，载《江苏警视》2015年第8期。

② 转引自韩植诚：“守望的力量”，载《上海警苑》2013年第7期。

下，通常服务个人、家庭和服务单位、国家的方向是一致的，不需要做出取舍，但当出现分歧时，对个人和家庭的利益的维护不能影响单位、国家的利益。这种价值观的内核是集体主义、无私奉献是这种价值观下个体的必然性选择。而“新一代监狱民警”特别是“80后”、“90后”启蒙于改革开放后，伴随着市场经济体制的建立，西方价值理念的渗入，集体主义为表征的价值观受到冲击，他们更注重自我价值的实现，从职业认同上看，推崇“家国分开”的价值观。一方面在“公”家领域，能够做到爱岗敬业、忠于职守，另一方面“公”家的事情也不能影响到个人和家庭，当个人、家庭与监狱、国家利益发生矛盾时，除非这种矛盾足以致命，否则不会出现“牺牲前者服从后者的”结果。而现在监狱民警的主力已开始变为新一代监狱民警。这里就涉及如何继承与创新的问题。应该说，奉献作为监狱精神的灵魂，什么时候也不会过时，这笔宝贵的精神财富需要一代一代监狱民警去传承，特别是在当今社会思想观念、文化价值取向多元化的大背景下，奉献这种精神和品质，恰恰是当前监狱民警队伍尤其是“新一代监狱民警”较为欠缺的，也恰恰是更应当继承和发扬光大的。与此同时也要与时俱进，特别是监狱系统各级领导，要注重把倡导奉献与从优待警结合起来，坚持以人为本，突出人文关怀，强化监狱民警职务保障、经济保障和人身保障，切实关心、帮助监狱民警特别是新一代民警解决实际困难，关注他们自身成长，为他们搭建展示个人才华的平台，提供能够使个人出彩的机会，使得他们能更好地投入工作。

谢尔·希尔弗斯坦有一首题目为《总得有人去擦亮星星》的诗，其中这样写道：“总得有人去擦亮星星/他们看起来灰蒙蒙/想要个新的我们没有/所以还是带上水桶和抹布/总得有人去擦亮星星。”我理解这首诗表面似乎是在写一个保洁工或是别的什么人，但寓意是十分深刻的。不同的人可以从中找到自己所感悟到的东西。例如，作为监狱民警，从某种意义上讲也是擦星星的人。罪犯因为犯了罪，蒙了尘，看起来灰蒙蒙，但不可能将他抛弃，所以还得要带上另一种意义的水桶和抹布，运用教育和管理等手段，去使其重新发光。希望我们每一个监狱民警都能够成为谢尔·希尔弗斯坦诗里那个擦星星的人，甘于平凡，默默地奉献热爱、奉献本领、奉献生命，把罪犯这颗灰蒙蒙的星星擦亮，给罪犯带来新生，使社会这片天空更加明亮。

第五篇

引导篇

一、引　领

先讲一个国外的事情。玛格丽特·桑斯特是一位杰出的社会活动家。她在一个大城市的贫民窟工作期间亲身经历的一件事，至今令她难以释怀。当时，在玛格丽特的不懈努力下，一家健身房同意在贫民区的孩子们放学之后，免费为他们开放。一天下午，一个男孩架着双拐蹒跚着走进了健身房，他的一条腿严重扭曲，只好在旁边一脸羡慕地看着正在健身房兴高采烈玩耍的同龄孩子们。在和小男孩聊了一段时间后，玛格丽特得知小男孩的腿是被卡车撞成重伤的。因为家庭贫困，他一直没能得到很好的治疗。

玛格丽特立即将这个小男孩带到医院进行外科检查，检查后发现，如果经过一系列的手术治疗，小男孩的腿是完全有可能康复的，只是由于送来救治的时间太晚，手术的难度比较大，所需的费用也比较多。但是玛格丽特执意要帮助这个可怜的孩子，后来经过她的努力，终于说服了医院，他们同意为孩子减免一部分医疗费用。另外，有一位银行家开出了一张限额支票，再加上小男孩的家人以及玛格丽特本人共同筹集的一部分资金，这个小男孩终于有了重获健康的机会。

终于有一天，小男孩扔掉了拐杖，走进了健身房。他来到篮球架前，将篮球投进了篮中。在以后的日子里，玛格丽特一直关注并帮助小男孩，使他一步步走向康复，直到有一天，她看到小男孩能跑起来了。

再后来小男孩成了一个健壮的小伙子，然而他却因为抢劫，被判了 3 年徒刑。玛格丽特为此而泪流满面地说道：“这是我一生中最愧疚的一件事情，我只顾忙着教他如何走路，却忽略了最重要的事情——那就是告诉他应该往哪里走。”

玛格丽特作为社会活动家，她为那个孩子做的不可以说不多，但她过多关注了孩子的物质生活，而忽略了他的心灵成长。没有方向的关爱，缺少向善的引领，最终让她彻底醒悟。

再讲一个本国的事情。一个盲人晚上要回家，一个好心的朋友送给他一盏灯笼。盲人说："我反正看不见，要灯笼又有何用？"朋友说："你点亮灯笼可以照亮前程，这样别人看见你就不会撞你了。"于是，盲人听从了朋友的劝告，但还是被人撞了。盲人质问撞他的那个人："你为什么撞我？你没有看见我的手上提的灯笼吗？"那人回答道："你手上虽然提着灯笼，但灯火早已熄灭了。"

玛格丽特的反思和撞盲人的那个人的回答是值得我们监狱干警思考的。这些年来，从上到下强调文明治监，保障罪犯人权，这是无可厚非的。但我们不要忘记了一个简单的常识，罪犯是为什么进监服刑的？监狱工作的宗旨是改造人。当然，监狱要对罪犯管理讲人道。但不能忘了监狱民警的根本任务是把罪犯从邪道拉向正道。在监狱实际工作中，像玛格丽特那样仅停留在对罪犯生活关心而忽视新生之路引领的监狱民警也不在少数。再有，监狱干警虽然不是盲人，但在教育改造罪犯的现实中，有的干警虽然提着"灯笼"去照亮罪犯，但自己心中的"灯火"早已熄灭还全然不知。这个"灯火"，就是一种引领，而不少人缺少这种引领的思想和力量。

如果说当下的监狱工作还有什么不足，最大的问题恐怕还是罪犯灵魂的改造、心灵的重塑不够给力。从外部来看，趋利诉求似乎成了全社会主流价值取向，人心浮躁，道德滑坡越来越严重，违法犯罪率居高不下。从内部来看，先前是趋于经济的压力而忽略改造，当下又是面对安全的压力而放松改造。甚至我们的一些领导也认为改造到底有多大用处，不如搞好眼前安全更为实惠保险。

应该看到，改造特别是教育改造不是万能的，其本身也有许多值得改进的地方。但作为监狱工作者，一定要时时刻刻有意识地强化改造的引领性，我们所做的努力对于罪犯来说哪怕有一点点改变也是好的。如果"玛格丽特"式的反思多一些，社会上像那个孩子的悲剧就会少一些；如果我们心中的引领之火更亮一些，监狱里服刑罪犯回归社会后的重新犯罪率就会下降一些，我们社会的和谐稳定就会多一些。

罪犯能不能改造，改造特别是教育改造对于罪犯到底有没有用？这是需要认真回答的问题。在这一点上，伟人毛泽东曾代为回答，罪犯是可以改造的，动物都是可以教育的，牛可以教育它耕田，马可以教育它打仗，人为什么不可以教育他有所进步呢？其实动物可以教育不是伟人浪漫想象，是能够拿出实证的。在德国南部，曾经有一个小女孩将一头小母牛训练成了像马匹一样的坐骑。这头经过“脱胎换骨”的牛叫露娜，它两年前出生在德国边境的一个农场里。农场主15岁的女儿丽贾娜一直想拥有一匹马，但她的这一愿望一直未能实现。于是，她就动起了露娜的主意。她每天都陪露娜在树林里散步，以此培养感情，并让这头牛习惯那些马匹装备。在一次次美食的诱惑下，露娜完成了无数次的训练。现在，它在自己的行为上，果然变成了一匹马。它不仅可以像马儿一样驮着主人走在乡间小道上，而且可以进行跨栏，虽然动作并不熟练，偶尔会笨拙地一头栽进泥土。这样的结果听起来叫人“匪夷所思”，但就连这头牛都觉得，自己确实是一匹马。在它的眼神中你会发现，它得意扬扬地告诉你：“我跟牛没什么关系，我就是一匹马！”[①] 这就是教育的魅力，能够改变动物，由此可以推断，如果按照符合罪犯教育规律的方式去设计方案、实施方案，即使是顽固危险的罪犯同样是可以经过教育有所转变的。

要引领罪犯走上自新之路，其中的关键需要“教育之道”。曾看到一篇僧人题为“育人之道”的文章，颇受启发。有一位信徒在佛殿礼佛后，信步到花园散步，碰巧看到负责园艺的僧人正埋头整理花草。只见他一把剪刀在手，此起彼落，将枝叶剪去；或将花草连根拔起，移植到另一盆中；或对一些枯枝浇水施肥，给予特别照顾。信徒不解：“禅师，照顾花草，你为什么将好的枝叶剪掉，枯的枝叶反而浇水施肥，而且从这一盆搬到另一盆中？没有植物的土地，何必锄来锄去？有必要这么麻烦吗？”禅师道：“照顾花草和教育你的子弟一样，人要怎样教育，花草也是。”信徒听后，不以为然：“花草树木，怎么能和人相比呢？”禅师头也不抬地说：“照顾花草，第一，对于那些看似

① 转引自高德：《洗脑术——怎样有逻辑地说服他人》，江苏文艺出版社2013年版，第82页。

繁茂，却生长错乱，不合规矩的花，一定要去其枝蔓，摘其杂叶。免得它浪费养分，将来才能发育良好。就如收敛年轻人的气焰，去其恶习，使其纳入正轨一样。第二，将花连根拔起植入另一盆中，目的是使植物远离贫瘠，接触活壤。就如使年轻人离开不良环境，到另外的地方接触良师益友，求取更高的学问一样。第三，特别浇枯枝，实在是因为那些植物的枯枝，看来已死，内心却蕴有无限生机，不要以为不良弟子都是不可救药的，对他们灰心放弃。要知道人性本善，只要悉心爱护照顾得法，终能使其重生。第四，松动泥土，实因泥土还有种子等待发芽，就如那些贫苦而有心向上的学生，助其一臂之力，使他们有机会茁壮成长。”[①] 禅师给我们上了一节特殊的育人之课，养花如此，教育改造罪犯亦然。从禅师的这段话语中，至少可以给我们这么几点启示：第一，在监狱，干警被誉为特殊园丁，罪犯就是那些受到各种毒害或有这样那样缺陷的花草。因此，对所有的入监罪犯，都要先做好规矩，把其纳入监狱的规范化管理之中，以去其恶习。第二，把罪犯投入监狱，从一定意义上说，也是让罪犯离开原来的环境，让他们来到一个新的环境，在这个特殊的熔炉、特殊的学校，告别昨天，开始新的人生。第三，在监管改造过程中对于那些看似落后，甚至顽危，破罐破摔的罪犯，也不要把他们一棍子打死，要挖掘他们的长处，使其有一个新的开始。第四，对于那些家庭条件不好、坠入弱势群体而犯罪，但又想重新做人的罪犯，不要忽略他们，要给他们加油打气，给他们创造必要的条件，促使其更好地改造。归结到一句话，就是要用正确的“教育之道”因人施教，把罪犯从黑暗的苦海引领往光明的彼岸。

最近看了一篇文章[②]，讲的是一位喜欢冒险的朋友，在乞力马扎罗山迷路了。他与同伴走散，在一个大森林里待了一整晚。这一晚，他不敢在地上休息，只能躲在树上，渴了吸树液，饥了掏鸟蛋，这样的冒险经历，对他而言并不陌生，算得上家常便饭。整个夜晚，他都与自己对话，谈过去，说将来，在第二天的黎明时分，重新出发。走了 100 多次以后，他幸运地跨出了大森

① 转引自朱良才：《教育・三十七度二》，新华出版社 2009 年版，第 168 页。

② 古保祥：“迷路总比无路好”，载《新老年周刊》2014 年 12 月 5 日。

林，但却重新进入了另外一座迷宫：周围是密不透风的树，看不见天空，更无法观察到北极星的下落，他不敢上树，树上有一种奇怪的毒蜘蛛，一旦被侵袭，后果不堪设想。他在树缝里钻了一整天，鲜血淋漓，其间几只小动物咬伤了他，他的小腿开始萎缩。他不敢停下来。因为一旦停下来，便是死亡。幸运的是，他遇到了一个猎人，在猎人的小屋子里，他大病了一场，那个土著的猎人用放血的办法救了他一命，他头一次感到恐怖，放声大哭。猎人笑了起来，用土著语告诉他："迷路好呀，总比无路可走好得多吧！"他豁然开朗，从此，无论遇到怎样棘手的难题，他都会想到土著猎人的微笑。世上有一种路叫迷路，对于一个一般的人来说，偶尔迷路也是人生常态，对于身陷囹圄的罪犯来说，迷了路也还没到糟糕透顶的地步，至少表示还在路上。如果到了无路可走，才是人生最大的魔障。无路可走就是死亡。只要还没有到死亡的地步，监狱民警就要像那个土著猎人那样，挽救罪犯，给他们重新振作的勇气和信心，给他们指一条新生之路，开始新的人生。

要引领罪犯走上自新之路，还需要强调一点就是要给他们树立榜样。应该给罪犯树立什么样的榜样呢？当然可以从不同角度来思考。这里特别需要强调的是，当一个人生命中一旦出现了曲折，当苦难和不幸接踵而来的时候，甚至身陷囹圄的时候，海伦·凯勒就可以成为他们的精神力量。在她所著《假如给我三天光明》一书中，就有这么一段精彩的文字适合罪犯阅读："我的四周也许是一堵厚厚的墙，隔绝了我与外界沟通的道路，但在围墙内的世界却种满了美丽的花草树木，我仍然能够欣赏到大自然的神妙。我的住屋虽小，也没有窗户，但同样可以在夜晚欣赏满天的繁星。"从这段文字中，阅读到的、聆听到的，是一颗坚强的心在深沉、乐观地面对生活的苦难和不幸。这样的人生态度对罪犯应该会产生巨大的激励力量，可以使罪犯产生联想，海伦是个盲人，却能如此面对生活，而罪犯虽然身陷囹圄，至少上苍赐给了一双明亮的眼睛，我们还有什么理由自暴自弃呢？类似这样的榜样，需要我们监狱民警去挖掘类似精神资源助推罪犯走向新生。

记得一位教育工作者说过这样一句话："每棵草都有一颗开花的心，不论是这棵草怎样游离在人的视线之外，也不论这棵草有多卑微。”[①] 善哉斯言！灿若夏花是生命，渺小如草也是生命，每个生命都有价值与梦想。身陷囹圄的罪犯尽管罪有应得，但只要没被处以极刑，即使再卑微，再为一般人所不齿，他也依然是一个活生生的人，也有他的价值和希望重头再来一次的梦想，需要监狱干警去引领、去呵护、去培育、去助推他们实现。

① 刘红：“每棵草都有一颗开花的心”，载《中国教育报》2010年3月29日。

二、洞　见

对于纷繁复杂的事物现象，每个人都会有自己的观察与判断。而事实证明，总有一些观察与判断是正确的或全面的，而另一些观察与判断是不正确的或片面的。之所以出现这样的情况，是因为有些人对事物现象的观察与判断具有洞见，而另一些人恰恰缺乏这种品质。那么，什么是洞见呢？所谓洞见，是指个体对事物的整体全貌有准确的了解，透过现象对其本质属性有深刻的认识，对事物的变化发展有着正确的预见。注重培育自己洞见力的监狱民警，对罪犯改造的意义会有更深刻的感悟，对罪犯改造过程会有更娴熟得体的把握，对罪犯的新生会有更及时恰当的帮助，其自身的职业品质素养中将会聚积起越来越多的改造力因子。

如果我们随便翻翻古代的书籍，就可以发现古人中不少有识之士是非常注重洞见力的。在这方面有不少名言。孔子说："今吾于人也，听其言而观其行。"刘邵说："居，视其所安；达，视其所举；富，视其所与；穷，视其所为；贫，视其所取。"诸葛亮说："知人之道有七焉，一曰问之以是非而观其志；二曰穷之以辞辩而观其变；三曰咨之以计谋而观其识；四曰告知以祸难而观其勇；五曰醉之以酒而观其性；六曰临之以利而观其廉；七曰期之以事而观其信。"苏洵说："凡事不近人情者，鲜不为大奸慝（邪恶之意）"。冯梦龙说："不可以一时之誉，断其为君子；不可以一时之谤，断其为小人。"清朝被誉为常胜将军的杨时斋也说过："如聋者，宜令左右使唤；哑者，令其传递密信；跛者，令其守放炮座；瞽者，令其伏地远听。"总之，他认为军营中无人不可用，关键是你怎么用，用什么，取决于为将者的洞见。

具体到实践中，古人中也有不少可圈可点的实例。比如在识人、用人上，人们一般总是把目光聚集在没有污点的人，认为是让人放心的人，而作为智者，往往打破常规。相传战国时期楚国有一个叫子发的将军，用人很有一套。

有一个小偷，觉得自己有些本领，他听说子发正在招收特殊人才，只要有一技之长，都可以应聘，于是这个小偷就决定去试试。他如愿见到了大将军子发，并且直截了当地说自己是个梁上君子，想凭自己的能力在他手下谋个差使。子发面对这个诚实的小偷，没有鄙夷，也没有呵斥，而是收留了他。此后不久，齐国兴师伐楚，大兵压境。子发带兵迎战，可是出师不利，接连战败。他手下的智囊团纷纷出谋划策，但都未能成功退敌。就在大家一筹莫展之时，当初留下的小偷毛遂自荐，说自己能帮他们一把。大家当然不会同意让一个小偷去做什么军机大事的。而子发却力排众议说，反正也没有什么更好的办法，不妨让他试一试。当天夜里，小偷便利用自己的特长拿回了齐国大将床上的蚊帐。子发并没有因此下令刺杀齐将，因为他全面考量，这样只会引来对方更大的复仇行动，他的目的就是要让对方退兵。于是，他派使者公开把蚊帐送还给齐将，还轻描淡写地说自己的一个小兵出去拾柴火，一不小心拿了将军的蚊帐，实在不好意思，现在奉还将军。第二天，小偷又成功盗得齐将枕头，子发派人送还。第三天，小偷竟偷回了齐将的发簪，子发还是派人送还。此举在齐军上下引起轩然大波。齐将对军官们说，自己的人头可能随时不保，照这样下去，下次再送回来的就是自己的脑袋了。齐将说完这番话的当天就悄悄地撤回了军队。

在这个案例中，子发的智慧表现在两个方面：一是他对那个小偷的信任与重用，扬其所长；二是他不战而屈人之兵的谋略。其中特别是独特的发现人的眼光更让人称道。在常人的眼里，一个小偷似乎没有什么优点，而子发不这样看，在子发的眼里，一个小偷也能够让他眼光发亮，也有可用之处，最后实践也证明了他确实眼光很准。那么，对于从事罪犯改造工作的监狱民警来说，本身就是做促使罪犯弃旧图新的工作的，我们更应该发现罪犯优点和长处，而不是老盯着叫人感到可恶的地方。对于罪犯，他们过去也有类似小偷那样的斑斑劣迹，但也不是一无是处，问题的关键在于我们监狱民警如何具有洞见的眼光。在这一点上，子发看人眼光是值得学习借鉴的。

话说回来，在当今，我们不少监狱民警包括领导的洞见力也是相当超群的。这里不妨引用一个副监狱长讲的一个故事[①]：

我转业到地方，先在一家监狱任副监狱长。就在我到任的第五天，监狱的财会室不知何故着火了，一时间浓烟四起，全狱工作人员一齐上阵，监狱里乱成一锅粥。正在这时，有人叫了一声“财会室有票据和档案”。我一听，惊了一身冷汗，是啊，一两间房子毁了可以再修，可票据和档案是毁不得的呀！

“快去找财会室的同志开锁。”我一边指挥扑火，一边吩咐道。可谁知，财会室的人不在，要赶来至少一个小时。怎么办呢？一个小时后怕是早烧光了。

眼看熊熊大火越烧越旺，大伙也只是干巴巴地看着，没了办法，也许是灵感闪现，我突然记得监狱里就关着个惯偷，才进来不久。听说他进来之前，会飞檐走壁，撬门入室，盗人钱财，公安机关一度拿他没有办法。要不是他讲哥儿们义气，死等在室内行窃的“兄弟”，被迟到的公安人员逮了个正着，说不定现在还在逍遥法外呢。想到这儿，我心生一计，何不让他发挥特长，戴罪立功。于是我让二监区长“请”出了那惯偷。

惯偷一听我的用意，马上来了精神，只见他抢过一盆水往身上一浇，再抓过我手中准备用来撬锁的钳子，一纵身，就消失在滚滚浓烟中。一秒，两秒……一分，两分，时间一分一秒地过去……就在我们焦急等待的时候，他从火烟中滚了出来，背上托着一麻布口袋票据和档案。当时，我激动地忘却了他是犯人我是管犯人的人之间的距离，紧紧地握住他的手，连声说着：“谢谢，谢谢。”

那以后，惯偷因为那次立功受到我——一个副监狱长的礼待，很受启发和教育，在狱中积极改造，还提前出了狱。

从上面所引用的故事中，我们也可以看出这个副监狱长独到的慧眼，善于从罪犯消极的过人之处找到可以转化为积极方面过人之处，用其所长，解决了棘手的问题，这个副监狱长的洞见智慧可以说与前面提到的子发有异曲同工之妙，它也说明了垃圾和金子是可以转换的，就看我们怎样去发现和利用。

---

① 转引自赵程：“发挥所长”，收入陈永林选编：《小故事大道理全集》，湖北长江出版集团、长江文艺出版社2012年版，第218～219页。

在罪犯改造工作中，监狱民警所面对的具体情境下的罪犯改造现象总是复杂多变的，这就需要监狱民警具有一双洞见的慧眼。这里应主要把握好两个方面：

一方面要能够从罪犯有罪行、有毛病、有问题的身上发现有益的东西。正如一个教育工作者所说，一棵树，如果花不鲜艳，也许叶子会绿得青翠欲滴；如果花和叶子都不漂亮，也许枝干会长得错落有致；如果花、叶子、枝干都不美丽，也许它生长的位置很好，在蓝天映衬下，远远看去绰约多姿，也流露出几分美感。① 据载智利摄影师克劳迪奥·亚涅斯获得过智利最高摄影奖“21世纪智利青年摄影奖”，而他的绝技就是靠他独特的眼光和化腐朽为神奇的高超艺术技巧。路边的一节布满尘土和蛛网的枯树桩，在常人的眼里，一点生命的迹象也没有，然而，亚涅斯选择了适合的角度拍照后，再经过艺术处理，这棵树桩就转换成美丽的小山羊。此后，他还将被车碾死的小狗，拍摄成盛开在马路上的玫瑰；将漂浮在水面的死鱼，拍摄成了水面上欢快的鸭子；将被人射杀的鸟禽，拍摄成了欣欣向荣的向日葵……②亚涅斯所具有的这种独特的洞见对于监狱民警的洞见力培育是极有启示的。在一般人的眼里，监狱服刑的罪犯不就如同亚涅斯观察到的枯树桩、碾死的小狗和死鱼吗？不仅不美，还给人以不快之感，那么，作为监狱民警能否使他们脱胎换骨，重新做人，就需要另一种独到的眼光。从丑中发现美，从黑暗中发现光亮，并细心呵护，煽风助燃，使其成为燎原之火，最终完成由罪人到自由公民的蜕变。而不应该死盯着他们的过去，厌弃他们，甚至认为是“六月的杉木定了型”，这样只会使他们更加心灰意冷，把他们推向对立，甚至破罐破摔。

另一方面也要看到罪犯毕竟不同于一般人，他们毕竟是犯过罪的人，他们的改造充满了艰难、曲折与反复。因此，作为监狱民警，在罪犯在改造过程中即将偏离改造的主航道时，要敏锐及时地发现苗头，迅速采取干预措施，使罪犯回到正确的改造轨道上来。要随时提高警惕，面对可能出现的问题，及时做到“未雨绸缪”“防微杜渐”。特别是对于那些善于欺诈、以假象蒙骗

---

① 转引自严育洪编著：《教育我们还能做什么》，首都师范大学出版社2009年版，第26页。

② 转引自唐金龙：“均衡才是健康的”，载唐金龙：《品味教育：启示·境界·引领·思考》，东北师范大学出版社2015年版，第154页。

干警的罪犯，监狱民警更要有洞见，能够心明眼亮，有一双识别真假的慧眼，予以戳穿，这一方面，我们的不少监狱一线干警还是很有一套的。曾看到一篇报道[①]，现摘录如下：1986 年 10 月的某一天，因工伤住院，伤愈归队休养的罪犯舒如贤忽然赤身裸体在监内到处乱跑，大吼大叫，晚上居然溜到猪圈与猪睡在一起，甚至要与猪发生关系。于是，干警与罪犯议论纷纷："舒犯是不是疯了呢?"当时作为舒犯所在中队的何指导员，默默地在记事本上写上"舒如贤真的疯了吗"？并重重画了一个问号。经过深思熟虑后，他开始行动，采取"三包"，指定两名罪犯做"特护"，当何指导员对该犯进行谈话教育遭到数次臭骂时，他没有动怒，相反处处给予关心。为了达到"帮教"的目的，他步行了五十里泥泞的山路，将舒犯的妻儿接来，可舒犯仍然疯疯癫癫，当着干警的面脱裤子，呐喊着要和妻子发生关系，吓跑了满怀希望远道而来的妻儿。"攻心为上"这一招宣告失败。但何指导员没有灰心，再寻找新的"缺口"，一次次尝试仍未得到答案，一日，看到罪犯因吃肉而争先恐后打菜的场面使他想到了什么。他有意布置伙房较长时间不吃肉，之后又突然杀猪改善生活，打菜中暗中安排只打菜汤给舒犯。这时奇迹出现了。"疯子"竟然有理有据地与炊事员争辩起来，并质问："别人打的是肉，我的为何只是一碗汤"？就在这时，何指导员突然出现在舒犯面前，舒犯见到何指导员利剑般的目光，羞赧地低下了头，"疯子"之谜终于被揭开。又是连续几次的耐心谈话，舒犯终于交代，因为住院时听一些病犯谈到精神病者可以保外就医，便想到自己有漫长的 8 年刑期，何不趁工伤之机装疯早点出去逃避改造，至此，一切真相大白。从这个案例的前前后后可以看出何指导员高超的洞见力，这种洞见力也是值得我们学习的。

总之，洞见对于监狱民警敏锐发现问题，迅速变被动为主动，使得监管改造活动始终在依法、合理、有序的框架内运行，最终实现将罪犯改造成守法公民，无疑具有积极重要的实践意义。因此，作为监狱民警要在培育自己的洞见力上下功夫。而洞见力也不是一两个因素构成的，是多因素组成的一个有机整体，这里尤其要注重训练敏锐的观察力、深入的分析力和准确的判断力。

---

① "记贵州省个别教育能手何正德"，载《特殊园丁》（河北）1993 年第 3 期。

三、唤　醒

伟大的哲学家、教育家都非常认同教育的本质是一种“唤醒”。雅斯贝尔斯认为，教育本身意味着一棵树摇动另一棵树，一朵云推动另一朵云，一个灵魂唤醒另一个灵魂，如果教育不能触及人的灵魂，未能引起人的灵魂深处的变革，它就不能称为教育。思普朗格认为，教育最终的目的是把人的创造力诱导出来，将生命感、价值观唤醒。马克思也曾说过，教育之所以称为教育正是在于它是一种人格心灵的唤醒。① 如果把监狱改造视为一种特殊的再教育，就其本质而言，也是一种唤醒罪犯心灵的活动。从某种意义上说，它更需要在唤醒罪犯心灵上下功夫。

唤醒罪犯心灵，首先就要打开他们的心灵通道。一般说来，罪犯因犯罪被判刑入监服刑，由于自由被剥夺，部分权利受到限制，不能过上常人一样的生活，加之严格的监管，强制的劳动等改造举措，在心理上对监狱民警总会存在一种既惧怕、又困惑甚至是抗拒的心态，其心灵通道在某种程度上对监狱民警的改造处于一种堵塞状态。或者说处于一种装睡状态，有一句话说得好，你永远也无法叫醒一个装睡的人，除非那个装睡的人自己决定醒来。那么怎样使罪犯心灵的通道由堵塞到畅通，由装睡到不装睡？其主要秘诀就是投之以爱。苏联教育家马卡连柯说过：“爱是一种最伟大的情感，它总是在创造奇迹，创造新的人，创造人类最伟大的珍贵的事物。”曾经看到一个印度寓言：一个印度人看到一只蝎子掉进水中，这个印度人急忙伸出手想把蝎子救上来，他的手指刚碰到蝎子的时候，不料被蝎子猛地蜇了一下。那印度人尽管被蜇，但他还是想救起那只蝎子，于是再次把手伸进水中，蝎子再次蜇

① 以上几段名言转引自宋广文：“教育的本质是唤醒心灵”，载《中国教育报》2015 年 3 月 10 日。

了他。这时有人问他："蝎子这样蜇你，你还救他干吗？"印度人回答："蜇是蝎子的本能，爱是我的理想，我怎么能因为'蝎的本能'而放弃我'爱的理想'呢？"从这个寓言中对我们的最大启发是，我们监狱民警所面对的罪犯不就是这样或那样的蝎子吗？作为监狱民警，就要像上面提到的那个印度人一样，要有拯救罪犯从黑暗到光明的爱的理想，其间难免会遇到罪犯的抵触乃至反抗，但不能因为他们抵触、反抗甚至伤害了我们，我们就有所放弃，而是要像那个印度人一样，用爱的理想锲而不舍地去拯救他们，用爱的情感打开他们的心灵通道。无数的罪犯改造实践证明，正是因为监狱民警无私真挚的爱，精诚所至，金石为开，促使了罪犯敞开心扉，进行情感上的沟通，由抵触到亲近，使他们敞开了心灵的通道，为唤醒罪犯心灵提供了前提和保证。

唤醒罪犯心灵，其次要触动他们心灵深处。唤醒罪犯，关键是唤醒罪犯心灵，而要唤醒，就要触动心灵深处。就目前不少监狱开展的罪犯教育改造，虽然花费了大量的人力、物力和财力，但有些时候并不理想，究其原因，一个重要方面就是过于暴烈和强制，监狱民警对罪犯进行教育，往往在高压下进行，我来教育你，你必须听我的，你如不满，就会受到处罚。这样就很难得到罪犯心灵的回应，也更谈不上触动心灵深处。要触动罪犯心灵深处。就要设身处地摆事实、讲道理，与罪犯的切身利益与切身处境紧密挂钩，以唤醒罪犯的认罪悔罪意识，转变他们的旧有观念，认同监狱民警的教诲。同时监狱民警要把自己精神的能量传递给罪犯，激发罪犯向上的心力，使其重新审视生命的价值，一切重新开始，使自卑者自尊，沉沦者奋起，悲观者乐观，冷漠者燃起热情，无望者看到希望，从而真正从内心弃旧图新，能够正确面对当下处境，勇于改变自身和环境，心灵旧的杂草死去，开放着面向新生的灿烂的簇簇花朵。

唤醒罪犯心灵，再次要唤醒他们正当的兴趣爱好。只要是人都有兴趣爱好，只不过兴趣爱好有积极与消极、高雅和低俗之分。监狱民警要唤醒的，当然是罪犯正当的或者说是积极、高雅的兴趣。如何唤醒，我们先从《监狱里的世界杯》这一报道说起，2014 年 7 月 14 日晚上 10 点，深圳监狱四监区的李明和另外 132 名球迷，在铁栏杆内看完了本届世界杯比赛决赛的"直播"，同他们一起看球的还有两名监狱民警以及《南方周末》记者。半场休息时，四名吉他手上前弹唱了一首歌，就像NBA的啦啦队一样。曲罢，大家鼓掌，一名罪犯带头大声说：“从头再来，预备——唱!”这就是监狱里的世界杯。[①] 据该监狱矫正与刑务办公室主任葛飞介绍，“看世界杯是众多教育改造中的一部分……服刑人员的生活单调枯燥，他们的生活需要一些色彩，不能与社会隔绝；另外，我们的教育改造经验告诉我们，文体活动带来的教育改造效果是说教无法替代的。”另据该监领导介绍，“尽管监狱警囚比例较低，监管压力很大，但我们从来没有出过一起安全事故。”其中得益于文体活动的功效。在这里，文体活动调节着罪犯的生活趣味，连接着丰富多彩的现实世界，满足着罪犯内心正当的欲望，带来了强制说教无法替代的效果。那么是什么潜藏的力量会让文体活动带来好的教育改造效果呢？那就是监狱民警对罪犯拥有的正当兴趣爱好予以唤醒、予以满足所致。喜欢文体活动，这是人之本能，老少都是如此，近些年跳广场舞多为上了年纪的大妈就是例证。罪犯虽然入监，但作为人他们对文体活动的喜好并不比社会上的自由人差，尤其是不少人是青壮年，更隐藏着巨大的能量。只不过是被暂时压抑着，而通过各种健康、有益的文体活动唤醒他们正当兴趣爱好，就可以激发他们积极改造的正能量，同时也确保了监狱的安全稳定。因此，应该把这一方面工作持续做下去。

唤醒罪犯心灵，最后要唤醒罪犯的自我改造意识。最有价值的改造，是以唤醒罪犯的自我改造意识为最终使命和最高境界。因为在人生的旅途上，最后成就人生的只能是自己，只有自己才是命运的主人。[②] 据《六经坛祖》记载，五祖传法给六祖以后，要六祖速离他去，并且亲自护送，当师徒二人走到河边，五祖说：“我来撑蒿度你过河去。”六祖答道：“迷时师度，悟时自度。”作为监狱民警也要把罪犯自觉意识或自我改造意识的唤醒作为其最为重要的工作。因为当罪犯自我改造意识产生后，就获得了主动改造和发展的永不枯竭的动力。当然，罪犯自我改造意识的唤醒，取决于监狱民警去如何唤醒。记得有一则流传世界、至今不息的印度寓言这样说道：一位印度老人对

① “监狱里的世界杯”，载《南方周末》2014年7月17日。

② 朱永新：“无限相信学生与教师的潜力”，载《回到教育的原点——朱永新最新教育随笔选》，安徽教育出版社2009年版，第214页。

小孙子说，每个人的身体都住着两只狼，他们残酷地相互搏杀。一只狼代表嫉妒、愤怒、骄傲、害怕和耻辱；另一种狼代表善良、温柔、希望、感恩、微笑和爱。小男孩着急地问："爷爷，那么哪一只狼更厉害？"爷爷回答："你喂食的那一只。"在监狱，作为民警，你想要唤醒罪犯的自我改造意识，最终取决于你"唤醒"或喂食或是罪犯心灵的那些东西占多大分量。作为监狱民警的责任，就是要设法"唤醒"罪犯心灵里真善美的一面，喂食那只"正能量"的狼，对付并消灭那只负能量的狼，当那只"正能量"的狼变得足够强大，就标志着罪犯自我改造意识的形成，也就为罪犯最终成为弃旧图新的守法公民打下了坚实的思想基础。

四、说　理

曾读到西汉时期枚乘写过一篇题为《七发》的文章，叙述了一位吴客给楚太子治病，他不用药石针刺，而以“妙言相告”，剖析了楚太子的病因是耽溺于淫佚，指出治病之路径是远离淫佚，投身大自然，竟治好了楚太子的病。又读到《王若飞在狱中》有这样一段情节：敌人为了监视王若飞，从囚犯中派了一个患有梅毒的农民住在王若飞的囚室中来，可是这个农民经过王若飞的开导，后来逢人就讲共产党的好处，按照反动派的逻辑，他被“赤化”了。以后敌人又精心挑选了一个少爷出身，因为爱情纠纷而杀人的回族青年来，可是不到半年，这个青年也懂得了许多革命道理，按照反动派的逻辑，这个青年“中了邪气”。于是，敌人又重选了一块“桀骜不驯”的“顽石”，在旧军队里当过排长，“结伙抢劫，杀人越货”的犯人，希望他同王若飞发生冲突，而这块“顽石”也被融化了，他释放之后还组织了一支抗日游击队。最后，敌人又换了一个看见汉人就避而远之的蒙古族青年三毛进去，而这个三毛在王若飞的教育下，成了共产党员。看到这里人们不禁要问，楚太子的病愈和那么多的人被王若飞“赤化”真有什么神奇之方吗？如果说有的话，那就是采用了正确的说理，而这些所说之理，又是反映客观实际的道理，因此也就会为人们所接受。

那么什么是说理呢？从监狱罪犯改造的角度看，它是监狱民警针对罪犯存在的思想问题和行为问题，通过摆事实、讲道理，启发和开导罪犯，使其思想和行为转变到正确方向和轨道上来。在监狱罪犯改造过程中，监狱民警对罪犯的改造离不开沟通，当两者之间发生了问题，又离不开疏导。监狱民警沟通的目的是为了打开罪犯紧闭的心扉，让罪犯接纳自己，监狱民警的疏导是让罪犯明白自己的问题，然后不断地改造自己。但不管是沟通也好疏导也罢，都离不开说理，说理是监狱民警教育改造罪犯的一条基本原则和常规手段。

有些监狱民警看到现在有些罪犯不懂理、不讲理，只服暴力、服帮伙、服江湖义气的现象，就认为说理的原则和方法已经失灵了，过时了，对这些人只得靠严管、严惩，没有什么道理好讲。其实不然，正是因为现在有些罪犯不懂理、不讲理，不服理，才需要监狱民警更应该以高度的改造人的责任心，以园丁修剪病枝、扶正伤苗的态度，不厌其烦地摆事实、讲道理，做工作。只要工作做到家，人非草木，诚能感人，慢慢就会敲开罪犯的心灵大门，在荒漠的心灵土地上，撒下真善美的种子，并使其发芽、生根、开花、结果。

监狱民警要想使自己的所说之理能够打动罪犯心灵，触及罪犯灵魂，促其思想和行为发生转化，就要提高说理的素养，至少要注意到以下几个方面：

第一，坚持实事求是。对罪犯的说理，当然是通过真理战胜歪理邪说。而衡量监狱民警对罪犯讲的是不是真理，就看是否体现了实事求是的基本精神。所谓“实事”，就是客观存在着的一切事物，“是”指客观事物的内在联系，即规律性，“求”就是去研究。对罪犯的说理，就是把客观存在的事物，如实地反映出来，一就是一，二就是二，然后引导罪犯理解和接受监狱民警所传递的正确思想观点与理论。在新的形势下，面对罪犯构成日益复杂以及维权意识日益增强的新情况，在说理的过程中一定要重视证据的作用。目前在部分民警中，还存在证据意识不强、证据收集不善、证据保管不力等现象，故而使得对罪犯日常说理的效果大打折扣，甚至有时因某些民警主观、武断，不注重运用证据或无证据教育罪犯，致使个别罪犯不服而产生对立、对抗乃至铤而走险。因此，作为监狱民警要树立证据意识，要重视证据的收集，特别要重视现代科技设备在取证中作用，要强化保管，强化检查考核，通过证据作用的有效发挥提升说理的可信度和有效度。

第二，要善于倾听和回应。在说理中，监狱民警的倾听和回应两者的关系犹如鱼儿离不开水，瓜儿离不开秧，互为辩证、互为统一。先说倾听。中国有句老话叫：“说三分，听七分”。就对罪犯的说理而言，倾听不仅能够获得罪犯的信任，还能够获得重要的信息，还能够激发对方的倾诉欲，更能发现说服对方的关键。所以监狱民警在与罪犯说理时，要头脑眼耳并用，做到充分积极地倾听。在倾听的基础上，要予以准确的回应。这里包括简单地总结对方的谈话内容；说出对方的观点及感受；选择合适的提问方式（如开放式提问，“怎么样”“为什么”“怎么看”等；封闭式提问，“是不是”“会不会”“能不能”等，根据实际需要确定采用哪一种提问方式），给予批评建议或鼓励指导。① 总之，通过倾听和回应，形成警囚之间的良性互动，以助于提升说理效果。

第三，要因人而异。要根据不同的对象因人采用灵活的方式说理。早在战国时期，鬼谷子曾精辟地总结出与不同类型对象交谈的方法：“与智者言，依于博；与博者言，依于辩；与辩者言，依于要；与愚者言，依于锐。”联系到罪犯说理，与智商发达的罪犯说理，要凭借广博的知识，旁征博引，妙语连珠，使其无招架之力；与见多识广的罪犯说理，要善于辨析，抓住弱点，以子之矛，攻子之盾，使其全线崩溃；对能言善辩的罪犯说理时，要做到简明扼要，把握要点，观点鲜明，逻辑严密，不拖泥带水，不“弯弯绕”，否则，就会让其钻空子；与那些头脑反应迟钝，理解能力差的罪犯说理时，要求监狱民警多加解释，深入浅出，因势利导，尽可能通俗易懂，便于他们接受。

第四，要坚决杜绝语言暴力。现在的国家法律和政策都不允许监狱民警采取体罚的方式惩罚与改造罪犯，但有的监狱民警由于水平不高，能力不强，制服不了罪犯，就采用语言暴力的形式对罪犯进行管教，口出谩骂、诋毁、蔑视、嘲弄、刺激等侮辱歧视性的语言，致使罪犯在精神上、心理上遭到侵犯和伤害。长此以往，罪犯将会产生心理压抑和不满，甚至会激化矛盾造成事端。应该指出，语言暴力是无能的监狱民警才采用的一种形式，它有违监狱民警职业道德，也是一种违反《监狱法》的行为。作为监狱民警必须坚决杜绝语言暴力。

第五，善于展现说理的非语言魅力。尽管说理通常是用语言表达的，但说理不全凭借语言，事实上除了用语言说理外，还有大量的说理是用非语言形式来表达和实现的。这种非语言表达是一种综合性的表达系统，它是由头部表达系统（眼势语、口势语、面势语等）、上肢表达系统（手势语、肘势语等）、躯干表达系统（肩势语、胸势语、背势语等）、下肢表达系统（腿势

① 张艳艳：“谈谈对服刑人员的个别谈话”，载《上海警苑》2014年第8期。

语、脚势语等）等构成的。监狱民警在说理中善于运用非语言形式表达，可以大大丰富说理的内涵，将起到“此时无声胜有声”的神奇效果。以眼势语为例，“眼睛是心灵的窗户”，大约80%的外部信息是通过眼睛传入脑中，并与外界建立联系的，目光或者眼势语就成为我们传递情感的主要媒介之一。监狱民警在对罪犯的说理中完全可以用来传情达意。合理地使用眼势语，可以有效地实现说理的预期效果。例如，用温柔的眼势语表示对罪犯积极表现的好感；用怒视的眼势语表示对罪犯抗改行为的不满；用同情的眼势语表示对罪犯所处困境的关怀；用逼视的眼势语瓦解罪犯企图隐瞒罪错的心理防线；用热情的眼势语表示对罪犯积极向上的期待；用盯视的眼势语让违规的罪犯感到不安甚至惧怕。当然，在对罪犯说理时，语言表达和非语言表达要协同使用，才能收到理想的教育效果。

第六，要耐心细致，不厌其烦。记得刘德华在电影《无间道》里有句台词：“说了不懂，懂了不听，听了不做，做了又错，错又不认，认了又不服，不服又不说……”其实监狱中不少在押罪犯就是这种人。他们的犯罪思想和行为的形成可以用“冰冻三尺，非一日之寒”来形容，因此他们对于来自民警的说理也不可能一下子就接受，甚至有的人教育不听，帮助不理，批评不服，禁闭不怕，讲歪理顶民警，钻空子气民警，寻短处臭民警。越是面对这种人，越要坚持摆事实，讲道理，越要耐心细致，不厌其烦。而不能急，不能粗，不能蛮。只有耐心细致，诲人不倦，才能步步推进，最终达到转化罪犯思想的目的。在罪犯改造中常有这样的情况，有的看似难以回头的顽危犯，经过监狱民警十次、几十次，乃至上百次的个别说理，最后终于顽石点头。有一个罪犯在监内行凶伤人，警告、禁闭无济于事，他说：“要我接受改造，除非河水倒流，太阳西出”。后来监狱民警改变了方法，监区民警轮流找他谈话说理一百零七次。监狱民警诲人不倦的耐心，终于使“河水倒流，太阳西出”了。这个罪犯从抗拒改造的顽危分子变成了自觉接受改造的积极分子。

总之，作为监狱民警，每一天的工作都面临对罪犯的说理，它是做好罪犯改造工作的基石和根本，也是监狱民警业务素质的综合反映和改造力的一个重要基因颗粒。让我们学会说理，让理化作一剂良药，一缕阳光，一股春风，一粒种子，促使罪犯弃恶从善，化腐朽为神奇。

五、激　励

《圣经》上有这样一个故事：有位农户赶着一头驴子进城，驴子乖乖地跑，他就喂它胡萝卜；驴子东张西望，不好好走，他就用大棒在它的屁股后面拍打，这样农夫很快达到了目的地。行为学界有人引用这个故事，把胡萝卜加大棒比喻为两类激励因素，胡萝卜喻为正激励，即奖赏；大棒则喻为负激励，即惩罚。

有人做过“奖惩效果”的心理实验。实验者把参与实验的人员分为三个小组，安排一项工作任务让他们完成。一段时间后，实验者将这些人召集起来，再次安排一项新的任务，不同的是，在这项工作开展之前，实验者对第一组的人员给予肯定和鼓励，称赞他们工作努力，上次工作完成得很好，这次也一定会做得出色，而且完成任务后将会再得到奖励；对第二组的人员给予批评，斥责他们上次没有做好，如果这次再做不好就要受到惩罚；而对第三组的人员不置可否，既没有表扬也没有批评。结果发现后来的这项工作任务，第一组完成得最好，其次是第二组，第三组最差。实验结果表明，正激励即奖赏和负激励即惩罚对人的行为有很大影响，比不闻不问要有效。

这两个例子体现的就是激励的原理。具体地说，正激励就是对群体或组织需要的行为给予肯定和奖励，使这种行为趋向于重复出现，能够巩固、保持和加强；负激励就是对不符合群体或组织意图的行为给予否定和惩罚，使这种行为得以弱化和消退。

在监狱，激励也是监狱民警改造罪犯的重要方式和手段，运用得当，就能使罪犯的行为得以改造和控制，达到监狱民警所期望的那种状态。

那么，在罪犯改造中监狱民警该如何运用好激励手段呢？这里应主要注意三个方面：

（一）抓好正激励

台湾佛光山的主持星云法师曾讲过一个故事，从学会赞美别人的角度讲述了抓好正激励的道理。据说有一对夫妻，妻子做饭洗衣，十分辛劳，可是丈夫却从来没有给妻子任何赞扬或鼓励。有一天中午丈夫回家吃饭，看到妻子做的菜里，鸡也是一条腿，鸭也是一条腿。于是就问妻子："怎么鸡鸭都是一条腿啊?"妻子说："外面家里的鸡鸭都是一条腿。"丈夫不信。妻子说："不信你去看看外面院里养的鸡鸭，是不是一条腿。"因为中午，鸡鸭都在休息。而休息的鸡鸭是一条腿站着。于是，丈夫就拍响了巴掌。鸡鸭听到响声，就不再休息了，于是两条腿站在了地上。丈夫对妻子说："你看，我们家的鸡鸭不全是两条腿吗?"妻子就问丈夫："为什么鸡鸭现在是两条腿啊?"丈夫说："我拍了巴掌啊!"于是妻子说："鸡鸭都需要拍巴掌，难道我天天给你做饭洗衣，就得不到你拍巴掌了吗?"星云法师说："所以，我们都要学会赞美，即使对自己身边的人。"星云法师所引用的这个故事意在说明，鸭子需要掌声，人更需要掌声，这个掌声，就是正激励的力量。荣辱之心，人皆有之。只要是人，哪怕是罪犯，也有荣辱之心，也希望让别人承认自己的价值和改造中取得的成绩，并能够得到别人特别是监狱民警的称赞和来自狱方的奖励。正激励是一种巨大的力量，它的奥秘在于这种力量能让罪犯的生命觉醒，而生命一旦觉醒，就能产生巨大的正能量。它可以使罪犯树立改造自信，主动投入改造；可以激发罪犯的改造潜能，增强改过自新的动力和勇气；可以促使罪犯改正罪错，不断地提升素质；可以鼓舞战胜困难，振作精神，走向新生。

根据我国《监狱法》及其他监狱法规的规定，对罪犯的正激励包括行政奖励和刑事奖励，其中行政奖励主要有表扬、物质奖励或者记功等；刑事奖励主要有减刑、假释等。

要抓好正激励，发挥好作用，作为监狱民警要掌握好正激励的原则和艺术：一是要实事求是，真实准确，不能虚假和人为拔高。二是要得到罪犯群体中大多数人的认可，要经得起考验和检验。三是要精神激励与物质激励相结合，重在精神激励；要加强教育引导，使罪犯能够清楚为什么而受到奖励，以明确自己今后的努力方向。四是要注意正激励的及时性。研究表明，及时地激励作用最好，如果拖得时间过长，罪犯的新鲜感已经过去，正激励就难以起到应有的作用。五是要从实际出发，因人而异，对不同年龄、性别、犯罪性质、性格、现实表现、服刑阶段的罪犯要采取不同的正激励方式。就不同的罪犯而言，欲望是千差万别的。有些人可能更看重精神上的东西，如荣誉、尊重；有些人就很功利，更看重物质上的东西，如劳动报酬、多减刑早日出去。针对不同的罪犯，就要施以不同方法，用最能激励他欲望的方法去激励他们，以达到理想的改造效果。

（二）抓好负激励

曾经看到过这样一个寓言：有一头驴，成天站着不拉车。主人拿饲料把它喂得饱饱的，它不动。主人又找来马拉车示范给它看，它仍然不动。主人又牵来牛拉车示范给它看，它无精打采，还是纹丝不动，主人气急了，抡起鞭子狠狠地抽打它，驴便拉着车飞快地跑了起来。主人问它刚才为何不动，驴回答说："你还没有把鞭子挥下。"

曾经还看到过这样一个故事：在一个伸手不见五指的夜晚，一个值班工人下了班已经12点了。于是他就走近路回家。回家途中要经过一个墓地，正好有人挖好一个墓坑准备第二天再埋葬人。这个人没看清，一脚踩空掉了下去，他怎么也爬不上去，后来他索性就坐在地上，心想反正早晚会有人救他，就缩在角落里休息。过了一会儿，只听咚的一声又一个人掉了下来，这个人吓得一身惊悚，大叫一声"鬼呀!"然后三下五除二就上去了。

以上的寓言和故事都说明，当人有惰性或者说对某些事情看似无能为力的时候，需要靠外力的强刺激或负激励。从人性的角度看，人都是有惰性的，而监狱服刑罪犯的惰性和劣根性更为严重，这就离不开负激励的手段。罪犯当中也不乏驴一样的人，他们不是"不用扬鞭自奋蹄"，而是要在鞭子的驱使下才能发挥作用，用大众的话来说就是"欠抽"，这就需要采取负激励的手段迫使他们改造；他们犹如失足掉进墓坑的人，惰性和劣根性很重，怎么使其爬出墓地，重新开始，当然不是机械地照搬用鬼吓唬他爬出墓地，但采取负激励的手段还是需要的。尽管受到负激励的罪犯会一度产生不愉快的情感，得到痛苦，但可以让他们因畏惧这种痛苦，为趋利避害而改正罪错，促使其爬出罪恶的泥坑，开始新的人生。

根据我国《监狱法》及其他监狱法规的规定，对罪犯的负激励包括行政惩罚和刑事惩罚，其中行政惩罚主要有警告、记过或者禁闭；刑事惩罚主要有加刑等。

要抓好负激励，发挥好作用，作为监狱民警也要掌握好负激励的原则和艺术：一是要遵循热炉法则，就是负激励要具有警示性、必然性、及时性和公平性。二是要明确负激励的目的，不是为了惩罚而惩罚，而是为了使罪犯的改造向好的方面转变而实施惩罚。三是有理有据，以理服人，要尊重罪犯的人格，不能感情用事，野蛮粗暴，恶语伤人，要就事论事，不要翻老账。四是掌握好分寸。要注重调查研究，弄清事情真相，不能道听途说，捕风捉影，夸大事实；要注意划清界限，如惩罚罪犯时适用什么样的惩罚等级，要严格区分有意破坏生产与责任事故，无理取闹与正当申诉，偶尔违反监规与一贯抗拒改造的界限，使惩罚得当，产生积极效果。

（三）注意正负激励的有机结合

监狱民警在罪犯改造中如果把正负激励有机结合起来运用，效果会更好。在具体操作中，可以正激励中有负激励，负激励中有正激励，严慈相济，刚柔并济，轻重适当，着力奖励，善意惩罚，正激励为主，负激励为辅，这样定能激发出罪犯的最大改造潜能，最终达到将罪犯成为守法公民的目的，当他们回归社会后，犹如《世界上最伟大的销售员》一书所说："今天，我的老茧化为尘埃。我在人群中昂首阔步，不会有人认出我来，因为我不再是过去的我，我已拥有新的生命。"

六、情　境

在谈到情境这个词之前，不妨先举几个国外有关情境的实验实例：

20世纪60年代一些心理学家在以狗为实验中发现，那些多次遭电击而无法逃避的狗，在后来再遭电击而有条件逃避的情境下，比起那些初遭电击的狗的逃避能力低得多。另外一些研究者将这一实验迁移到人，以大学生为对象，同样发现那些对噪声已经感到无能为力的大学生在噪声可以排除的情境下，其排除噪声的能力要远远低于那些初遭这种噪声骚扰的人。

美国学者津巴多写过一本书《路西法效应》。这本书讲述了著名的“斯坦福监狱实验”。作者做了一个模拟监狱的实验：他招收了社会上没有任何劣迹的年轻志愿者，其中一些人扮演“囚犯”，另一些人扮成“狱卒”。可过了仅仅一周，这个实验就被迫停止。原因是参加实验的许多人人格发生了严重扭曲。作者自己总结道：“社会心理学有大量的资料能够佐证，在特定的情境脉络下，情境的力量远超过个体的力量。”此书给人的启示是，特定的情境会影响人的心理和行为走向。身处“囚犯”的情境，会变得越来越沮丧、无助；身处“狱卒”的情境，会变得越来越任性、残暴。不同的情境会给人带来不同的影响。

那么，什么是情境呢？《现代汉语词典》认为“情境”是客观背景中可直接感知的具体条件的综合。情境既可以约束人，惩罚人和伤害人，情境也可以让人释放、轻松和愉悦。监狱改造的情境，顾名思义就是监狱民警对罪犯实施改造时的情景和境地。

监狱民警对罪犯的改造总是发生在一定的情景和场合之中，并受到监狱民警、罪犯、改造的方式以及改造所处的环境的深刻影响。罪犯改造作为监狱民警对罪犯施加的一种综合影响，不可能没有情感参与，它也需要发乎于情，动之以情，感之以情。此情来源于哪里？究竟什么样的情感和境况才能有利于改造，才能使罪犯改造达到最佳效果？我们的回答是：创设情境。它要求监狱民警对罪犯的改造，要精心设计改造的环境，选择最佳的改造方式，采用最巧妙的改造方法。然而，在现实中，一方面由于监狱本身的环境容易让监狱警察产生暴力倾向，如《路法西效应》中扮成“狱卒”的大学生那样。另一方面不少监狱民警疏于设计罪犯改造的情境，经常凭着自己的意愿和感情去改造罪犯，使得罪犯改造要么充满火药味，要么死气沉沉，要么简单生硬。可以肯定地说，在这样的改造情境下，警囚关系难免会鸿沟横亘，会充满紧张，甚至可能产生冲突。这样不仅难以达到预期的改造目的，还可能会发生一些意想不到的不良后果。因此，监狱民警对罪犯实施的改造，要重视营造罪犯改造的良好情境。

根据心理学的研究，任何“情境”必须包含的要素有：时间、地点、物品、人物、事件、人为环境、信息与情感交流、思想感悟等。于是，我们可以将“情境”的要素分解为：此时、此地、此物、此人、此事、此情、此感、此境，并最终确定其基本要素为时间、环境（由物质与人文合成）、人物、事件、信息交流、情感体悟。应该说，这对于我们认识监狱改造的情境也是适合的。根据上述简析，我们认为，监狱改造的情境，是监狱民警履行监狱行刑与改造职责时，在特定的时机和特定环境下，对罪犯进行影响，促其转化的特殊境况。

在新形势下，要求监狱民警创新工作方法，提高罪犯改造成效，其中营造改造的良好情境不失为一种创新工作思路和方法。但是，要运用好这一方法，也不是那么容易地，在实际工作中我们不难发现，有的因为改造情境失当影响到警囚关系，影响到改造效果。而要避免失当，就要在增强改造情境的魅力上下功夫。这里特别要注意把握好以下几个方面：

一是有新意。众所周知，新鲜的事物易于吸引人的眼球，激发人的兴趣。监狱的环境本来就给罪犯以压抑感，如果在情境创设中显得呆板、单调、缺乏生气，就难以激发罪犯改造热情和兴趣，因此，改造情境的创设应该在求新上做文章，以新颖的内容、新颖的方式融入新的环境去刺激罪犯，使其能够领悟监狱民警的善意和良苦用心，加速改造步伐。在这方面，国外有的监狱对罪犯矫正情境创设的做法还是值得借鉴的。前一段时间读到一篇文章,[①]说的是意大利水城威尼斯有座十分有名的新监狱。迈进这所监狱的门槛，遇到的第一位“看门人”，不是什么商人或石匠，正是罗丹的《思想者》。威尼斯旧监狱有两处。一处叫铅皮顶监狱，另一处是地牢井监狱，通常关押凶险分子。威尼斯商品经济高度发达，作案率也相当高，这两处监狱已经容纳不了日益增加的囚犯，于是，又增加了一座新监狱。监狱的大门被粗粗的钢丝圈着,《思想者》也被同样粗粗的钢丝圈着。人们透过这两个粗粗的钢丝圈，才能看到这用力地蜷曲着身体、躬身向前、左手扑膝、头颅低下、右手托腮、肌肉紧张似在抽搐、思考着人生和命运的形象。威尼斯监狱当局正是以《思想者》注视“地狱”，希望以此来提醒罪犯的处境和对罪恶的反思。这其实在某种意义上就是一种情境创设，在我国不少监狱也有类似的雕塑，显得不同凡响，能够引发罪犯思考，促使罪犯回头。例如，福建宁德监狱通过科学规划、合理布局，在监内的道路、绿地等显要位置建设了层次分明，特色突出的文化景观群。如在服刑人员教育中心前建设了一座“服刑观雕塑”，一双历经沧桑斑驳的大手托举着书本，上面书写着“面对现实、阳光心态、告别过去、悔罪赎罪、把握现在、真诚改造、面向未来、重塑自我”32 个大字，作为宁德监狱服刑人员服刑观，它时刻引导着广大服刑人员在改造途中相互砥砺。[②] 该雕塑构思新奇，具有强烈的视觉冲击力和心理震撼力。罪犯身临其境，无疑会产生对以往的悔悟，对自由的向往，进而发愤改造，早日获得新生。

二是要尊重。马斯洛的“需要层次理论”告诉我们，“尊重的需求”是人的基本需要。尽管罪犯犯了罪，在监狱接受惩罚服刑，但他们同样应该受到尊重，其人格尊严不容侵犯，其没有被法律剥夺和限制的权利要依法保护。遗憾的是，在实际工作中，一些监狱民警出现了侵犯罪犯人格尊严以及其他受法律保护的权利的行为。因此，在改造情境的创设中，需要监狱民警态度要亲和，满足罪犯“尊重的需求”，这样罪犯往往容易接受，改造效果也会

---

① 首映:“威尼斯监狱的里‘思想者’”，载《人民日报·海外版》2001 年 1 月 17 日。

② 福建省宁德监狱课题组:“鼎新纳故，不辞细土，着力打造‘三位一体’特色监区文化”，载《2015 年第五届海峡两岸矫正实务论坛》，上海市监狱管理局编印，2015 年 11 月（内部资料）。

更好。

三是重激励。改造罪犯，目的在于让其改正罪错，重新做人。罪犯在监狱服刑，面对集执法者、教育者、管理者多重身份为一体的监狱民警，常常处于被动和弱势地位，由于自身免疫力、意志力、耐力和勇气较弱，改过自新常常缺乏信心。在此种情况下，监狱民警应该积极激励特别是积极鼓励罪犯，让他们勇敢地面对自身的问题，努力改正，并尽快步人积极工作的正确轨道。由此，监狱民警应该给罪犯创设一种激发其奋发向上的改造情境，这是罪犯改过自新的动力之源。

四是重身教。曾经有一位母亲带着自己的孩子去拜访圣雄甘地，请求他劝说孩子少吃糖。甘地一反常态，沉默不语，随后请这位母亲一周后再来。一周后，当孩子再次被带到甘地面前时，甘地开始了他的教育谈话。谈话结束后，满意的母亲忍不住提出了疑问："上周您为什么不教育我的孩子？"甘地的回答简洁有力："因为上周，我自己也在吃糖！"甘地的做法，昭示了一个真理：教育者首先要从自我身教开始。无法想象，一个缺乏身教的人，怎么能有资格和能力去教育别人；一个从不努力完善自我的人，怎能促进他人的完善？就如同一个不热爱读书的人，却去对受教育者创设什么读书情境？作为一个监狱民警，一个特殊园丁，要创设良好的改造情境就要首先在自我身教上下功夫，在"好为人师"之外，更需要"好为己师"，这样的监狱民警，才能是足以让罪犯信服和尊重的监狱民警，也才能真正展现改造情境魅力，使罪犯如沐春风，在潜移默化中发生改变。

总之，罪犯改造特别是教育改造是一种警囚之间的思想、情感的交流、碰撞活动，是以教育改造罪犯促其转化为根本目的的运作过程，由改造罪犯而形成的改造情境因而成为一种充满理性和感性色彩的再教育环境，监狱民警在其中起着主导作用，决定着改造情境魅力的塑造和展现，监狱民警要加强修养，在实践中积极探索，勇于创新，相信会取得良好的改造效果。

七、执　着

一个猎人师父带着自己的三个徒弟到茫茫草原上打野兔，在一切准备就绪后，便向三个徒弟问了一个问题："你们看到了什么？"大徒弟说："我看到了手中的猎枪，草原上奔跑的野兔，还有茫茫草原。"师父摇摇头。二徒弟接着说："我看到了我们三个猎手，扛着猎枪，还有野兔，茫茫草原。"师父又摇摇头。三徒弟回答得很简洁："我只看到野兔。"师父大笑，说："你答对了。"

同样目标的人，有的人成功了，有的人却失败了，成功取决于你是否专注于认定的目标，成功的监狱民警总是能专注于自己的监管改造工作目标，这就如同打猎，优秀的猎手总是专注于猎物。有了目标就要努力全力以赴。将注意力从与你的目标无关的事情上拿开，锲而不舍地咬紧目标不放松，直至希望的愿景成为现实。

古希腊的德摩斯梯尼天生口吃，嗓音微弱，还有耸肩的坏习惯。在常人眼里，他似乎没有一点儿当演说家的天赋。可是当一名卓越的演说家是他的梦想。为了实现这一梦想，德摩斯梯尼付出了超过常人数倍的努力，他虚心向著名的演员请教发音的方法；为了改进发音，他把小石子含在嘴里朗读，迎着大风和波涛说话；为了去掉气短的毛病，他一边在陡峭的山路上攀登，一边不停地吟诗；为了改变说话耸肩的坏习惯，他在左右肩上各悬挂一柄剑……德摩斯梯尼不仅训练自己的发音，还努力提高政治、文学修养，经过十多年的执着磨炼，他终于成为一名出色的演说家。[①] 与此相关联的还有英国警官梅耶，为了抓捕一名强奸女童埃梅的犯罪分子，查了几十米厚的文件和档案，足迹踏遍四大洲，打了 30 多万次电话，行程多达 80 多万公里。经过

① 转引自毕春月：《做老板必读的 86 个故事》，人民邮电出版社 2013 年版，第 152 页。

52年漫长的追捕，终于将犯罪分子捉拿归案。当他铐住凶手时，已经是73岁的高龄了，有记者问他，这样值得吗？梅耶说："一个人一生只要干好一件事，这辈子就没白过。"①

像以上提到的德摩斯梯尼和梅耶警官，以自己的执着达到了目标，以自己的实际行动提升了自己的人生价值，对于监狱民警来说，要实现自己的奋斗目标，同样离不开执着，要做好工作，就必须全身心的投入，就必须付出百分之百的努力，就必须全力以赴。"心心在一艺，其艺必工；心心在一职，其职必举。"只要你倾注一生的时光和精力、倾注一生的思维和智慧、倾注一生之执着与追求，就一定能把自己所从事的工作做到完美，做到非同凡响，创造出意想不到的奇迹。

反观一些监狱民警，做事三心二意，这山看着那山高。什么都想要，什么好处都不想拉下。就如同中国古代有一个笑话说的那样，齐国有位漂亮的姑娘，吸引了许多异性的目光，到了婚嫁的年龄，同时有两家人前来向姑娘求婚，东家的儿子相貌英俊，但家庭非常贫困；西家的儿子相貌丑陋，但家财万贯。面对这样的条件，姑娘的家长犯了难，于是就让姑娘自己来作决定。但是，姑娘不好意思说话。母亲就问："你想嫁给哪家的儿子，就露出哪边的胳膊。"结果姑娘同时露出了两条胳膊，于是，母亲就好奇地问其原因，姑娘就解释说："我想吃在西家，住在东家。"这听起来是一个笑话，但也反映出了一些人面对选择哪个好时所表现出的一种什么都想要的心态。而往往什么都想要，什么也得不到，最后落得个竹篮子打水一场空，回头望人生是一张白纸。作为监狱民警，要从中领悟点什么，由三心二意变为一心一意，执着地对待和做好本职工作

监狱民警要做到执着，就要舍得投入。经济学原理告诉我们，想获取点什么，必先投入点什么；投入的大小或多少，决定着获取的大小和多少。台湾星云大师曾对"舍得"做过一番解释，所谓舍得就是先必须要肯"舍"，然后才能有所"得"。这些都是说明投入的道理，只有投入才能获得回报。从事监管改造工作的民警也是如此，要想秉持"改造人"的宗旨，做好罪犯灵

---

① 转引自余世存：《非常道2》，中信出版社2011年版，第28页。

魂的改造工作这件事，必须有一种执着精神，要舍得投入，这里面包括一是时间上的投入。不仅要在工作上守时，还要舍得花时间去思考、去感悟、去开创。二是精力上的投入，特别对于年轻干警来说，要少玩一点电脑游戏，少一点吃吃喝喝的应酬，少一些无所事事的发呆，而是要调集智慧和热情去做有意义、有价值的事情。三是财力上的投入。不要把财力全用在物质层面，也要用于精神层面，如舍得花钱去购置书籍，参加进修等以武装自己、提升自己。

监狱民警要做到执着，还要耐得住寂寞。如今一个突出的社会现象就是很多人急功近利，耐不住寂寞，总想一夜成名、暴富、成功。不仅个体，很多机构、单位也是急切地盼望着一二年内出现奇迹。这种现象在监狱、在民警身上也是不乏所见的。而耐不住寂寞，恰恰是执着之所忌。事实上，要想干成干好任何一项工作，都离不开耐得住寂寞，都需要全身心的投入，需要排除一切外界的干扰和诱惑，“十年磨一剑”，才有可能取得实实在在的骄人业绩。倘若偏离正道，热衷于出风头，热衷于表面上的热闹和风光，最终只能是一事无成。如果说要想干成任何一项工作，都离不开耐得住寂寞，监狱的罪犯改造工作更是充满了寂寞，因为监狱本身就被人们戏称为“看不见的战线”“罪犯是有期徒刑”“监狱民警是终身待在监狱”每一天都是固定的工作模式，被流水线一样的工作流程紧紧拴着。如果耐不住寂寞，可能很难在这里工作下去。但正是在这样的看似寂寞、枯燥的环境，对于有些民警来说是一种不堪忍受想急于逃离的地方，而对于另一些民警，视寂寞本身为创造的契机，不显山不露水、在默默无闻中，做着春风化雨、唤醒灵魂、复苏心灵、再造新人的救人之事，在寂寞执着中，最终伴随的是“于无声处听惊雷”。

监狱民警要做到执着，就要扛得住压力。压力，对每一个人来说都不陌生。在社会转型期，从事不同行业工作的人都感受到前所未有的压力，因此当下有一个网络新词叫“亚历山大（压力山大）”。如果说其他行业的从业者有压力，那监狱民警这个职业则承受着更大的压力。这一职业不光光是要全身心投入、舍得投入和能够耐得住寂寞，而且充满着高风险。因为监狱关押的对象毕竟是在社会上作恶多端的形形色色的犯罪分子，他们被判刑入狱，绝不会就此罢手，一有机会就可能破坏监管秩序，甚至出现重大恶性事件。

因此，有人说监狱民警是“坐在火山口，看着炸药库”，其实是不为过的。稍微不留神，火山口就会喷发，炸药库就会爆炸。面对这样的压力，是退缩，还是越是艰险越向前，变压力为动力，是对每一个监狱民警执着品质的考验。那些对事业充满执着精神的人，就会正视和调节来自各个方面的压力，以健康的心态、主动地接受并适应压力，把压力转化为精神上的兴奋剂，转变为成就事业的强大动力，在压力中得到自我超越和自我升华，把工作做得更为出色，使自己更有成就感。

最后对执着再强调一下。说到执着，有的人一生中就是为了做一件事情，这件事情做完了，生命也耗费尽了，捷克著名作家博·赫拉巴尔有一部《过于喧嚣的孤独》的作品。他说就是为了写这部作品而活着，为它而推迟了死亡。1997 年 2 月 3 日，他从即将病愈出院的医院五楼窗口跳了下去。我们当然不是去简单仿效博·赫拉巴尔的做法，但他这种执着的精神追求还是值得人称道的。由此又想起捷克前总统、剧作家哈维尔那句名言：“我们坚持一件事情，并不是因为这样做会有效果，而是坚信，这样做是对的。”我们可否从中体悟到，一个人一旦选择了自己钟爱和正确的事业，就应把生与死交给了自己所钟爱和正确的事业。监狱虽然是一个易被人忽略的角落，有一群让人“哀其不幸，怒其不争”的特殊群体，但监狱工作毕竟是一项改造人、造就人的崇高事业，作为监狱民警我们一旦选择了，就要义无反顾地做下去，一生就做这一件事，努力做好这件事，生命不息，奋斗不止。

八、等　待

1961年，澳大利亚困士兰大学物理学家约翰·梅因斯通在他上班的第二天接手了一个古怪的小实验，当时这个实验在一个橱柜里已经悄悄进行了34年。50年后的2011年，他依然在观察着这个实验，并等待着见证它最引人注目的下一滴。

这个沥青滴漏实验，是该大学第一个物理学教授托马斯·帕内尔发起的一项长期的物理实验，他想以此实验向他的学生示范证明，在冷却状态下萃得可以用锤子敲碎的沥青，也能够像液体一样从一个漏斗底部滴出，尽管是以极慢的速度。他的这个小实验成为世界上最慢的沙漏实验，结果也正如他所预测的那样，沥青的滴漏速度大约为每6～12年1滴，迄今为止已滴下8滴沥青。梅因斯通预计，第9滴沥青将于2011年年底的某个时候滴下。这就是等待的成果与魅力所在。在急于取得成果的思维里，这样的实验是漫长的、痛苦的、无意义的。但正如梅因斯通所说，该实验的价值不在于对科学的影响，而在于其对历史和文化的影响，它激起了雕刻家、诗人和作家对时间流逝和现代生活节奏的深刻思索，并让人们联想到科学和事物发展的恒久性。在这个层面上衡量实验的价值所在，也许才是它的本质内核。①

其实等待出现在我们日常生活的方方面面。等待排队，等待集合，等待会议开始，等待会议结束，等待误点的班机，在机上等待着到达目的地……

“月上柳梢头，人约黄昏后”是对恋人的等待；从等“妈妈回来”到“倚门望子”家家或小或老都在等待中；小学生等待上中学，中学生等待上大学，大学生等待满意的职业，美好的恋爱、婚姻、家庭，参加工作后等待提

① 摘自唐金龙：“等待的魅力”，载唐金龙：《品格教育——启示·境界·引领·思考》，东北师范大学出版社2015年版，第65页。

升；晚年退休后等待死亡……

人生是条一环套一环的长长的链子，“等待”是各环节链子间的纽带，病人因病住院后，就盼望着早日出院；罪犯被判刑入狱后，就急切地等待出监。人们在人生的道路上不断付出等待，是为了争取更美好的未来，“等待”寄寓于“梦想”，“梦想”依偎着“等待”。

尽管有时人们不想等待，然而有些时候你不得不等待，俗话说：“性急吃不得热白粥”，狼吞虎咽地喝热粥，会把嘴烫坏。古人有急着要他的庄稼快快长大，就去“拔苗助长”的，结果禾苗全给拔死了；也有饥不择食，囫囵吞枣，险些搭上性命的；更有急于除病，投以猛药将患者治死的。此类事情甚多，应该引以为戒。

可是，等待这样明白浅显的道理，许多人却在实践中屡屡违背它。不想等待、急于求成似乎也是有些监狱民警改造罪犯的一种通病，往往恨铁不成钢，恨不得一夜之间让罪犯放下屠刀，立地成佛。岂不知罪犯改造特别是教育改造，应该潜滋暗长，润物细无声。只有在悄无声息、缓慢渐进的过程中，良好的品质才有可能在罪犯身上缓缓生成，文化技术的内涵才有可能被罪犯深深地理解和掌握，文明的举止才能在罪犯身上牢牢固化。这里打个比方，教育改造它像农业而不像工业。工业和农业的最大区别在于，工业是快节奏的、大容量的、流水线的，批量出产的，而农业则是有季节性的、时令性的、有成长规律的，是需要缓慢地播种、施肥、除草、杀毒的，是需要阳光、水分和等待的。对罪犯的改造，是急不得的，急功近利、急躁突击、揠苗助长都是不当的，罪犯改造需要细致和细腻，需要耐心和等待，在对待罪犯的态度上，我们需要的是足够的期待，足够的耐心，足够的等待。对罪犯改造，要相信种子和岁月，要学会等待，这是罪犯改造提升质量的唯一出路。而拔苗助长式的改造方式当下还甚为流行。不切实际的定出这样和那样的达标率，都多是一些表面文章，没有什么实效。

到过欧洲的人都知道，那里的戈壁滩上生长着一种叫伊米的小花。一般地说，能在戈壁滩上顽强生长的都是根系十分庞大的植物，因为只有如此才能在贫瘠、干旱的土地中吸收足够的养料和水分，可是这种伊米花却只有一条根。这条根坚强不屈地直插地底最深处，这样才能吸收到能维持生长的水分和养料，但完成这项工作，需要等待5年时间。第六年，凑足了养分的伊米开花了，一朵四瓣，每瓣的颜色却不相同：红、黄、白、蓝露出美丽的笑颜。可以设想，如果没有伊米的漫长的坚持和等待，就不可能有璀璨花开的那一日，就如同沥青的滴漏，尽管速度慢，但总会有一个圆满的结果。①

监狱民警做罪犯的改造工作，也需要有耐心，需要一点一滴地工作，需要等待。这里介绍一件发生在抚顺战犯管教所教育改造宣统皇帝溥仪的一件事情：溥仪在苏联时，在箱子底部隐藏了468件首饰，都是白金、黄金、钻石、珍珠之类的宝贝。试图作为后半生的依靠。溥仪说，如果没有它，即使放了我，我也无法活下去。自食其力这四个字在我脑海里根本不存在。他的侄儿小瑞在管教干部的教育下觉悟了，向所方检举了这件事，要求所方搜查没收。但所长不同意，说，搜查是很容易的，但这并不见得有利于他的改造，等等吧。搜查不如他自动交代，要他自觉才好。等了好久，小瑞又要所长搜查没收，所长还是不同意，说，你要知道，由于他的特殊身份，他很难立即相信政府坦白从宽的政策。如果我们去搜查了他，这就让他失去了一次体验政策的机会，还是把主动权让给他吧！你着急搜查，不如用脑子设法来促使他自觉。结果小瑞想出了给溥仪写纸条，促其交代的办法，多日不见动静，小瑞急了，对所长说，溥仪这个人至死不悟，既然毫不自觉，为什么不搜他。所长说，原来不能着急，现在更不能着急。后来正如溥仪说的："后来的情形就是那样，结果是我着急了，交出了那批东西，我从那时看到了一条新的道路。"（摘自溥仪：《我的前半生》）这件事情的经过，溥仪一直不知道，是他特赦后，他和小瑞一起游公园闲谈时小瑞告诉他的。从这件事情可以看出抚顺战犯管教所的工作做得多么耐心、细致，多么善于等待，从而富有成效。当然，今天监狱的押犯已完全不同于溥仪那类人，抚顺战犯管教所教育改造溥仪的具体做法也不能照搬，但抚顺战犯管教所管教干部那种耐心细致、善于等待的工作态度还是可取的，值得发扬光大。

这里不妨举一个新时期监狱民警在等待中教育改造罪犯的一个成功案例。②

---

① 转引自赵洪恩编著：《每天多点力量》，新疆美术摄影出版社、新疆电子音像出版社2010年版，第2页。

② 上海市南汇监狱编：《扬帆·职责感悟篇》（内部交流），2012年印，第253～255页。

在上海市南汇监狱——这所集中收押老病残罪犯的所在地，曾发生过这样一件事：某罪犯在被担架抬着进监狱监房时，回答民警的第一句话就是："我是横着进来的，我也要横着出去！"该犯曾在犯案受审期间，或许因紧张过度，前后两次突发脑梗死，半身瘫痪，面对这个先后被劳教1次、判刑5次，这次又因贩毒罪被判15年徒刑，又因身体原因，想一死了之便不惜采取绝食、拒绝就医，甚至顶撞管教，死下心来"破罐子破摔"的顽危罪犯，民警没有放弃，看到他心如死灰的表面，"不要谈话，不要教育，我只要太平间"，在背后找到心结，发现他寻死的原因是女儿因他犯罪失去经济来源而辍学，是他对女儿的负疚感、良心债让他失去了生的欲望。监狱民警根据政府有关政策，几经奔波，为其女儿申请了中华爱心基金助学帮困金，女儿终于重新跨进了校门。当喜笑颜开的女儿来到监狱亲口向他证实后，他泣不成声，仿佛不敢相信这是真的。可是接下来事情的发展，却出乎人们的意料。因为欣喜，因为欣喜之后的深深内疚，他再次想到了死。为什么？因为他已经卸去了牵挂，他说，我落到今天的地步是我的报应，我不想连累民警，也不想成为政府的累赘。然而监狱民警告诉他，错了！虽然犯罪受到了法律惩罚，但他仍然享有生命健康权，监狱不会抛弃他，政府不会放弃他，监狱民警要等到他恢复健康的那一天。这是人性耀眼的光芒在照射！正是这道高贵的人性之光，使他感受到了人间最美好的温暖，使其放下死的念头，为女儿好好活着。民警按照康复计划、天天按时送他到监狱总医院进行理疗，还鼓励他锻炼，之后他像变了个人似的非常配合，肢体也渐渐有了力量感，慢慢能活动了，身体也逐渐康复了。我们试想，如果没有监狱民警不厌其烦的工作和耐心的等待，这个罪犯可能早死掉了，而奇迹的发生，也再次告诉我们的监狱民警，对任何服刑罪犯都不能抛弃、不能放弃，要留出充分的时间等待，不断帮助他们，最终让他们成为对社会有用的新人。

最后，用法国作家大仲马在小说《基督山伯爵》里写下的最后一句话结尾——生命的真谛就在于，等待和希望！让我们每一个监狱民警成为一个怀揣希望，善于等待、善做罪犯转化工作的高手，最终收到水到渠成、瓜熟蒂落之效。

第六篇

践行篇

一、坚 守

记得美剧《冰与火之歌》中的守夜人有这样一段誓词："长夜降至，我从今开始守望，至死方休，我将尽忠职守，生死于斯。我是黑暗中的利剑，长城上的守卫，将生命于荣耀献给守夜人，今夜如此，夜夜皆然。"如果换一个角度，监狱民警就是监狱的守夜人，守卫着监狱的安全，守卫着社会的平安，同样要尽忠职守，生死于斯，而且更为重要的是监狱民警无时无刻不在与罪犯犯罪思想和丑恶的灵魂进行较量，不亚于战场上敌我双方刀光剑影的厮杀。既然是战场，就需要坚守，就要像打阵地战一样，牢牢坚守在阵地上。

随着我国社会经济的发展，综合国力的增强，党和国家对监狱工作的高度关注，监狱体制改革的深入，监狱民警的待遇有明显改善，监狱民警职业地位有了显著提高，不少名牌大学毕业生也纷纷报考监狱一行业，相对来说监狱民警也成为令人羡慕的职业之一。

但是，一些监狱民警特别是年轻民警并没有更加安心于监狱工作，反而变得浮躁。如有的人对现在的工作环境抱怨，觉得工作单调、枯燥，挣钱不多风险不小，"身在曹营心在汉"，始终想着还有没有比这个行业待遇更高、名声更好、工作更轻松的单位，能走则走，实在走不了也就抱着混的态度。这些现象，有其复杂的社会原因，但更多的还是有些监狱民警对自身的职业认识不到位，只是简单地把监狱民警的物质条件与那些物质条件较高的职业相比，缺少一种对事业、对职业的坚守。

应该说，作为生活在当今社会的监狱民警，向往美好的生活，关注和追求物质满足也无可厚非。但是，一些监狱民警对物质过分地追求，对自己工作阵地的退缩或见异思迁，则是不正确的。监狱民警作为改造罪犯灵魂的工程师，维护监狱安全的卫士，这些特点决定了对物质的追求和享受是要有节制的，而对精神的追求和享受则是无止境的。上好每一天班，为一个罪犯解决了具体问题他充满感激，转化了一个顽危犯，几年未见的某刑释人员发短信告诉自己有了新家和新的事业，自己的一个点子得到领导赞扬和同志肯定，都可能让自己感到精神上的快乐和满足，赢得他人的认可与尊重。

有这么一则故事对理解什么是坚守或许有些启示：一个人去寻找宝物，他跋山涉水历尽艰辛，最后在热带雨林中找到了一种树木，这种树木能散发出一种浓浓的香气，放在水里不像别的树木一样浮在水面，而是沉在水底。他心想，这一定是一个价值不菲的宝物，就满怀信心地运到市场上去卖，可是一段时间无人问津，为此他深感苦恼。当看到隔壁摊位上的木炭快卖完时，他一开始还能坚持自己的判断，但随着时间的流逝，最终让他改变了自己的初衷，决定把这种香木烧成木炭去卖，结果很快就被一抢而空。他十分高兴。后来遇到一个懂行的人告诉他，被烧成木炭的香木——沉香，只要切下一小块磨成香粉，价值就超过了一车的木炭。当他明白时后悔不已，但已经晚了。

这个故事告诉我们，人如果没有坚守，经不住旁的诱惑，就会乱了阵脚，最终失去了自己宝贵的东西。

监狱民警应该有自己的职业理想和事业追求，但有的监狱民警却偏离了自己初衷，特别是一些年轻干警，当初在千万人过独木桥中好不容易考进监狱民警队伍，体验着这份工作的崇高与荣耀，彼时，刚刚获得这样的幸福，所以倍加珍惜，上班认真，绝不走神，加班加点，毫无怨言，而日子如水，渐渐忘记了从警当初那份热情与期待，开始对工作产生厌倦，工作积极性也开始大打折扣，或者思谋跳槽，当跳槽无望就做一天和尚撞一天钟，精神状态萎靡，不求上进。

其实，每位监狱民警心里都有一片净土，但是有的人却不能守住它，被不健康的情绪所左右，使自己的神经变得麻木，不再有对工作的热情，缺乏勇气面对困难和挑战。

每位监狱民警都有一段“沉香”，但有的不懂得它的珍贵，反而对别人的木炭羡慕不已，最终的结果只能是舍本逐末，丢掉了自己最为宝贵的东西。

监狱民警要学会坚守。坚守，看似简单，其实是最困难的。其困难在于坚守的过程会遇到无数的诱惑和干扰。从大的方面来说，当今浮躁的社会或多或少会侵扰我们原本坚定的心。我们的一些同志常犯的错误就是不能坚守自己，而总是喜欢和别人攀比。如几年下来，同学相聚，某某发财了，某某被提拔了。结果越比越容易动摇自己的心志，改变自己的初衷。从日常工作来看，如前所说，监狱也是一个“战场”，监狱民警所面对的对象虽然表面看上去都是死老虎、落水狗、落汤鸡，表面上认罪悔罪，但内心却对监狱及民警不满，随时摸民警的底，找民警的漏洞，民警稍不留神，就可能让罪犯趁机实现罪恶的目的。有的民警面对这种复杂充满风险的环境，怕惹火烧身，就退缩，抱着多一事不如少一事的态度，只要表面太平就睁只眼闭只眼，更有甚者，在某些别有用心的罪犯的拉拢下，与其界限不清，甚至被罪犯所利用，做出违法违纪的事情，这方面的教训值得汲取。

作为一个称职的监狱民警，要有一种不为外界所动，坚守阵地的崇高精神。在这一点上，许多老一辈的监狱干警的精神境界值得我们今天的青年民警学习。他们一生忠实于自己的事业无怨无悔，一位即将退休的老民警总结说：“一旦选择了监狱警察这个职业，实际上就是选择了守望，同样选择了坚持，选择了煎熬，选择了清贫。”自大学毕业后，他一直工作在监狱一线，尽管有些单位待遇比他现在工作的待遇高也一心想要他，但他始终不为所动。还有一个监狱民警到西部执行任务，听到这样一个故事：这是一个 20 世纪 50 年代就耕耘在这片土地上的老狱警，当生命的最后一点光和热快要耗尽，他平静地躺在病床上，他的战友、领导以及闻讯赶来的那些亲手带过的犯人，大家都希望在最后一刻，能看一眼、送一送这位普通平凡的老人。临终之际，他轻轻地松了一口气，像卸下了一副沉重的担子，轻声地对站在他床前的领导说：“我该歇歇了——”说完他就安详地合上了眼睛，没有一丝遗憾的表情。这不由使人想起 19 世纪英国诗人兰德的诗句：“我双手烤着生命之火取暖，火萎了，我也准备走了”。如此从容淡定。这种对事业的终身坚守，对于今天的年轻干警来说，是一笔宝贵的精神财富。而继承这些宝贵精神财富，一定会对我们年青一代继往开来，开创监狱事业新局面具有强大的助推作用。

作为一个称职的监狱民警，在这条战线要始终站稳立场，随时提高警惕，敢于坚持原则，不给罪犯任何可以钻的空子。在这一方面老一辈的干警同样为我们青年民警做出了榜样。江苏省监狱系统某民警李三中在一篇题为“有一种坚守叫职业良知”的文章[1]中记叙了这么一个故事：在徐州监狱，有一个老一辈的民警，是个“老革命”，战争年代被打断左胳膊，截肢后只剩上面一小节。胳膊缺了，但“老革命”工作起来的负责精神、遵守监狱制度的认真劲儿可丝毫不缺。“老革命”烟瘾特大，有一次，它带着几名罪犯清理垃圾，忽然烟瘾上来，抽出一支烟叼上，然后用那一小节左胳膊窝夹住火柴盒，右手拿着火柴杆去擦火柴，一连几下未擦着。旁边一个罪犯见了便丢下工具走过来说，队长，你不方便，我来帮你擦吧。“老革命”看了这个罪犯一眼，立即收起火柴和嘴里叼着的烟，认真地说：“这不行，俺徐州监狱有规定，干部不能让犯人干私活。”罪犯嘀咕道：“这叫什么干私活？”“老革命”依然正色道：“规矩是不能破的。”这个故事很短，但使人产生不少联想，从这里体现出了老一辈监狱干警的坚定立场，也许让罪犯帮着点支烟还不至于到了干私活那种程度，但他却是高标准、严要求，一点细节也不放过，这种坚守底线的精神确实没有过时。在当今条件下青年民警也要像“老革命”那样倾心自己的职业，对违背职业精神的任何理由和诱惑都要坚决说“不”！

是的，监狱民警从事的是惩罚与改造罪犯，维护社会安全稳定和人民幸福安宁的高尚职业，光荣的使命要我们坚守，神圣的职责要我们坚守，敬业的精神要我们坚守，公平正义要我们坚守，法纪的底线要我们坚守。坚守是传统的，又是与时俱进的。监狱的这块阵地，需要监狱民警坚守，从新中国成立至今，已经至少有不下三代干警在坚守，与此同时，在新的时代背景下，我们既要使坚守这种监狱精神薪火相传，发扬光大，同时也要使这种精神更加体现新的时代特征，更注重人本、科学、公正、清廉。

---

① 李三中：“有一种坚守叫职业良知”，载《江苏警视》2014年第5期。

二、行　动

1882年，马克思去世前一年，曾在信中给二女儿劳拉讲了如下一个阿拉伯的寓言：有一个船夫准备在急湍的河水中驾驶小船，上面坐着一个想渡到河对岸的哲学家，于是发生了下面的对话：

哲学家："船夫，你懂得历史吗？"

船夫："不懂！"

哲学家又问："你研究过数学吗？"

船夫："没有！"

哲学家："那你就失去了一半以上的生命。"

哲学家刚刚说完了这句话，风就把小船吹翻了，哲学家和船夫两人都落在水里中，于是船夫喊道："你会游泳吗？"

哲学家："不会！"

船夫："那现在你就失去了整个的生命！①"显然，马克思嘲笑了那些空谈教义，忽略行动的人。

人应该有梦想，但梦想还需要通过行动努力实现。梦想最终不能代替行动的脚步。恩格斯曾激励人们用行动去实现梦想，甚至把行动看得更高。他说："谁害怕那围绕着宫殿的密林，谁不用利剑去开辟道路和不去吻那睡着的公主，谁就不配得到公主和她的王国。"②

千水奔腾源一处，万木争荣本一根。万千问题集于一点，就监狱工作而言，所解决的问题归根结底就是对罪犯为什么要改造？改造什么？怎么改造？

---

① 转引自景克宁：《人在神魔间》，华夏文艺出版社2001年版，第35页。

② 恩格斯：《马克思恩格斯论艺术》（第4卷），中国社会科学出版社1985年版，第341页。

“哲学家只是用不同的方式解释世界，而问题在于改变世界。”① 马克思26岁时说的后来被选用为他在伦敦海格特公墓碑文的这句名言，既高度精缩了他波澜壮阔的导师人生，同时也道出了人在大千世界的终极追求。对于我们来说研究监狱罪犯改造，归根结底是要在罪犯改造实践中去改变罪犯旧有的精神世界，行为方式，使之成为一个对社会有益、能够体现自身价值的新人。

在罪犯改造中，监狱民警要在行动上下功夫，至少需要把握好以下几个方面：

第一，要善于把知转化为行。知即知识、真谛、真理，行即行动、实际、实践。就知与行的关系而言，是密切相连，不可分割的。行孕知，知带行，行推知，知展行。行从知得到价值，知从行得到财富；知与行相依，才心有底，脚有根。而现在的问题是，不少人特别是一些有一定学历的年轻干警，有知与行脱节的现象。正如纪伯伦在《风暴》中借主人公素福·法赫里之口说的话：“相信是一回事，循而行之是另一回事。世上许多人说的话犹如大海，而他们的生活却近似于泥塘。”② 夸夸其谈，忽视行动。讲起梦想，提到愿景，想法一套一套，但却很少付诸行动，最后给人以华而不实之感。因此要注意力戒空谈，没有行动。

第二，要重视监狱民警执行力的提升。监狱民警的执行力简单地说，就是把上级的决策部署、规划计划以及规章制度付诸实施、执行落实的能力。监狱民警执行力的强弱直接体现监狱民警的精神面貌，更影响到监狱的监管安全以及教育改造质量。但现实是，不少监狱民警或多或少都存在执行力薄弱的问题，尤其是在一些科室、监区比较突出。执行力的缺失和低下，使一些紧迫的工作变成一纸空文或成为空谈。因此，提升监狱民警的执行力已成为监狱民警队伍建设的当务之急。要提升监狱民警的执行力，既要靠监狱民警的学习积累，又要靠制度作保障，同时要强化责任追究，完善执行监督。通过监狱民警执行力的不断提升，促进监狱事业的顺利开展。

第三，要脚踏实地做好本职工作。著名美学大师朱光潜有一终身恪守的

---

① 马克思：“关于费尔巴哈的提纲”，载《马克思恩格斯选集》（第3卷），人民出版社1995年版，第57页。

② 纪伯伦：《纪伯伦散文全集》，浙江文艺出版社1993年版，第154页。

座右铭："此身、此时、此地"。此身，即凡此身应该做而能够做的事，绝不推诿给别人；此时，凡此时应该做而能够做的事，绝不推延到将来；此地，凡此地应该做而能够做的事，绝不等待到想象中更好的境地再去做。朱老先生这一人生信条，寄寓于朴实无华的短小文字之间，启迪在睿智哲理的深邃思想之中，揭示了行动的真谛，对监狱民警所从事的工作同样具有启示借鉴意义，监狱民警也要以此座右铭为训，即凡在工作中该自己做到且能够做的，要有所担当，不推诿；凡当下该做且能做的，要抓紧时间做，不要拖延到后来；凡感到应该做且能够做的，着手去做，不要企求完美，从眼下可以做的点点滴滴的小事干起，一步一个脚印地踏实前进，积细土成群山，聚小流成大海，有朝一日你就会发现，正是那当下一件件看似细小、不起眼的工作，开辟了事业发展的新天地，展示了美好的新画卷。总之，我们的监狱民警如真正能够按这六个字去做，不仅有助于所在单位工作的改变，对个人来说，许多事情一定能够有所改观，也会让人刮目相看。

第四，对罪犯的教育改造，最好用亲身行为体验的方法来教育罪犯。这方面歌德的《叙事谣曲》中记载耶稣对弟子设置的用亲身行为体验的方法来教育弟子的办法值得借鉴。有一次，耶稣带领弟子外出，发现路边有一个被人遗弃的马蹄铁，耶稣吩咐让一个弟子捡起来放好。可是弟子觉得一个破马蹄铁有什么好捡的，就没有捡。耶稣便悄悄地自己捡起来放在口袋里。到了一个铁匠铺，耶稣用它换了 3 文钱。又到一个地方，用这 3 文钱买了 18 颗樱桃，然后揣在兜里。师徒出了城门，一直往前走，渐渐出现了茫茫的荒野，加之烈日当空，天气十分炎热，弟子没过一会儿就感到口干舌燥，可是周围有没有水。在这时，耶稣看似不经意地把樱桃扔在路边，弟子看到后急忙赶过去弯腰把樱桃捡起，如获至宝地放在嘴里解渴。一路走下去，耶稣丢了 18 颗樱桃，弟子也弯了 18 次腰。后来耶稣用这件事告诫弟子，你一开始不想弯腰捡这个不起眼的马蹄铁，导致你后来得弯 18 次腰。耶稣通过行为导引与言语引导告诉弟子凡事要勤快，不要偷懒；不要忽略不起眼的东西，它可能会给你带来意想不到的东西。另外，这种让弟子通过行为亲身体验的方法也值得在罪犯教育改造中借鉴运用。其中劳动就是最好的体验方法之一。如罪犯只有通过亲身参加农业劳动，才能体会到"一粥一饭，当来之不易"的道理。

第五，监狱民警要在行动上起表率作用。孔子曾说过："不正己，焉能正人。"同样监狱民警要教育改造好罪犯，也必须在行动上起表率作用。这一方面先辈们已做出了好的榜样。早在我国春秋时期，晋国有一名叫李离的狱官，在审理一起案件时，一时疏忽，听从了属下的一面之词，以致冤死了一个人。真相大白后，李离羞愧难当，准备以死赎罪，晋文公劝他说："官有贵贱，罚有轻重，况且这件案子主要错在下面的办事人员，不是你的罪过。"李离却说："我平常没有对下面的人强化各自的责任意识，拿的俸禄也没有与下面的人一起分享。现在犯了错误，如果把责任推到下面的办事人员身上，我又怎么做得出来。"他拒绝听从晋文公的劝说，于是伏剑而死。当然，当今我们的监狱民警特别是领导，不一定非要像李离那样，采取这样过激的行为对自己工作的不当之处自责自罚，但不可否认，作为那个时代的狱官能有这样的以身作则的精神令人钦佩，应引以为榜样。在当今时代，监狱民警特别是领导要完成好党和人民交付的重托，务必要在行动上为他人特别是罪犯树好标杆，正人先正己，做事先做人，在行动上起好表率作用。

三、习 惯

什么是习惯，习焉不察，习惯成自然。也就是说，当一种行为方式积久成性，自然而然到自己不能察觉的时候，就成了习惯。就如同年轻人闲暇时会刷手机，游玩时会玩自拍。习惯是气质的外在表现，简简单单地一举手、一投足，一颦一笑，都是习惯在一个人生活中细节的表达和流露。习惯是具有韧性的内生动力，多年以后，也许一个人的知识会淡忘，技能会生疏，但习惯则会成为一辈子的终身伴侣。养成一个好习惯，可以享用终身；形成一个坏习惯，就要加倍补偿。

著名心理学家、哲学家威廉·詹姆斯说过："播种一个信念，我们将收获一个行动；播种一个行动，我们将收获一个习惯；播种一个习惯，我们将收获一个性格；播种一个性格，我们将收获一个命运。"这说明习惯对一个人的成长与发展的重要性。

那么，作为监狱民警，应该养成哪些好习惯呢？

一是让学习成为习惯。首先，让学习成为习惯，要懂得为何而学。按照《辞海》的解释，"学"即仿效，"习"即实践，学习就是一个不断发现问题、分析问题、解决问题和再认识更高层次的过程。中国有句俗话：一步赶不上，步步赶不上。当今世界，科技日新月异，知识不断更新，学习已经成为整个人生的第一需要，成为我们社会的最好时尚。或许有的监狱民警会想，从小到大，学习与自己的成长相伴相生，一直到大学毕业走上工作岗位，已经有了一份稳定的收入，没有什么再学习的必要了。这样的想法显然是值得推敲的。学习对一个人来说是一辈子的事，要活到老，学到老。只有这样，才能做到与时俱进，始终与时代的发展保持同步。其次，让学习成为习惯，要知道学什么。监狱民警所从事的主要是监管改造罪犯的工作，因此他不仅需要具有扎实的基础知识，还要有精深的专业知识，并且要学会跨专业、跨学科、跨领域的博览群书，积极拓展知识领域，以拓展生命的宽度和高度。再次，让学习成为习惯，要了解怎样学，这里特别强调要乐学，提升学习的动力。乐学是一种主动学习的态度。然而对一些监狱民警而言还存在“被动学习”的现象，把学习当作苦差事，当作一种负担。这样不仅学习效率不高，也不可能持久。因此，监狱民警要有一种主动学习的态度，以至于达到“乐学”的境界。最后，让学习成为习惯，要能做到融会贯通，学有所悟，学有所思，学有所得，学以致用，不断发现问题和解决问题，这样你的学习过程也就充满了思考和解决矛盾的乐趣，与时俱进，助推自己不断有新的进步。正如美国教育家杜威所说的：“习惯有两种形式，一是习以为常的形式，就是有机体的活动和环境取得全面的、持久的平衡；另一种形式是主动调整自己的活动，借以应付新情况的能力。前一种习惯提供生长的背景；后一种习惯构成继续不断的生长。”①

二是让立行成为习惯。立行，就是立即行动。也就是要求监狱民警养成立即行动的习惯。据说，有一次，一位法国伟大的 Lyauty 元帅对他的园丁说：“明天种一棵树”，他的园丁却说：“一百年也结不了果”，Lyauty 元帅果断地说：“那么，今天下午就种吧”！这个故事的标题就是：《行动从今天开始》。今天开始，下午开始，说干就干，要的就是这股劲头。海尔集团就是通过推行“日事日毕，日事日清，日清日高”的管理方式来助推员工养成立行的习惯。但是反观一些监狱民警特别是年轻民警，工作一段时间以后感到“理想与现实”的差距甚远，久而久之对工作的新鲜感失去，产生厌倦，甚至产生情绪衰竭，玩世不恭的心态，工作中遇到问题推、拖、闪、绕，工作不能按时保质保量完成的现象并不鲜见，还寻找出若干个借口加以搪塞。而“没有任何借口”，这是美国西点军校 200 年来奉行的最高行为准则，是西点军校传授每一个新生的第一个理念。它强调无论处在什么样的情况下，什么样的压力和困难之中，你都必须全力以赴完成任务，绝不允许寻找任何借口来推卸责任，哪怕是看似合理的借口。其实，“没有借口”也是每一个监狱民警忠于职守，立即行动迈向成功的必修之路。而寻找借口是一个监狱民警缺乏责任心的表现，它会使你失去领导、同事以及工作对象一直对你的期望和信任，

---

① ［美］约翰·杜威：《民主主义与教育》，王承绪译，人民教育出版社 1990 年版，第 61 页。

它会让你陷入一个恶性循环的怪圈，最终无法解决越来越沉重的压力，甚至难以自拔。

三是让坚持成为习惯。坚持换一句话说就是“以终为始”，其关键在于能够确定清晰而正确的目标，然后将实现目标作为行动的动力和指引，踏实地迈出第一步、第二步、第三步……古人说：“靡不有初，鲜克有终”，就是说有些人之所以没有成功就是缺少“以终为始”的习惯。多年来愚公移山的故事广为流传，它教给我们的道理就是要“以终为始”，坚持不懈。只要让坚持成为习惯，就能够做到无论风吹雨打，电闪雷鸣，都不为所动，这种坚持，就没有改造不过来的罪犯，再顽硬的石头也会点头。

四是让文明成为习惯。这里所说的文明主要是举止文明的习惯。文明习惯不仅是一个人应具备的素养，而且可以为你的人生带来意想不到转机。一个微不足道的文明动作，或许会改变人的一生。这绝不是夸大其词，作为佐证的事例可以随手拈来。美国福特公司名扬天下，而它的创始人福特当初进入公司的“敲门砖”竟是“捡废纸”这个简单的动作。当他参加面试敲门进入董事长办公室时，发现门下有一张纸，便很自然地弯腰捡了起来，看了看原来是一张废纸，就顺手把它扔进了垃圾篓，董事长对这一切都看到眼里，成为决定录用他的重要原因。从此以后，福特开始了他的辉煌之路，直到公司改名，让福特公司闻名全世界。福特的收获看似偶然，实则必然，他下意识的文明动作出自一种习惯。让文明成为习惯对于监狱民警来说也是非常必要的。它不仅仅是做人之所必需，也是工作职责的必然要求。由于监狱民警与罪犯的特殊关系、改造的目标等决定了监狱民警是罪犯的教育者和领路人，监狱民警的一言一行、一举一动对罪犯都具有显著的示范作用。因此，监狱民警在日常改造工作中，要严以律己，以身作则，让自身的言行举止达到文明标准并形成习惯，在不经意地流露出来，以更好地感染罪犯，矫正罪犯不文明的恶习。

综观当下人们热衷与沉迷的事情不可谓不多，不可谓不忙碌，包括上网、聊天、追星、聚餐、搓麻将、种花、养宠物……这里有的习惯无可厚非，但吸毒、酗酒、赌博等恶习是千万不能有的。另外，我们还是尽可能多养成好一些的习惯，像上面提到的那三种习惯，这样才能使监狱民警具有充实的灵魂和不断生长的精神和行为，无愧于改造罪犯灵魂工程师的光荣称号。

四、合　作

每到秋天，我们总能看到成队的大雁从天空掠过，飞往温暖的南方，它们飞行的距离很远，往往需要经过几个月时间。在动物界，大雁是非常富有合作精神的，它们总是成群地飞行。它们在飞行时，有时排成“一”字，但更多的时候是排成“人”字，为什么要这样排列呢？据科学家通过实验证明，这种队列可以让它们在飞行时更省力。特别是雁群以“人”字形飞行，比孤雁单独飞行飞得更远，头雁在前面开路，它的翅膀扇动能引起气流，从而帮助两边的大雁减少飞行阻力，每一只大雁扇动的气流都对其他大雁有所帮助，从而使雁群都能顺利到达目的地。雁群向我们揭示了一个深刻的道理：成功在于合作。

其实动物界富有合作精神的动物还有不少。再以蚂蚁为例，单个的蚂蚁很小，几乎任何一个大一点的动物都能将它碾碎，可是蚂蚁团结起来，就能爆发出巨大的力量。它们相互合作，就能够拖动比它们体重重几百倍的骨头；蚂蚁的合作精神可以让狮子和大象这样硕大的动物望风而逃。

再看看人类社会，它的整体运行也是通过无数人之间的团结合作而完成的。世界上不可能因为一个人或者一群人就能够实现它的美好，处于一定的社会条件下，每个人都必须将自己的优势发挥出来，以弥补另一些人在某方面的不足。每个人都在社会担任一份职业，或者充当了一个角色，尽管每个人的力量有限，但在众多人之间的相互协调合作之后，一个五彩缤纷、和谐美好的世界便呈现在每个人眼前。

亚里士多德说过，人要么是城邦的人，要么就是神和野兽。马克思也说过，人是社会关系的总和。也就是说，社会不是围绕个体自我而旋转的，人的本质力量就是社会合作，只有团结大家的人，自己才能做大事，只有善于向大家学习的人，才能成为大家。只有在集体中，个人才能获全面发展其才能的手段、真正的成功者是不断超越自我的人，是能够超越一己私利的人，是善于合作的人。对于监狱民警来说同样是如此。监狱民警在某个单位总是要隶属于一个团队，不可能单打独斗获胜，只有通过团队，采取合作方式才能获胜

监狱民警身处某一个团队，要做到合作，需要注意以下几点：

第一，要合作就要齐心协力，而不要心存私念。这里可以从一个故事——充满牛奶的池子说起。很久以前有一位国王，他让人挖了一个池子。池子挖好后，国王发出告示："全城每一个公民都必须准备一杯牛奶，晚上拿来倒进池子。"这样的话，第二天早晨，池子里就会充满牛奶。国王准备用这些牛奶来救济无家可归的乞丐。一个男人在准备牛奶的时候想："反正每个人都要倒一杯牛奶到池子里，也不差我这一杯，我可以倒一杯水在里面，而且又在晚上。没有人会发现。"于是他趁着天黑，端着一杯水倒进池子后赶紧回了家。第二天早上，国王到池子边上被惊呆了：池子里全是水！因为每个人都像那个男人一样想："我不必倒那一杯牛奶，反正其他人也会倒的。"

从这个故事里，能悟出点什么呢？那就是在这个社会中，人与人之间是需要互相帮助的，即人人为我，我为人人，扶困济弱是每个人的本分。而故事中的每个公民都没有想到去帮助弱势群体，都想着别人会按照国王的命令在池子里倒牛奶，所以自己倒杯水没关系，没有必要为了与自己毫不相干的乞丐损失自己的利益，结果最后满池子的水映射出了所有公民互助意识的淡漠，精神世界的矮化。这个故事对于监狱民警个体也有警示意义，身在一个团队，要心往一处想，劲往一处使，不要光想到自己，一门心思打个人小算盘。

第二，要合作就要取长补短。古人说：尺有所短，寸有所长。在一个团队里，每一个人都有自己的优点和缺点，再优秀的人也有自己的不足，再平凡的人也会有自己的不平凡之处。因此，个人的力量再强大也是有限的，只有相互合作，取长补短，才能既达到团队的共同目标，同时充分发挥自己的能力，实现最大的价值。这一点对于监狱民警同样是适用的。我们每个监狱民警，要想实现自己的价值，就应该相互学习，取长补短，集思广益，互补合作，正如某位哲人所言，你有一个苹果，我也有一个苹果，两人交换的结果仍然只有一个苹果。但是，你有一个设想，我有一个设想，两人交换的结果就是各得两个设想了。因此，监狱民警在同一个团队里，成员一定要学会

取长补短，共同进步，这样收获会更多。

第三，要合作就需要学会谦让。人与人之间在一起共事难免会有利益冲突，遇到利益冲突怎么办，是撕破脸皮，反目成仇，还是彼此谦让，化解冲突，反映着一个人人品的高下。在这里“六尺胡同”的故事或许会对我们有一些启示。清代大学士张英老家与吴姓邻居为住宅边界的事，把官司打到县衙，张家人写信到京城求告张英，张英收到信后，在信上批诗一首寄回老家：“一纸书来只为墙，让他三尺又何妨。长城万里今犹在，不见当年秦始皇。”家人收到信后，豁然开朗，主动撤诉，让出三尺地。吴家见了非常感动，也让出三尺，这就是有名的“六尺巷”。至今仍完好地保留在安徽的桐城。这“六尺巷”的背后，其实体现的是一种谦让精神，也是一种人生修养的境地。它也告诉我们，人生在世，特别是在一个团体里，与人交往难免会有摩擦，但以何种心态来处理摩擦，不仅关乎着摩擦能否顺利解决，更会表现出一个人的德行操守。正确的心态就是互相谦让，这样就容易化解成员之间的矛盾。对监狱民警来说同样是如此。共处一个团队，特别是遇到一些涉及个人利益的问题，难免会有摩擦，正确的态度是豁达谦让，豁达谦让能够使合作的基础更加牢固。

第四，要合作就要相互沟通。保持一致，而不能各行其是。美国商业机器公司创始人托马斯曾讲过这样一个故事：有一个小男孩第一次弄到一条长裤，穿上一试，裤子长了一些。于是，他请奶奶把裤子剪短一点，可奶奶说，眼下的家务事太多，让他去找妈妈。而妈妈回答他，今天我已经同别人约好去打桥牌。男孩子又去找姐姐，但是姐姐有约会，时间就要到了。这个男孩非常失望，担心明天穿不上这条裤子，他就带着这种心情入睡了。奶奶忙完家务事，想起了孙子的裤子，就去把裤子剪断了一些；姐姐回来后心疼弟弟，又把裤子剪短了一些；妈妈回来后同样也把裤子剪短了一些。可以想象，第二天男孩起来后会是怎样一个情景。[①] 这个故事对我们有什么启示呢？当前我们的一些监狱的罪犯管教工作中不也存在这样的问题吗？要么都不管，要么都来管。都不管是互相推，都来管是形不成合力，反倒添乱。这样的效果可想而知。长裤剪短了可以更换，甚至可以扔掉。但罪犯的思想给剪错了，结

① 转引自朱良才：《教育·三十七度二》，新华出版社2009年版，第180页。

果将不是那么简单了。因此，在监狱民警之间要加强沟通，各种管教力量要心往一处想，劲往一处使，这样才能产生好的管教效果。

第五，要合作要落脚于培养罪犯的合作意识。这里举一则宗教故事：有一天早晨，佛祖在西方极乐世界的一个美丽的大湖边散步，湖中盛开着荷花。佛祖欣赏着荷花，不经意地透过浮萍的间隙往湖下面一看。湖下面是什么地方？是十八层地狱。原来极乐世界和十八层地狱仅仅隔着一层湖水。这里有深刻的象征意义，天堂地狱，一水之隔，行善行恶，一念之间。佛祖发现了地狱中一个强盗，记得强盗生前作恶多端，死后下了地狱。佛祖看到这个强盗，记得他生前也干过一件好事。一次他路过某地，看到一只蜘蛛在地上爬，他本想一脚上去踩死它，但转念一想，脚没有落下。佛祖念这个强盗曾经放过一只蜘蛛的命，便发了慈悲想要救他出地狱。佛祖在他头上放下一条施了法力的蛛丝，强盗连忙攀着蛛丝往上爬，眼看就要爬出地狱，进入极乐世界，它休息了一下，往下面看了看，突然发现下面有很多人跟着他往上爬。这强盗一看就着了急，心想你们都跟着我往上爬，这么细的蛛丝难能经得住这么多人，如果蛛丝断了，我岂不要和你们一起掉下去。想到这里，他就打算拼命地往下踹跟着他往上爬的人。就在他往下踹人的一刹那，蛛丝从他头上“啪”地断了，强盗又重新跌进了地狱。显然是损人利己的思想和行为害了这个强盗，他要出地狱，其他人也想出地狱，而他为了自己出地狱，竟然把别人往地狱里踹，结果自己重新坠入地狱。联系到监狱改造工作，监狱民警肩负着教育改造罪犯的重任，其中引导罪犯形成合作意识是一个重要方面。罪犯以往犯罪的一个内在原因就是以自我为中心，甚至损人利己，如今在监狱大都想早日结束牢狱生涯，获得自由。但是要想达到这个目的，就不能一事当前，先替自己打算，不顾及周围其他人的利益。甚至为了达到目的，损害他人的利益，这样不仅不会缩短刑期，甚至会延长刑期。要想早日出狱，就要考虑到别人，学会合作，便会步入人间天堂，排斥合作，甚至损人利己，就会重新落入人间地狱也就是监狱。应该经常地、反复地对罪犯讲述这个道理，使他们按照这个道理去指导自己的行为，同时创造条件通过多种形式的群体活动培养罪犯的合作意识，这样不仅对于罪犯当下改造，而且对于将来回归社会生存与发展，都是极有益处的。

五、关　系

人际关系是指社会人群中因交往而构成的相互储存和相互联系的社会关系，包括彼此之间的作用和影响。一位学者曾经说，这世上所有的学问无非是研究“关系”。良好的人际关系是人在社会生活中的立身做事之本。在监狱这个特殊环境中，虽然监狱民警（这里指普通民警）相对来说与外面的人打交道不多，但这几类人总是少不了的。即与罪犯相处、与同事相处、与领导（含监区领导、监狱领导）相处、还要与罪犯亲属相处。在相处过程中，如果把握得当，不仅工作得愉快、顺畅，而且工作实绩也会明显提升。这就需要监狱民警恰当地处理相关的人际关系。

（一）处理好与罪犯的关系

如前所述，如果说这世上所有的学问无非是研究“关系”的话，那么对罪犯改造这门学问来说更是这样。从某种意义上讲，罪犯改造的学问就是监狱民警的特殊人际关系学。监狱民警虽然面临诸多人际关系，但其中最重要的人际关系自然是与罪犯的关系。在罪犯改造过程中，无论是监管、教育还是劳动改造，要想取得好的成效，无一不是建立在警囚关系畅通的基础上，从一定的意义上说，警囚关系直接影响着警囚关系的质量，影响着罪犯改造质量。

在监狱这个特殊环境中，从行刑的角度看，警囚之间是一种惩罚与被惩罚的关系，但从以改造人为宗旨的角度看，警囚关系要通过沟通而相互理解，建立起和谐的良性互动关系，一方面是监狱民警对罪犯的关心和爱护，另一方面是罪犯对监狱民警的尊敬和信赖，这样才能更好地促进罪犯改造。

要在警囚之间建立和谐的良性互动关系，关键是要发挥监狱民警的主导作用。这里主要要把握好以下几个方面：

一是把握好监狱民警的权威性。由于监狱民警是执法者、管理者和教育者，决定了监狱民警在与罪犯的交往中势必居于主导地位，有效的改造需要一定的权威，因此，监狱民警要与罪犯保持适当的距离，而不能与罪犯亲密无间，不分场合，没有界限。

二是主动接触，示以善意。有一则寓言说道，有一个小男孩对着周围的群山高喊："你是小狗"，群山很快回应："你是小狗"。小男孩很生气，也很委屈，就告诉了妈妈。妈妈对他说："你对大山喊'你好'，大山肯定也会向你问好的。"小男孩按照妈妈的话说了，群山果然做出了友好的回应。小男孩高兴地和大山交上了朋友。联系到监狱改造，应该看到有些监狱民警也在犯小男孩先前犯的错误。对罪犯缺乏主动沟通的精神，缺乏善意。监狱民警态度冷漠，甚至对罪犯恶言相向，换来的也会是罪犯对民警的情感隔阂和恶意揣度。这样显然不利于形成和谐的良性互动的警囚关系。

三是尊重人格，平等相待。在不放松严格监管的前提下，对罪犯要尊重人格、平等相待，做他们的朋友即知心人。从罪犯改造的角度看，监狱民警的自我定位的改变是罪犯状态改变的基础，因为当监狱民警作为朋友与罪犯沟通时，罪犯才会暴露症结的根源，民警才有对症下药的机会。当然这里所说的做"朋友"，不是一般意义上的"朋友"，正像一个教育家指出，我既会像好朋友一样承担你的一切，但同时，维系这种"友谊"必须遵守原则。设规则底线是罪犯改造的必需，如同家有家规国有国法。当然这个规则底线要从罪犯改造实际出发，便于遵守。如有个监区对罪犯定的规则就是"不伤害自己，不伤害他人"。这句话看起来简单，但真正做到就没那么容易，需要不断努力。

四是把握好警囚交往中的宽严尺度。警囚交往时，如果监狱民警过于宽松、随意，甚至是迎合和无原则的退让，势必会影响到监狱民警的权威性，必然导致罪犯对监狱民警的轻慢、不尊重、不服从。反之，监狱民警过于严厉，高高在上，让罪犯交往感到无所适从，见民警就像"老鼠见猫"，那么就没有正常的警囚交往。这就要求监狱民警与罪犯交往要宽严适度，过了度，一方面会使警囚交往庸俗化，失去原则性；另一方面可能造成关系紧张，甚至对立。监狱民警只有掌握好交往的宽严尺度，罪犯才会觉得监狱民警严而可亲，敬而生畏，监狱民警才能树立起威信，才能够与罪犯形成和谐的良性互动关系。

（二）处理好与同事的关系

在监狱民警所发生的人际关系中，同事关系是重要的一种，特别是一个监区或一个科室，整天都要与同事相处、配合、协作。工作的效益、心情，事业的成功、顺畅，很大程度上受到同事关系的影响。而罪犯改造这项工作效果的群体性、工作过程的协作性都是特殊性非常强的工作，更需要一种团结、友善、协作的同事关系，才能达到提高集体和个体提高的目的。

过去有句老话说："同行是冤家"。为什么同行会是冤家？从某种程度上看这也是由人性的弱点决定的，或是由诸多的利益关系导致的，如评优、晋级、提职等，一个团队，不可能人人轮到，势必会有矛盾。如果同行关系紧张，自然引发矛盾，如果处理不好，小则伤及自身，大则影响工作，影响到罪犯改造。如果监狱民警能够把这个冤家的关系处理好，那就能使自己的工作更加如鱼得水。

那么，怎样处理好与同事的关系特别是消除与同事之间的紧张关系，变"冤家为亲家"呢？在这里，笔者以为，不管同事如何，从我做起，做好自己，学会成功与同事相处，提高自我的修养才是关键。

一是谦虚待人。尤其是对于刚从学校毕业进入监狱工作的新民警来说，谦虚待人是很重要的。现在的新民警一般都毕业于高等院校，本科甚至是硕士、博士，比起多年前参加工作的老干警来说，的确学历更高，思想更前卫，观念更新潮，方法更灵活。但毕竟在监狱改造实践上还得从头做起。所以，新参加工作的监狱民警一定要克服自视其高，目中无人的倾向。要虚心向同事特别是老同事请教，虚心对待别人的意见和建议，这样可以学到许多宝贵的东西，避免走一些弯路。当然也要防止和克服为了恭敬谦虚而曲意逢迎的虚伪想法和做法。

二是互相关爱。一个团队的同事中，年龄有老中青之分，学历、职务有高低之别，但人格平等，均应一视同仁，把每一个同事都当作朋友，多了解自己的同事，多理解自己的同事，不要怕主动表达你的关爱对方无动于衷。只要你是真心诚意的，人非草木，孰能无情？时间长了，人家就记住了你，记住了你的这份情，认识到你是一个为他人考虑的人，你一旦有什么需要相帮的地方。人家也愿意为你服务，为你付出。

三是多树同事。大部分监狱民警的自尊心都较强，不愿意别人说他的短处，相比较而言，他们更希望得到别人的赞扬。因此，要多树立周围同事的威信，给他们更多的赞美，学会欣赏他人的优点，取长补短，共同进步。要切记千万不能当面说人很多好话，背后却讲别人的坏话。

四是合作共赢。在一个团队，监狱民警之间既是同事关系，也是一个“利益共同体”，都是为了一个共同的目标走到一起来的。而共同的事业需要“众人划桨开大船”“众人拾柴火焰高”。因此，需要有一种团结合作的氛围，才能既实现共同的目标，又使自己的聪明才智得到充分发挥，使自己的人生出彩。在这一方面，既需要领导的掌舵带头，也需要这个团队的每一个成员能够做好自己，并为他人着想。有团队意识，相信能够在“利益共同体”中实现合作共赢。

（三）处理好与领导的关系

据统计，在职场中有 30.43% 的人与领导关系比较好；57.97% 的人与领导关系一般；10.1% 的人与领导关系不好，还经常在领导背后抱怨；1.45% 的人与领导经常发生冲突。监狱作为一个特殊的监管改造环境，监狱民警和监区乃至监狱领导之间的上下级关系也存在类似的问题。监狱和监区领导是监狱和监区的领导者和管理者，但是很多时候，领导并不能达到和满足所有民警的要求，有的民警可能还会觉得领导还不如自己。最常见的是有的领导讲话不怎么样，文字功夫也不过如此等。尤其是拿自己的长处和监区、监狱领导的短处相比时，还会发出感慨：“这种领导真是选错人了。”

只要是有人的地方，就要有管理，就要有领导。在一所监狱和一个监区，领导是管理者，普通民警是被管理者，两者之间是相互依存的关系。所以，监狱民警在与领导的接触过程中，应该避免与其产生矛盾冲突，努力做到和谐相处，达到共同发展的目标。

那么，怎样正确处理好与领导的关系呢？这里需要强调以下几点：

一是要了解领导的需要。在这方面值得特别重视的主要有自尊的需要、成就的需要等。每个人都希望得到别人的尊重，领导的这种需要就更为突出，所以监狱民警要满足领导获得尊重的需要。具体地说，作为一个普通民警，要支持领导的工作，服从领导的正确决定，不要公开表示对领导的不满或当面顶撞，对领导的努力和工作成绩要给予充分的肯定和承认。凡是有事业心的领导都希望在工作上有更大的成绩，作为一个普通民警，要让自己领导的成就感得以满足，首先就是要做好本职工作，在各项工作上走在前面，如果有可能，可以在监管、劳动、教育罪犯以及行政事务方面主动承担一些事情，推出一些合理化建议，帮助领导出谋划策，如果能够拿出一些科研成果，获得一些奖励，就一定会受到领导的重视。

二是要争取领导的支持。领导的支持是做好工作的重要条件。而要争取到领导的支持，首先要尊重领导、相信领导。一个监狱民警只有尊重、相信领导，听从领导指挥和安排，这样才能得到领导真心的支持。其次要主动汇报，积极建议。要获得领导的支持，就要让领导了解情况，包括你分管工作的现实基础、问题和对策建议，这样才便于领导明确地表示态度，支持民警的工作。这里要注意的是，对领导一时不能给予支持的事情，要有耐心，等待时机再去争取，而不要立即表示不满，背后随便议论，或者发牢骚，讲坏话，这样容易造成误会，影响到上下级关系和团结，争取领导支持也就更困难了。

三是在与领导交往中要把握好分寸。既要尊重领导、服从领导，不要目无领导，以自我为中心，我行我素；又不要在领导面前阿谀奉承，唯唯诺诺，毫无主见。要与领导建立纯洁高尚的人际关系，不能受庸俗的“关系学”思想支配，眼里只有领导的权力和自己的私利。

（四）处理好与罪犯亲属的关系

罪犯改造是一项系统工程，仅靠监狱民警的力量是远远不够的，还需要罪犯亲属的大力配合。而这种配合，需要监狱民警与罪犯亲属间建立正当、有序的联系，使两者相辅相成，共同完成将罪犯改造成守法公民的监狱工作目标。

应该看到，尽管有某些罪犯亲属对罪犯有怒气和怨气，与监狱民警配合不够。但总体上看，当下的罪犯改造工作，关注度最高，很愿意理解和支持的，应该是大多数罪犯亲属。在对待罪犯的态度上，他们的想法与监狱民警的想法基本上是一致的，归纳起来，至少有四个方面：一是让罪犯能够安全服刑；二是让罪犯能够早日回归社会；三是让罪犯能够割裂犯罪思想，改恶从善，重新做人；四是让罪犯能够学到一技之长，出狱后自食其力，成为有用的人。罪犯亲属的这些要求，其实与监狱及民警对罪犯的要求和期待不谋而合。这些共同点就是监狱民警与罪犯亲属一道做好罪犯改造工作的基础，而这同时也显示出了监狱民警处理好与罪犯亲属关系的必要性。

监狱民警要处理好与罪犯亲属的关系，这里需要强调几点：

一是监狱民警与罪犯亲属的交往应该建立在尊重和平等的基础上。监狱民警在与罪犯亲属的关系中，监狱民警起主导作用，但两者在人格上是平等的，不存在尊卑、高低之分。因此，监狱民警必须尊重罪犯亲属的人格，平等对待他们，不能因为他们的亲人犯了罪就居高临下，低看他们一眼，更不能训斥、指责罪犯亲属。只有这样，双方才不会落入误区，形成僵局。

二是监狱民警与罪犯亲属在交往中要讲求艺术。要机智灵活，热情友善，学会换位思考。如果监狱民警能换个位置，站在罪犯亲属的立场上，设身处地地考虑罪犯的教育管理问题，与罪犯亲属的交流就能变得更加协调，更能与监狱改造拧成一股绳。

三是建立与罪犯亲属的常态联系机制。如设立监狱开放日，让罪犯亲属进监了解罪犯教育、管理、劳动等方面的情况，展示监狱挽救人、改造人的良好形象。举办罪犯亲属通报会，定期通报监狱教育改造成果，罪犯改造表现，协调监狱和罪犯亲属的工作要求与方法。建立监狱各级领导接待日，通过接访罪犯亲属，及时纠正和调整某些方面存在的不足。实施罪犯亲属约谈会、建议会，通过对重点罪犯亲属进行约谈，做到早通报，早沟通，对有可能危及监狱安全的不稳定罪犯，关口前移，让罪犯亲属一道做工作，以化解矛盾。举办监、属、罪犯、企业联席招聘会，整合监狱、企业、犯属力量，共同对即将出狱罪犯的谋生和生活进行计划和安排，以便保障罪犯回归社会后的生活，从而达到降低重犯率的目的。

四是监狱民警在与罪犯亲属的关系处理上要站好角度。不能交往过深、过多。要守住监狱民警的职业底线，不能逾越道德、法律的界限，不能利用职务之便让罪犯亲属为自己谋好处，更不能收受不该收受的财物。当然，监狱民警与罪犯亲属不能不交往，不能对罪犯亲属不理不睬或冷漠相待。而是要从共同做好罪犯改造工作的愿望出发，在交往中达成共识，互相配合，做好工作，同时要增强对罪犯亲属的服务意识，如有实际困难，要热情出手相帮。

总之，作为新时代的监狱民警要与时俱进，处理好与罪犯亲属的关系，得到罪犯亲属对罪犯改造工作的理解和支持，并主动与监狱民警一道做好罪犯改造工作，将会更好地调动罪犯改造积极性，提高罪犯改造质量。

六、支　点

有这样一个寓言很有意思：说的是有一种鸟，它能飞越太平洋，而它需要的只是一小节树枝。在飞行中，它把树枝衔在嘴里，累了，就把那节树枝扔在水面上，然后飞落在树枝上休息一会儿；饿了，它就站在那节树枝上捕鱼；困了，它就站在那节树枝上睡觉。谁能想到，小鸟成功地飞越太平洋，靠得仅是一小节树枝。如果小鸟衔得不是树枝，而是把鸟窝、食物等旅途上所需要的物品，一股脑儿的全带在身上，那只小鸟还飞得起来吗？这个故事告诉我们，小鸟之所以成功飞越太平洋，靠的仅是一小节树枝，也就是我们所说的支点。

早在两千多年前，古希腊科学家阿基米德发现了杠杆原理后说："如果你给我一个支点，我可以把地球撬起来。"阿基米德发现杠杆的平衡条件是：动力×动力臂=阻力×阻力臂，即杠杆原理，由此得出一个结论：利用杠杆可以产生改造自然的强大动力。以后支点的用法越来越广泛，从大的方面涉及经济、政治、文化、社会等多个方面，小的方面，涉及个人如何善于借助对己有利的东西来完成自己的目标。

当年战国末期的大商人吕不韦，利用了赵国做人质的秦国太子——安国君的儿子异人这个支点，通过他的精心策划，扶植异人当上了秦国国主即秦庄襄王，并将秦国的大小政事系数掌握在自己的手中。不久秦庄襄王死了，吕不韦就扶持太子嬴政即位，就是秦始皇，当时嬴政只有13岁，称吕不韦为尚父，一切国事都由吕不韦把持，他的权势达到了峰顶。

就监狱民警而言，无论是在自己成长的道路上还是日常工作上要想取得事业的成功，无疑离不开"支点"的选择和应用。而这个"支点"，实际上就是外部条件对监狱民警个人强有力的支持、支撑和支柱作用。这里包含有两层意思，首先，"支点"能够对自己起保护作用，为个人提供一定的生存空间，使自己在复杂的社会和监狱工作环境中减少阻力，较为顺利地达到预期目标；其次，“支点”能够为监狱民警个人提供有力的帮助，做到人尽其才，使自己的聪明才智得到充分发挥。

也许有人会问，我一个普普通通的民警，既不是“官二代”，又不是“富二代”，有什么可以凭借的“支点”呢？其实，你要是仔细想一想，我们在成长和工作过程中可以借助的“支点”的类型还是多种多样的，具体地说，其一，某个人。如在对人才使用方面，领导特别是顶头上司起着举足轻重甚至决定性的作用，在这里，领导就是你的“支点”。其二，团队。俗话说“众人拾柴火焰高”，自己工作的开展，特别是将一个新的创意付诸实施，没有周围人的帮助、支持显然是难以做成的。在这里，众人就是你的“支点”。其三，所在监区或部门乃至监狱的环境。很多时候，监狱民警个人施展才能的空间正是自己所在监区或部门乃至整个监狱，个人可以把这些大小不同的空间作为舞台，充分展现自己的才智。其四，某次机遇。即特殊机会，如参与某项重要活动，积极申报某项研究课题，重要场合敢于发表自己的见解，遇到艰险能够挺身而出，有些监狱民警就是通过抓住难得的机遇，乘势而上，从而把机遇当作走向成功的起点或转折点。其五，狱外可以借助的社会资源，包括罪犯亲属，在某些时候也能协助你转化那些看起来难以改造的罪犯。

那么，作为监狱民警，怎样利用好“支点”呢？“支点”是客观存在的，对于每个人来说都是公平的。但并不是每个人都会利用的。这里的关键要会利用。利用得好，就能够成就一番事业；利用得一般，也可能会办成一些事情，但也会有一些遗憾；如果放着“支点”不去利用，那么走向成功也许就与你失之交臂。因此，作为监狱民警特别是青年民警，要在怎样利用好“支点”上做文章。至少要注意把握好以下几个方面：一是要选好“支点”。支点有很多，要有选择，要善于选择那些最能助你成功的“支点”，这里既包括引人注目、大的常态因素，像上面提到的那些常规类型，也包括那些片刻因素，有些看起来不起眼、微小的支点，它确有尖锐的锋芒，能对人产生持久而漫长的颠覆性影响①，所谓“与君一席话，胜读十年书”就是这个意思。二是

---

① 廖振宇编著：《影响力，非凡主控与引导的艺术》，中国纺织出版社2011年版，第145页。

要在“抓”字上下功夫。要敢抓、抢抓、抓住不放，“咬住青山不放松”。反之，抓而不紧，等于不抓。三是在“干”字上倾全力。过去有一句俗话：“是骡子是马拉出来遛遛”，意思是说有没有真本事还要看你到底干得怎样，行动上表现得怎样。因此，当“支点”为自己提供良好条件时，一定要既脚踏实地，又勇于创新，把工作干得有声有色，不辜负领导和群众的一片厚望和期待。四是在“上”字上动心思。不能取得一点成绩就小富即安，安于现状，更不可有一点成就，就忘乎所以，目中无人。而是要百尺竿头，更进一步，要利用已取得的成绩这个“支点”，保持向上的劲头，撬动更大的目标，成就更辉煌的事业。

最后要指出的是，要向外界借力，借助支点成事，必先自力更生。用吴维库所著《阳光心态》一书中的一段话说：“要想改变世界，必须从改变自己开始。要想撬动整个世界，你必须把支点选在自己的心灵上”，[①] 使自己成为有实力的人，这样就可以心灵手巧地撬动起杠杆，大大裨益于自己的理想与事业。

① 吴维库：《阳光心态》，机械工业出版社2012年版，第154页。

七、安　全

监狱作为国家的刑罚执行机关，维护安全是一种天职。“世界各国无论其社会制度、生活方式还是文化背景、意识形态各异，从监狱存在的那天起，都十分重视监狱的安全和稳定。”[①] 监狱安全是监狱存在的前提和条件，是监狱工作的底线。

近年来，习近平总书记多次强调，稳定社会大局是政法工作的基本任务，没有稳定的社会政治环境，一切改革发展都无从谈起，已经取得的成果也会失去。监狱是政法战线的重要组成部分，是国家的刑罚执行机关，关押着形形色色的如“狼”似“虎”的犯罪分子，形容监狱是“火山口”“炸药库”一点也不过分。确保监狱安全稳定是稳定社会大局的重要组成部分，是监狱的一项重要任务。监狱的安全稳定既是推进平安中国建设，维护社会安全稳定的重要力量，监狱发生问题，必然会影响社会的安定和发展，国家和社会公众对监狱的评价也会越来越低；同时监狱的安全稳定是监狱开展一切工作的基础和前提，离开了监狱的安全稳定，监狱的一切工作都无从谈起。因此，坚持把监狱安全作为监狱工作的一项重点工作高度重视，花大气力抓紧抓好监狱安全，是新形势下党和国家的高要求。

应该看到，近些年来，监狱系统从上到下坚持把监狱安全确定为监狱工作的重要任务，努力实现“四无”（无罪犯脱逃、无重大狱内案件、无重大疫情、无重大安全生产事故）的工作目标，认真落实监狱安全稳定防控、排查、应急处置、领导责任“四项机制”，加强人防、物防、技防、联防“四防一体化”建设，形成了监狱安全稳定的工作格局。尽管在全国押犯持续攀升，但在刑事法律、政策有了新的调整的情况下，监狱安全稳定总体上保持到历史

① 张苏军：《中国监狱发展战略研究》，法律出版社2008年版，第64页。

最好水平。

但是，需要指出的是，面对党和国家的高要求，人民群众的新期盼，监狱安全不能有丝毫的闪失。以罪犯脱逃为例，记得二十世纪八十年代特别是在劳改农场，罪犯脱逃不仅在监狱内部也没当太大的事，在社会上也不太关注。当时流行一句口头语："劳改队不跑人是不正常的。"而曾几何时，这种"不正常""不太关注"完全被颠覆。不仅监狱内部实行严厉的问责制，而且公众认为，监狱怎么会连罪犯都看不牢，特别是媒体也似乎找到了一个吸引人眼球的大卖点，加之经过几十年的变化，监狱警力得到前所未有的加强，高科技也纷纷引入罪犯关押设施和警戒系统，对监狱安全更高要求的提出也是势在必行，"让罪犯一个不能跑"势必成为检验监狱工作好坏的重要标准。不仅"大事不能出，小事也出不起"，一旦安全上出事故，极易被公众和媒体高度关注，严重损害监狱执法的公信力。

另外，要看到当前监狱安全的形势确实逼人。从社会形势来看，当前我国正处于重要的转型期、战略机遇期、矛盾凸显期和问题多发期，对敌斗争形势严峻，社会矛盾错综复杂，民族矛盾、宗教矛盾、贫富矛盾、国际人权斗争势必给监管安全工作带来前所未有的压力。目前全国监狱押犯的人数不断增加，已达到180万人，部分监狱押犯爆满。押犯构成情况复杂，重大刑事犯、暴力犯、判刑两次以上罪犯，涉黑涉恶犯、涉毒犯、危安犯、精神病犯等呈持续上升的趋势，监狱押犯数量在相当长的时间内将会持续增加和高位运行；随着新《刑事诉讼法》和《刑法》修正案（八）、（九）的出台和宽严相济刑事政策的施行，依照新《刑事诉讼法》有关规定，只要是法院判决的余刑3个月以上的罪犯都得收押于监狱，入口更宽，减刑假释、暂予监外执行政策的调整，出口更窄；"80后"、"90后"罪犯已占押犯的近60%，这部分罪犯心理素质差，处理问题简单，行为不计后果，自私自利，我行我素；狱内改造与反改造斗争表现尖锐，狱内犯罪活动的预谋性、团伙性和暴力性特点更加突出，罪犯暴力袭警、行凶、强行冲监脱逃等重大恶性案件的风险逐渐加大。上述这些因素直接影响和威胁着监狱的安全稳定，原有的教育管理思维、模式、方式方法已不能很好地满足新形势下狱情形势的发展需要，监狱亟待研究和创新确保监管安全的新思路、新模式和新的方式方法。

在新形势下，要做好确保监狱安全稳定的工作，关键还是要抓好监狱民警这个“决定因素”，有人认为，现在监狱经过多年的建设，特别是引进了现代化的监管监控设施，安全稳定自然是固若金汤，万无一失。但是我们要看到，如果没有监狱民警的主观能动作用，不发挥监狱民警在维护监狱安全稳定上的主导作用，再现代化的设施也不过是一堆破铜烂铁，貌似铜墙铁壁的防备设施、设备也会土崩瓦解。因此，高度重视和加强监狱民警队伍建设，提高民警队伍素质的弦一刻也不能放松。一是要教育引导监狱民警牢固树立监狱安全的底线思维，牢牢兜住监狱安全稳定的底线。二是要随时保持高度的警惕性，要有高度的责任心，要坚持以问题为导向，带着问题去思考、去工作，本着“发现问题是成绩，解决问题是能力，找不到问题是最大的问题”① 的态度，紧抓隐患排查整治不放松、不动摇。要把“最不放心的对象、最不放心的时段、最不放心的部位、最不放心的物品、最不放心的环节作为确保监狱安全的着力点”②。三是要善于及时发现问题予以及时处置，不留隐患，不留死角，才能防止类似问题的重复发生。在这一点上，海因里希法则或许对我们有所启示：美国一个保险公司安全工程师海因里希在分析了各种生产事故以后，得出一个结论：如果又一起严重事故发生的话，根据统计，之前因为同样的原因会有29次轻微事故和300起未遂先兆。因而海因里希法则又被称为“1：29：300法则”，它说明，一次大的事故并不是偶然发生的，而是经过了29起轻微故障，并且出现过300次的“差点出事”的隐患后才发生的。任何严重事故的发生都是一个量变到质变的积累的结果，作为监狱严重安全事故的出现也莫不是如此，这就要求监狱民警要常怀忧患之心，要发现问题萌芽及时处理，要经常反省自己的工作有没有漏洞，一旦发现及时修补，以有效防止重大安全事故发生。同时要强化监管制度的落实，健全岗位责任制和问责制，奖罚分明，督促民警履职履责。四是要提升监狱民警维护监狱安全稳定的能力，特别是要加大警体训练力度，增强民警的战斗力。在抓好常规训练的同时，重点训练在突发事件的情况下集结、到位的速度和控

① 胡方锐：“增强忧患意识，兜住监狱安全稳定底线”，载《浙江监狱》2014年第2期。

② 吴琦：“上海市监狱管理局局长吴琦在局2015年工作会议上的讲话”，载《上海警苑》2015年第2期。

制现场的能力特别是自我防卫能力等，并使单个防暴警察切实掌握必要的防暴技巧和战术，提高单兵作战的能力。

最后需要指出的是，我们在强调监狱安全稳定的同时，什么时候都不能忘记监狱的安全稳定应从属于改造罪犯的需要。如果监狱的一切工作都是“为了安全而安全”，监狱的主要精力和工作重心全部放在监狱安全方面，把监管安全的地位无限放大，监狱民警的主要精力就是对罪犯严防死守、死看硬守，使监狱民警陷入单纯警戒看守和安全防范的境地之中，那么不仅会导致对监狱改造人工作宗旨的背离，还有可能在过于高压下造成新的不安全或安全环境恶化，导致事与愿违的可怕结果。另外从治本的角度看，只有坚持以改造人为宗旨，才能从根本上稳定罪犯情绪，调动罪犯改造积极性，形成不想违规、不愿违规的良好改造氛围，而这恰恰是缓解监狱民警安全压力和确保监狱安全的根本之策。因此，在对待监狱安全上，我们要以改造罪犯引领监狱安全，以监狱安全服务改造罪犯。在两者的互相配合、互相协调、互相促进的过程中，实现真正意义上的监狱安全。虽然这样的结合是有难度的，是要讲究工作艺术和技巧的，但这也正好说明了提升监狱民警素质任重而道远。

八、应　变

监狱是一个特殊的战场，监狱民警在惩罚与改造罪犯的过程中，面对着惩罚与反惩罚、改造与反改造的斗争。一个监狱少说也要关押着上千罪犯，这些罪犯形形色色，表现各异。即使再乖的罪犯也是罪犯，这是以前经常听到的、也是一些老干警常挂在嘴边的一句话。虽然这话听起来很老，很俗，但至少暗含了警告我们监狱工作风险无处不在。特别是当前监狱押犯构成日趋复杂，突出表现为暴力型、团伙型、累惯型和流窜型增多。据统计，当前监狱暴力型罪犯已超过押犯总数的67%，违法犯罪手段的暴力倾向更加突出[①]，增加了出现突发事件乃至重大恶性突发事件的概率。如2009年10月17日，内蒙古自治区呼和浩特市第二监狱就发生了震惊全国的暴力袭警越狱的突发事件，造成民警兰建国被残忍杀害。2009年9月22日，因在劳动中不满民警管教，兰州监狱罪犯宁守强竟持刀袭警，两名监狱民警受伤，其中民警方玮头部、手部等多处被刺，后缝合41针。此外，更多的突发事件则是罪犯顶撞民警，拒绝参加劳动，在同犯中寻衅滋事、打架斗殴，装疯卖傻，绝食自杀等。正因为突发事件难以预料，出现时候不多，需要监狱民警必须灵活机智，迅速做出反应，果断处理问题。

在监狱惩罚与改造罪犯的过程中，有些事情是监狱民警可以预料、可以提前控制的，但有些意外事件或突发事件则是监狱民警难以预料和提前控制的。近日看到有专家提出量子理论。与牛顿时代强调“确定”“机械”“唯一”的经典理论思维模式不同，量子理论则强调“测不准”“不唯一”。量子理论其实不高深，通俗地说，就是在经典力学的框架中判断一个人，那显然这个人不是好人，便是坏人，答案是唯一的。如果在量子理论框架下，一个

① 转引自徐旭云、石志勇：“保障民警执法权益对策研究”，载《浙江监狱》2013年第5期。

人在不同的时候可以显示出不同的状态，所以会有人感觉他很好，但有人却对他恨之入骨。如果将这一思维方式运用到罪犯监管改造实践中去，对事情的判断也不是非此即彼那么简单，对有些事情我们能够测得准，而有些事情则会超出常规。让人猝不及防。特别是不少罪犯长时间与外界隔离，心智出现停滞乃至倒退，他们的生活、思考方式逐渐异化，就不能以常人度之。有一个一线民警就深有感触地说到一个实例：罪犯王某，服刑10余年，家人从未探视，该犯也自甘堕落，屡犯监规。在监狱民警的百般努力下，其姐姐、女儿来会见，会见时他们抱头痛哭，该犯也是痛苦不已，指天画地，满口应诺要好好改造。可仅仅两周后，该犯再次与他犯打架，将自己对家人的许诺抛之脑后。像这样的罪犯不一而足。作为民警当然希望罪犯能够幡然悔悟，流下悔恨的泪，但又绝不能因为泪水以常人观之而掉以轻心，既要不惮以善良的心对待他们、相信他们能够被感化，也必须同时以高度的警惕性防止他们随时会凶相毕露。[①] 这就需要监狱民警要认识到在监狱这种特定环境有着太多测不准这一面的现实，要善于超出常规随机应变。突发事件是“测不准”“不唯一”的具体体现，是监狱惩罚与改造罪犯过程中特殊矛盾的反映，突发事件也是对监狱民警特别是当事监狱民警的特殊考验，需要练就应变的高超本领。

那么，作为监狱民警如何善于应变，应对突发事件呢？

第一，要有忧患意识，做出预案。古人说：“君子有不幸而无幸，小人有幸而不幸。”意思是说君子有忧患意识，唯恐发生不幸，小人总是理想化，认为不幸的事情不会落在自己头上，类似于侥幸心理。而在现实生活中，我们不难看到，有忧患意识的人则可避免不幸，而心存侥幸的人则可能招致不幸。要防止突发事件的发生，作为一线民警，要有如临深渊、如履薄冰的忧患意识，提高警惕，居安思危，时刻绷紧“危机就在我们身边”这根弦。在此基础上，做出预案。尽管突发事件有难以预料、测不准的一面，但并不是说无规律可循，无端倪可查，经过多年来的经验积累，还是可以将可能出现的突发事件加以梳理、分类，由大到小，分别做出预案的。只要充分预设，严密

① 陈超：“我的安全观”，载《江苏警视》2015年第12期。

规划，积极防范，就有可能把突发事件的发生概率降到最低。

第二，要有高度的责任心。有了预案，关键在于抓落实。这一点主要取决于监狱民警的高度责任心。在2012年广东全省连续十年安全总结表彰大会上，省监狱管理局局长于保忠就主动曝料：类似内蒙古自治区呼和浩特市第二监狱袭警越狱案件的前奏，9年前就在梅州监狱上演过。当时梅州监狱四监区管教民警曾建华在习艺区劳动现场例行巡查时，发现罪犯王某行为比较反常，就停下脚步注意观察。而后王犯扔下一小块牛皮纸，透露了罪犯预谋集体脱逃的线索。就凭借这一线索破获了6名罪犯集体预谋利用监内正在进行施工的时机，杀警越狱的重大案件。发现线索的曾建华是因为单位搞创建而临时顶班的，他的事迹就体现了高度负责的精神。① 而相反，在分析当中，每一起突发事件特别是与罪犯反改造行为相联系的突发事件的背后总有一个或一群缺乏认真负责精神的人。因此，对于监狱民警要经常性地、反复性地进行责任意识教育，这是防范和处理突发事件的根本人力保障。

第三，要沉着冷静，遇事不慌。当突发事件发生时，一定要注意控制情绪，沉着冷静，遇事不慌。切不可心烦意乱，沉不住气。《三国演义》中空城计那一节，诸葛亮怎么也没有想到司马懿会来攻城。而在这种情势下，诸葛亮沉着冷静，运用智慧，最终化解了危机。对待狱内突发事件应同样如此。当狱内出现突发事件时，监狱民警千万不可情绪冲动，自乱阵脚。特别是面对罪犯的顶撞、挑衅，监狱民警的冲动很可能使事情走向更糟。如某监狱某监区某犯，以身体不适为由拒不出工，当民警批评他时，他就吵闹，民警觉得下不了台，就继续命令他出工，他吵闹得更厉害，民警气不过，用手拉扯了他一下，他就滚在地上大声叫嚣："民警打人了，大家来救救我吧！"造成监区内其他罪犯纷纷涌过来围观，令民警十分难堪，现场秩序一片混乱。因此，当遇到突发事件，民警千万不要头脑发热，意气用事。首要的是平息事情，耐着性子迅速搞清情况，然后分析事情原委，果断拿出基本的处理意见。

第四，以柔克刚，巧妙周旋。这里不妨举一个2015年2月11日发生在我国台湾高雄监狱劫狱事件的例子。从劫狱者最初企图通过劫持人质来满足他

---

① 转引自季鹏："本质安全型监狱的构建"，载《浙江监狱》2012年第10期。

们的诉求，到陈典狱长自愿替代下属当人质，再到6名劫狱者持枪自尽，而人质陈典狱长竟然毫发无损，安然脱险，整个过程环环相扣，步步惊心，招招动魄，远比虚构的惊险大片还要扣人心弦。当事后记者询问陈典狱长是如何脱险的，这位陈典狱长坦然答道，在被劫持的过程中，自己以柔克刚，和劫狱者建立了一种“伙伴关系”，所以他们把他放了。看了这篇报道，使人不由感到这个典狱长不仅勇气可嘉，关键时刻挺身而出，敢于担当，而且智慧和谋略也是高人一筹，能在短短的几个小时之内，巧妙周旋，与劫狱犯建立了“伙伴关系”，最终6名劫狱犯选择了自杀，却将他放生了。如此看来，在突发事件面前，如何与罪犯以柔克刚，巧妙周旋，包括与罪犯建立“伙伴关系”，陈典狱长的做法确实有可圈可点之处，由于他善于以柔克刚，巧妙周旋，使突发事件得以较好的平息，没有给监狱带来大的损失。这也可以成为我们处理狱内突发事件可资借鉴的一个成功案例，通过学习和揣摩，以提高内地监狱民警面对突发事件以柔克刚，巧妙周旋的能力。

第五，掌握分寸，游刃有余。分寸感是监狱民警应对突发事件的重要组成部分，处理问题一定要有回旋余地，如果是自己弄错了，怎么办？万一处理重了，怎么办？所以，面对突发事件，当着手处理时，宁可轻，也不能重；宁可慢，也不可快。不要随意火上浇油，激化矛盾，这样你的处理才能变得进退自如，灵活机动，游刃有余。据江苏省镇江监狱青年民警李卓凡口述：“在大年三十值班（2015年除夕），下午在现场巡查时，突然发现活动大厅传来争吵声，我急忙过去，原来赵大愣与旁边的一个同犯吵了起来，我把赵大愣叫到旁边，问清原因，原是赵大愣不小心把瓜子皮吐到别人脚上，相互摩擦了几句，遂逐渐升温。我正想着，怎样处理两人？扣分？当众令两人反省检查？就在这时，季大来了。季大是监区大年三十的当班领导，是一名经验丰富的民警。他了解情况后，三言两语地点明了两人的问题，一句‘大老爷们儿，一点琐事就这么计较，像个娘们儿’，让两人都不好意思地笑了，握手言和。两犯走开后，我问道：‘季大，吵架不扣基本分吗？’季大摇摇头：‘考核要看情况和环境，春节期间，谁不想过个好年？在监管上要宽严相济，尤其是这种事情，采用冷处理的效果更好。弦绷得太紧会断，他们俩吵架是因为小事，我们的处理就要淡化，狗急了还会跳墙，何况我们遇见情况还要抱怨呢！这样处理，没事的。’我心悦诚服地点点头，姜果然还是老的辣。”①从这个青年民警的口述中我们可以看到，在突发事件的处理上，老民警就采取了灵活的应变处理方式，分寸感把握得很到位，问题处置游刃有余。当然这种分寸感的把握和游刃有余技巧的形成，也是靠老民警自己平时工作经验的积累逐渐培养起来的，需要青年民警虚心学习。

第六，以我为主，依靠大家。在对待突发事件的处理上，首先是当事民警，一定要有担当，把自己放在主要位置上，挺身而出，绝对不能推卸责任，不能找借口为自己开脱。但一个人的智慧是有限的，这时，还要发挥大家的智慧，依靠集体的力量，如周围同事，监区、监狱领导来共同解决。其次是当遇到大的突发性事件，如罪犯袭警、脱逃、群殴、自然灾害发生等，监狱层面要设置突发事件处置中心，由主要领导挂帅，然后成立若干专门小组共同做好工作。如后勤保障组、现场处置组、善后处理组和对外协调组等，通过领导挂帅，各方协同，努力处置好突发事件。

最后需要指出的是，一所监狱、一个监区一段时间不发生几起突发事件哪怕是小的突发事件几乎是不可能的。既然如此，从监狱、监区领导到一般民警，在处理事件的过程中，必须不断总结、吸取其中的教训，不断增强处置突发事件的应变能力与水平，防患于未然，如果我们总结了、吸取教训了，一定会引以为戒，使突发事件在以后少发乃至不发。

---

① 本刊编辑部整理："有一种付出叫坚守"，载《江苏警视》2015 年第 2 期。

第七篇 探索篇

一、勇 气

勇气是监狱民警的一种可贵的意志品质和改造力基因，处在监狱这种环境，可以设想，作为监狱民警如果没有勇气是很难站得住脚，沉得住气，乃至开出一片新天地的。

关于勇气的理解，可谓五花八门，笔者这里所理解的监狱民警应具备的勇气，至少应体现在以下五个方面：

其一，勇者不惧。孔子曾说过："勇者不惧。"这个不惧，包括对于真理勇敢的追求，第一个敢于吃螃蟹的人是勇敢的，他克服了对死亡的恐惧，更证明了螃蟹的无毒可放心食用。还表现出面对威吓、武力的不屈，拥有对正义的捍卫，如对保家卫国的视死如归，对恶势力矢志不渝的抗争。对于监狱民警来说，战斗在惩罚与改造罪犯的特殊战场，看着火山口，守着炸药库，面对形形色色犯有不同罪行的罪犯，任凭风云多变幻，都能够以一种极大的勇气去面对。哪怕是面对穷凶极恶的亡命歹徒的孤注一掷，也能够做到大义凛然，临危不惧，果敢处置，化险为夷，转危为安。能够做到这一点，就是具有大勇气、大智慧的监狱民警。

其二，百折不挠。曾读到一篇文章《人生就是一条船》，该文记述了这么一件事①：在英国索伦港的国家船舶博物馆里，停泊着一条很特别的船。它之所以能进入博物馆，是因为有着不可思议的经历。它原属于荷兰一家船舶公司，1894 年下水，在大西洋里曾 139 次遭遇冰山，126 次触礁，21 次起火，267 次被风暴折断桅杆，令人惊奇的是历尽劫难，它却从来没有沉没过。有一

① "人生就是一条船"，载《现代家庭》2015 年第 3 期。

个名叫培根的律师最早到这里参观。当时，他打输了一场官司，当事人丢下妻儿老母，不幸自杀身亡。这件事给当事人家庭带来了沉重的打击，对培根刺激也很大，他不知道该怎样安慰那些在人生路上遭受不幸的人们……看到这条船，他深深地感动了，为什么不让那些当事人来参观这条船呢？于是，他把这艘船的资料抄下来，和它的照片一起挂在他的办公室里。每当有人委托他辩护，无论输赢，他都要给他们讲这艘船的故事，并建议他们亲自去看看这艘船。从此，参观者络绎不绝，这条船名扬天下。当然我们中许多人一辈子也无法亲眼目睹那艘船的沧桑，但在人生的海洋上行驶，犹如一条船，没有不带伤的。纵然伤痕累累，也要如同那艘船那样永远不要沉没。对于监狱民警来说，从事着世界上最难的改变人的工作，其中充满了酸甜苦辣，甚至不乏伤痕累累，但既然身肩使命，就要以一种“我不入地狱谁入地狱的”大无畏勇气去直面和正视，敢于挑战艰难险阻，“河出潼关，因有太华抵抗，而水力益增其奔猛；风回三峡，因有巫山为隔，而风力益增其怒号”，这样才更显英雄本色。监狱民警要以百折不挠的精神去做服刑罪犯的转化工作，最终把他们拉出罪恶的苦海，领向光明的彼岸。

其三，敢说“不”字。关于勇气，还有一层意思那就是要有独立意识，哪怕对于来自上级不正确的指令，也要有勇气敢于说出“不”字。

近日读书，看到这样一件事：有三名海军上将谈论什么是真正的勇气。

德国将军说：“我告诉你们什么是真正的勇气。”说完他召来一名水手：“你看见那根 10 米高的旗杆了吗？我希望你爬到顶端，举手敬礼，然后跳下来！”

德国水兵立即跑到旗杆前，迅速爬到顶端，漂亮地敬了一个礼，然后跳下来。

“真出色！”美国将军称赞地说，他对一名美国水兵命令道：“看见那根 20 米高的旗杆了吗？我要你爬到顶端，敬礼两次，然后跳下来。”

美国水兵非常出色地执行了命令。

“啊，先生们，这真是一次令人难忘的表演。”英国将军说，“但我现在要告诉你们，我们皇家海军对勇气的理解。”

他命令一名水手：“我要你攀上那根高 30 米的旗杆顶端，敬礼三次，然后跳下来。”

“什么？要我去干这种事？先生你一定精神错乱了！”英国水手睁大眼睛叫了起来。

“瞧！先生们”，英国将军得意地说，“这才是真正的勇气。”

英国水手没有盲从，而是果断地说出了“不”字，正是因为理性地拒绝非但没有受到责罚，反而得到了上司的肯定。而这个水手，能够说出“不”字也是需要极大的勇气的。按常理只要是上司吩咐和交代的事情，下属只有服从的份，而这个英国将军对勇气的理解，水兵的做法却是反其道而行之，这都是需要勇气的。反观我们的一些监狱民警特别是领导，对下一味高压，并提出一些不切实际的要求非要下面这么做，而下属也没有勇气指出上司的不妥，结果造成工作的失误，给工作带来了损失。因此，作为监狱民警来说，有勇气独立思考，勇于质疑是一种可贵的品质。特别是面对来自上面不合理乃至违法的指令，要敢说“不”字。当然，领导也要有容人之量，创造一种让人敢于说真话的氛围；更不能知法违法，特别是涉及罪犯减刑、假释等问题的处理，让下属做违法操作。

其四，拥有静气。泰戈尔《流萤集》有诗曰：“在山中，寂静涌起，以探测山岳的高度；在湖里，运动静止，以静观湖水自己的深度。”老子《道德经》第三十七章有言：“不欲以静，天下将自定。”这些话都意在说明静的力量、静的境界。勇气一样需要这种静的力量，有了静气，就能做到如古人所言“每临大事有静气”“猝然临之而不静，无故加之而不怒”。特别是面对突发事件，沉着冷静，机智应对，变被动为主动，克敌制胜。一所监狱，领导特别是监狱、监区两级主要领导真正具有静气，一定很容易传递给普通民警，提高他们的勇气，广大民警如果拥有了静气，一定更容易探测自己事业的高度，更容易静观自己人生的深度，进而勇气十足地开创监狱各项工作的新局面。

其五，有一种“知其不可为而为之”的硬劲。台湾作家龙应台于 2012 年 2 月 15 日正式就任台湾“文建委”主任，5 月 20 日后，“文建委”改为“文化部”，龙应台成为首任“文化部长”，可是到了 2014 年 12 月 1 日就辞任了。龙应台做得辛苦，感到更吃力的是“这个社会充满着不信任感”。龙应台笑称自己像是在水泥地里种花，“水泥地就是这个社会充满着不信任，而我在一个被不信任笼罩的环境里工作”。“当你付出一切，用尽所有的智慧和力气，而社会笼罩的是一种不信任，或者你服务的对象不接受、不珍惜、不认同的时候，你还要以什么力量走下去？”[①] 从这段话中可以看出，龙应台先前是鼓足勇气想做成一番事业的，可是这种努力犹如在水泥地里种花，特别是“服务对象不接受、不珍惜、不认同”，最后她只好退却。而监狱民警对罪犯的改造，在某种程度上也像是在水泥地里种花，也是在一种充满敌意、改造对象“不接受、不珍惜、不认同”的情况下进行的。但我们有退路吗？尽管时常陷入困惑，但没有退路，只能“知其不可为而为之”，硬着头皮走下去。龙应台可以回到书桌，而监狱民警往哪里去呢？监狱就是他的战场，监狱就是他的岗位，罪犯就是他的对手，有时就得像唐吉诃德与风车独斗一样，看似可笑，也要有一股硬劲继续战斗下去。如奥地利诗人里尔克所言：“挺住意味着一切。”同时要坚信，只要付出，总会是有所收获的。即使在最困难的时候，也要看到美好前景，犹如英国诗人雪莱所言：“冬天来了，春天还会远吗？”或如我国唐代诗人刘禹锡之诗所道：“千淘万漉虽辛苦，吹尽黄沙始到金。”

① “回到文人安静的书桌　龙应台辞任台‘文化部长’”，载《报刊文摘》2014 年 12 月 5 日。

二、问 题

法国哲学家福柯指出，知识分子的角色并不是告诉别人他们应该做什么，而是不停地对设定不言自明的公理提出疑问，动摇人们的心理习惯、行为方式，拆解熟悉的被认可的事物，重新审查规则和体制，在此基础上重新问题化。[①] 作为监狱民警特别是中青年民警大都是属于知识分子群体，也应该沿着这一思路来进行思考。在新形势下监狱民警要有真知灼见，有所探索，有所开拓，充分展现自身的改造力，就必须具有问题意识。

相传西方哲学史上有一个著名的故事：在英国剑桥大学，维特根斯坦是大哲学家穆尔的学生。有一天，大哲学家罗素问穆尔："谁是你最好的学生?"穆尔毫不犹豫地回答："维特根斯坦。""为什么?""因为我的所有的学生中，只有他一个人在听我的课时，老是流露出迷茫的神色，老是一大堆问题。"后来维特根斯坦的名气超过了罗素。有一天有人问维特根斯坦："罗素为什么落伍了?"他回答说："因为他没有问题了。"这个经典故事虽然是说大学者之间的事，但对我们也是有启发的，那就是监狱民警的成长与专业问题是密不可分的，监狱民警的问题意识是监狱民警专业成长活力的重要表征。

在当下社会转型期、监狱转型期，面对复杂化的现实，监狱民警遇到的内在困惑与外在障碍将会越来越多，因此，监狱民警不能没有问题意识，更不能没有思考和解决问题的意识与策略。一个专业能力强、富有开拓、创新精神的监狱民警，应该一定是一个问题意识鲜明的民警，一定是一个善于发现问题、乐于思考问题、勤于解决问题的民警。

所谓"问题意识"，是指人们在认识活动中，经常意识到一些难以解决或疑惑的实际问题及理论问题，并产生一种怀疑、困惑、探索的心理状态强烈

---

① 转引自鲁鸣：《软能力，在竞争中胜出》，北京出版社2009年版，第2页。

的问题意识。作为思维的动力，促使人们发现问题、看待问题和解决问题，以至进行新的发现与创新。对于一个有问题意识的监狱民警来说，在监管改造工作中至少要把握以下三个方面。

第一，要善于发现问题。爱因斯坦曾说过："发现一个问题，比解决一个问题更有价值。"它在某种意义上说明了发现问题的重要性。之所以重要，道理很清楚，发现问题是解决问题的前提，如果发现不了问题，解决问题就无从谈起。如今倡导监狱民警要实现专业化，要做一个研究者，而任何的专业与研究，都是从问题的发现开始的。正如胡适先生所说："第一要寻问题。脑子里没有问题之日，就是你的智识生活寿终正寝之时！"① 或如时下流行说"没有问题才是最大的问题"。其实，在监管改造工作中，各种问题无处不在，关键在于监狱民警要有一双发现问题的眼睛。而要做到善于发现问题，作为监狱民警，首先，要了解自己的工作，了解你的工作每天在朝哪个方向进展，具体在做什么，工作进行得如何，以及工作进程对于所在监区以及监狱总目标的影响。其次，要找准"箭靶"，搞准问题到底是什么？也就是对问题进行科学界定。最后，要把问题想透，这样才会发现所谓"危机"只是某一方面问题的表现，才有助于化险为夷，转危为安。

第二，要正确地对待问题。面对问题，态度无非两种：一种是勇敢正视，迎接挑战；另一种是逃避问题，能避则避，能推则推。无疑我们需要的是前一种态度。正确对待问题，关键要有正确的思维方式特别是系统思维、辩证思维的方式。众所周知，监狱民警在监管改造工作过程中所面临的问题与矛盾不仅数量繁多、类型各异、主次不同，而且彼此关系与联系较为复杂。因此要正确地对待问题，就要正确甄别问题的属性、本质以及与其他问题相互牵连的错综微妙的关系，有时主要问题居于主要地位，而有时次要问题却支配着主要问题；主要问题在这个监区里是劳动的进展，而在另一个监区却是监管秩序的整顿；有些问题需要雷厉风行，立即解决，而有些问题则需要放一放。如果用简单的思维和机械的套路来对待所有问题，势必会徒然增加问题或把问题复杂化，效果反倒不佳。

---

① 季蒙、谢冰选编：《胡适论教育》，安徽教育出版社2006年版，第53页。

第三，认真地解决问题。如胡适先生所说：“古往今来一切知识的产生与积累，都是因为要解答问题——要解答实用上的困难或理论上的疑难。”① 要做到这一点，关键要开动脑筋，主动想办法，善于找方法，坚信方法总比困难多。这样才会产生解决问题的力量。在解决问题的过程中，应该看到，监管改造工作中的种种问题有时在表面上是不能解决的，而只能在深度上解决；有时只凭一个人的能力是不能解决的，而只能依靠群体或团队的智慧与力量来解决；有时用一种方法是不能解决的，而只能综合运用多种方法予以破解，这样去思考并在实际工作中加以随机处置，就能做到有创见、有效果地解决问题。

总之，具有问题意识，把握好发现、对待、解决三个环节，是每一个监狱民警须有的专业素养和改造能力，它不仅可以使监狱民警摆脱眼前的困境，走出迷茫的空间，而且能够使自己的思路更加清晰，思想愈发深刻，策略愈加高明，更好地把工作推向前进，不断开创新的局面。

① 季蒙、谢冰选编：《胡适论教育》，安徽教育出版社2006年版，第52页。

三、创　新

就一般的意义而言，创新就是淘汰旧的东西，创造新的东西，它是一切事物向前发展的根本动力，是事物内部新的进步因素通过矛盾斗争战胜旧的落后因素，最终发展成为新事物的过程。更具体地说，创新是创造与革新的合称。它具有新颖性（即不墨守成规，前所未有）、独特性（即不同凡俗，别出心裁）、价值性（即对社会、单位、个人的积极意义和有用性）。结合起来最根本的特征就是一个“新”字，没有“新”字，创新就无从说起。

子在川上曰：“逝者如斯夫，不舍昼夜。”古希腊大学者赫拉克利特也说过：“人不可能两次踏进同一条河流。”[①] 它表明，人要不断追求创新，不要沉溺于以往；它表明，从远古流来，一路呼啸，激起无数哲人思想的浪花，你连我续，前呼后拥，每一朵都是新的。不与前者重样。我们今天做的工作尽管从形式上看与昨天一样，但也应该有新的创意，而不应该是昨天的简单重复。

相传在欧洲，曾经有一个造诣精深、名望很高的老画家。他的作画特点是力求完美，精益求精。即使是很细微的地方，他也画得极其工整。他认为，用放大镜来仔细察看自己的画，也不会有任何漏洞。在很长一段时间里，他的画得到了人们的普遍赞誉。但是后来，欧洲逐渐兴起了印象派、野兽派、未来派等流派。这些流派画的特点之一就是比较随意，从自己的线条中体现意境。可这位画家对这些新兴的创作不屑一顾，认为它们过于粗野浅薄，更不肯在这类艺术上下功夫。随着时间的推移，艺术的新思想占据了绝大多数人的视野，大家开始热衷追逐这种新的创作，对老画家的画不闻不问。不仅没有人去请教他，更没有人去买他的画。结果，他在穷困潦倒中离开了人世。

---

① 赫拉克利特：“著作残篇”，载《古希腊罗马哲学》，三联书店 1957 年版，第 77 页。

这个老画家的悲剧说明了一个道理，在不断创新、飞速发展的时代，故步自封、抱残守缺势必会被历史所淘汰。不善于吸收新思想，新的创意、新的做法，就会失去前进的机会和动力。

另外在我国商界流传着这么一个故事：有四个营销员接受任务，到庙里找和尚推销梳子。第一个营销员空手而归，说到了庙里，和尚说没头发不需要梳子，所以一把都没有推销掉。第二个营销员回来了，销了十多把，他介绍经验说，我告诉和尚，头皮要经常梳梳，不仅止痒，还可以活络血脉，有益健康。念经念累了，梳梳头，头脑清醒，这样就销掉了一部分梳子。第三个营销员回来了，销了百十把。他说，我到庙里去，跟老和尚讲，您看那些香客多虔诚啊，在那里烧香磕头，磕了几个头起来头发就乱了，香灰也落在他们头上。您在每个庙堂的前面放几把梳子，他们磕完头烧完香起来可以梳梳头，会感到这个庙关心香客，下次还会再来。这一下来就销掉了百十把。第四个营销员说他销掉了几千把，而且还有订货。他说，到庙里跟老和尚说，庙里经常接受人家的捐赠，得有回报给人家，买梳子送给他们是最便宜的礼品。您在梳子上写上庙的名字，再写上三个字“积善梳”，说可以保佑对方，这样可以作为礼品储备在那里，谁来了就送，保证庙里香火更旺。这一下就销掉好几千把。同样的梳子，不同的推销方法结果却不相同，奥妙就在作为营销员如何面向市场学会动脑，善于创新。

我们党历来重视创新，特别是党的十八大以来，习近平总书记进一步把创新摆在国家发展全局的核心位置，指出必须把创新作为引领发展的第一动力。在我们国家，不管在哪个行业工作，都有一个创新问题，都有一个创新则进，不创新则退，甚至则垮的问题。监狱改造罪犯工作同样是如此，要把监狱改造工作不断推向前进，不断开创新局面，关键是监狱民警要与时俱进，站在时代的制高点和监狱改造工作前沿，不断深化对监狱改造罪犯规律的认识，以指导工作实践，在自己的领域勇于探索，大胆创新地开展工作。应该看到，在新形势面前，有的监狱民警在思考，在研究，着眼创新，工作干得风生水起，好戏连台。可有的人感到无所适从，观望等待。有的监狱民警说：“当下的罪犯改造工作，老办法不灵，新办法不明，蛮办法不行，怎样有效改造罪犯，真有些犯难。”另也有的监狱民警说：“监狱改造工作落后于形势发展的需要，这一点我们也感觉到了，可究竟怎样改革创新，却不知从何抓起。”还有的监狱民警说：“我们也知道监狱改造工作需要改革，需要发展，但需要对策，至少是监狱一级领导拿出方案，我们只要跟着做就行了。”正因为有些监狱民警对创新有这样和那样的不正确的想法，工作中放不开手脚，畏首畏尾，而这样消极观望，看起来安然、保险，但这种态度本身就是失职，白白丢掉了一些好的工作契机。不错，创新是艰难而复杂的，也可能会出现某些失误。但是监狱改造工作是做罪犯灵魂的再塑工程，它贵在创新，如果没有一种创新精神，就不可能在全面推进改革的新形势下使我们的工作有新的作为，甚至会被时代的步伐远远抛在后面。

在以往的监狱改造工作中，我们习惯于“人治”而不善于运用“法治”，习惯于高高在上而不善于与罪犯近距离接触，习惯于单向灌输而不善于双向交流。在新形势、新对象、新情况面前，必须要求我们的工作从思想到行动有一个大的变化，这就是要在创新上做文章，而不能拘泥于以往的东西不放，这样只会贻误工作。当然，过去的一些成功的、行之有效的经验和做法还是要继承的，不能一提创新就将过去一概否定。唯物辩证法中所说的否定与将过去的一概否定不是一回事。它是对旧事物中消极因素的否定，积极因素的肯定，是一种“扬弃”。因而继承与创新既相互区别又相互联系，是辩证统一的关系。继承是创新的基础，创新是继承的发展。继承是为了创新的继承，创新是在继承基础上的创新，这正如给婴儿洗澡，倒掉的应是污水，而不是婴儿。

监狱民警在监狱改造工作中有所创新，要有开阔和深邃的视野。视野从某种程度上说，决定着认识事物的广度和深度。视野的广阔与深邃决定了思路的广阔与深邃，而视野的偏狭必然导致思路的偏狭。而视野的开阔和深邃，源自见多识广。这就需要我们的监狱民警要多读书，多实践，广泛深入地接触与自己工作相关的多门类知识，广泛深入地接触监狱改造实际，接触罪犯，这样才能使自己的视野向着“无穷大”延伸，在大脑中释放出智慧的热能，在工作中不断有所创新。

监狱民警在监狱改造工作中有所创新，要有敢于创新的勇气。勇气是一种美德。然而怎么理解勇气，尼采做出了别具一格的诠释：“你有勇气吗？我的兄弟？……不是众目睽睽之下的勇气，而是隐士与鹰隼的勇气，这是甚至连上帝也见证不到的……那种知道恐惧但又征服恐惧的人是有魄力的人；他瞥见深渊，然而却带着高傲的情怀。那以鹰隼之眼打量深渊的人，那以鹰隼的利爪把握深渊的人，才是具有勇气的人。”监狱民警战斗在惩罚与改造罪犯的特殊战场，看着火山口，守着炸药库，面对着恐惧，在恐惧面前，一个有勇气的干警，会面对恐惧毫不退缩，并且以鹰隼之眼看透罪犯内心世界，用鹰隼的利爪把握大局，并善于化险为夷，转危为安，这是具有大勇气、大智慧的人。有了这种勇气，就可以在创新开路的过程中，敢于在未涉足的丛林开路，敢于在开路的过程中不怕挫折，战胜困难，最终达到既定的目的地。

监狱民警在监狱改造工作中有所创新，思想要敏锐、活跃。要善于在改造工作中别具匠心，独出心裁。被浙江省监狱系统誉为“最美监狱人民警察”的徐康甫同志就是这方面的能手。“三只小乌龟”的故事，就是他工作中不落窠臼、别具一格的经典案例。汤犯从小失去父母，内心极度自卑，性格自我、暴躁，遇到任何问题都把责任归咎他人，从不在自身找原因。徐康甫对该犯性格经历等进行观察分析后，另辟蹊径，提议分监区买三只小乌龟交给汤犯饲养。把乌龟交给他时，徐康甫对他说，这是创造“和谐监区”的一项活动，交给他养是对他的信任，汤犯很高兴；同时徐康甫又对他说，现在小乌龟只有杯盖大小，等它长成碗般大小，你的刑期就满了。因为爱心和责任的催生，汤犯很快走出了阴霾，心态也渐渐阳光了，与先前相比判若两人。[①] 一个监狱民警的别具匠心，独出心裁，正是发自于敏锐的思想之源。除了敏锐，还要活跃，就是要解放思想，敢于去掉各种束缚思想的羁绊，思想活跃了，创新性才能够得到发挥。

监狱民警要在监狱改造工作中有所创新，就要有创新的耐力。由于监狱相对于其他行业工作环境封闭，工作内容单调枯燥，再加上监管安全要求高，执法风险大，因此不少民警感到心理压力大，能够把工作对付过去就不错了，创新简直是一个奢侈品。其实，创新往往是在看似平凡、枯燥，年复一年、

---

① “最美监狱人民警察，敬业奉献类——徐康甫主要事迹”，载《浙江监狱》（内部交流）2015年特刊。

日复一日的努力中出现的。曾经有一个监狱一线民警推荐的这个故事让人看了后怦然心动。故事是说：金盏花只有金色和褐色两种颜色，法国某园艺所用重金悬赏纯白色的。一位六旬老太太想试一试，遭到儿女的一致反对，于是，老太太决定一个人干。她洒下花种，花开时精心挑选出颜色最浅的花，任其枯萎后把种子收集起来。就这样春种秋收，循环往复，终于培育出了洁白如雪的金盏花……由于年代久远，园艺所的工作人员告诉她已不能兑现奖金，老太太坦然一笑说："只是想问问，你们要不要黑色的金盏花，我也能培育出来。"一个让专家学者望而却步的难题，却在一位不知植物遗传学为何物，手中没有精密设备、配套器材的老人的不懈努力中化解。该故事的真实性我们先姑且不去考证。它至少说明创新往往就孕育在简单平凡之中，孕育于坚持不懈地努力之中，对于监狱改造工作来说同样是如此，对看似简单枯燥的工作坚持不懈地做下去，争取做到极致，就可以收到水滴石穿之效。

监狱民警在监狱改造工作中有所创新，无疑离不开创新的才干。而创新的才干又来自自身基本功的训练。一般地说，监狱民警的基本功至少要具备五种功：即调研功、演讲功、写作功、组织功、管教功。只有具备了这 5 种重要元素，才能构成一个监狱民警的创新才能大厦。当然，这 5 项基本功的具备并非一日之功，它需要监狱民警加强修养，通过长期的学习、思考和实践才能够逐渐形成。

你是一个战斗在监狱改造一线的监狱民警吗？你要让你的事业不断有新的亮点，不断辉煌吗？那就请在你心灵的扉页上铭刻：创新、创新、再创新。

四、艺 术

“法律是一门艺术，一个人只有经过长期的学习和实践才能获得对它的认知。”这是英国柯克爵士多年前讲的一段至理名言。提到这段至理名言，忍不住把与此有关的故事拿出来讲讲。

英国上诉法院首席大法官爱德华·柯克与英王詹姆斯一世就国王可否亲自坐堂问案发生分歧。柯克有一段精彩的陈述：“的确，上帝赋予陛下丰富的知识和非凡的天资，但是陛下对英格兰王国的法律并不精通。涉及陛下臣民的生命、继承、动产或不动产的诉讼并不是依靠自然理性来决断的，而是依技术理性和法律的判断来决断的；法律乃是一门艺术，一个人只有经过长期的学习和实践才能获得对它的认知。法律是解决臣民诉讼的金质魔杖和尺度，它保障陛下永享安康太平。”

在柯克看来，法律是一门艺术，法官是这一艺术的拥有者，尽管国王居万人之上，何况“上帝赋予陛下丰富的知识和非凡的天资”，但它并不拥有经过长期学习和实践而获得的职业技能，这其中就包括“法律是一门艺术”所需要的艺术思维方式。

其实柯克的见解也可以得到类似的佐证。就人类的精神需求而言，它是双重的，既需要严谨的秩序，也需要奔放的激情；法律的需求也是双重的，即需要形式理性，也需要温情的表达方式。18 世纪意大利的哲学家维柯从“诗性智慧”出发，认为古代历史上曾经存在过一个“亦法亦歌”的时代，法和诗相互诞生于同一张温床。由于法律和艺术都是关乎人本身的，因此必然存在着一定的内在关联，在执法领域，如果把执法和艺术加以有机融合，用艺术的眼光运用法律，必将更加增强执法的效力和魅力。

如果说法律是一门艺术，执法是一门艺术，监狱罪犯改造作为一项执法活动，也是一门艺术，要认识和掌握它，同样需要长期的学习和实践。

所谓艺术，其“艺”在古代汉语中释为一种技巧；在拉丁文中，“Grs”一词既有“艺术”、手工之义，又有“技巧”的意思。发展至今，艺术一词主要包括两种现代含义。一是指用形象来反映现实但比现实更有典型性的社会意识形态，包括文学、绘画、雕塑、建筑、音乐、舞蹈、戏剧、影视等，二是指“富有创造性的方式方法。”① 也就是平常说的工作技巧或技法，如谈话艺术、领导艺术、管理艺术等。我们这里更多取后者的解释之义。同时也蕴含前者的形象化特征。什么是罪犯改造艺术？简言之，就是监狱民警在罪犯改造工作中创造性地运用有助于罪犯思想行为由消极转化为积极、由不良转化为良好，最终成为守法公民的方式方法。或者说，是指在罪犯改造过程中，监狱民警为实现罪犯改造的目的和任务，在把握罪犯改造规律、原则的基础上，为增强实效而灵活娴熟地运用罪犯改造方式方法所形成的一切技法、技巧的总和。罪犯改造艺术针对的是监狱服刑罪犯，他们已经形成了消极、不良的思想行为，甚至是已经发展到比较系统，顽固程度的消极、不良的思想行为。这类人往往对于监狱及民警的改造和要求有一定程度的抵触、厌烦情绪，甚至采取抗拒改造的立场和行为。因此，罪犯改造与一般人相比，难度更大，更应该讲求改造艺术。

监狱民警的主要职责是做罪犯改造工作。经过多年的职业培训，罪犯改造具有科学性这一点是自不待言的，但同时也具有艺术性，这一点还不为较多的人所知，因此需要对监狱民警进行普及。让监狱民警知晓，罪犯改造不仅应当讲究科学，要遵循罪犯改造规律和规范，而且罪犯改造还是一门艺术，是一种艺术性活动。在罪犯改造过程中，监狱干警需要融入自己的情感，需要进行自己的创造，使罪犯改造达到艺术的高度，这既是一项长期而艰巨的任务，更是新形势下罪犯改造改革创新理应追求的崇高目标。

监狱民警所从事的改造罪犯的事业是一项充满艺术性的事业，监狱民警面对着形形色色犯有不同罪行、个性各异的改造对象和纷繁复杂的改造现象，必须要善于运用“改造艺术”。有人说，监狱民警只要能够做到严格监管、不

① 中国社会科学院语言研究所词典编辑室编：《现代汉语词典》（修订本），商务印书馆 1997 年版，第 1491 页。

出事故就不错了。这句话并不完全。除了能够做到严格监管，保证监狱安全，还要有艺术的倾注，艺术不是一套固定的技术，是要在罪犯改造实践中涌动出来的灵活地处理问题的技巧。有人说，监狱改造是罪犯灵魂的改造工程，既然如此，不掌握改造艺术的人是无法进入罪犯的灵魂深处，也无法引发它的改变的。

监狱民警要掌握罪犯改造艺术，必须明确罪犯改造艺术的特征。根据工作性质，所具有的特征主要体现在：一是政治性。罪犯改造艺术必须在贯彻执行党和国家的路线、方针和政策中体现出来，必然呈现政治性的色彩。在指导思想上，用中国特色社会主义理论体系武装干警头脑，从政治高度来审视罪犯改造工作。在方针政策的实施上，从巩固党的执政地位、建设法治中国、平安中国、维护国家长治久安，保障人民安居乐业、促进经济社会发展的高度来执行方针政策，始终把握政治方向、政治立场和政治态度，从大局的高度体现原则性和灵活性相结合，不断提高执行方针政策的水平。从预防和减少犯罪，保持稳定的政治局面和协调推进“四个全面”战略布局的高度，检验罪犯改造工作的效果。二是法律性。我国的《宪法》《刑法》《刑事诉讼法》和《监狱法》等法律都对罪犯的行刑作了明确规定，其中突出了改造的重要地位。如《宪法》明确规定：“国家维护社会秩序……惩办与改造犯罪分子。”《监狱法》明确规定“将罪犯改造成为守法公民”。由此可见，监狱对罪犯的改造是有充分的法律依据的，是严格依法进行的，也就使得罪犯改造艺术打上了鲜明的法律性烙印。三是创造性。创造是艺术的生命，真正的艺术都必然具有创造性，同样的道理，罪犯改造艺术的生命力也在于创造，没有创造就谈不上罪犯改造艺术。创造性是罪犯改造艺术的本质特点，它决定着监狱民警改造艺术水平的高低。罪犯改造艺术的创造性渗透于罪犯改造的方方面面，贯穿于罪犯改造的整个过程之中，无论是罪犯改造方案的设计、改造内容的设置、改造方法和手段的选择，还是具体改造过程的组织、改造气氛的创设、改造时机的把握、突发事件的应对等等，都有创造的机会，都需要发挥创造性。罪犯改造艺术凝结着监狱民警生机勃勃的创造才能。它是监狱民警的改造罪犯的智慧和才华的结晶。大凡优秀的监狱民警总是将自己独特的个性与修养融入罪犯改造活动之中，从而形成自己独具特色的改造风格。四是灵活性。罪犯改造艺术的灵活性，就是监狱民警在开展罪犯改造活动时，必须根据不同的具体情况，因人、因事、因时、因地制宜，灵活运用策略和方法，采取不同的具体步骤和措施。以个别教育为例，同样的一种个别教育方式如亲情感化，在这一个民警的手里是好的，而到了另一个干警手中就可能是完全不能采用的或者是效果很差的（因为后者已经没有任何亲人）。这就决定了罪犯改造艺术必须是灵活的，才能与实际情况相适应。

监狱民警不仅要明确罪犯改造艺术的特征，还要明确罪犯改造艺术具有独特的作用。首先，罪犯改造艺术能够使罪犯改造工作更加有效。主要体现在，一是善于通过发现，寻找罪犯蕴藏的积极潜能。有这么一句话令人深思：在一般人的眼里，一块石头就是一块石头，一粒沙子就是一粒沙子。但在艺术家的眼里，却能够从一块石头里看到风景，从一粒沙子里发现灵魂。就监狱民警而言，也要能够“从一块石头里看到风景，从一粒沙子里发现灵魂”。每一个罪犯不管怎么卑微，犯过什么罪错，都要从其灵魂世界里开发其积极的潜能，促进其转化。二是善于通过分析，抓住罪犯改造发展变化趋势的新情况，进行科学判断和预测，发现问题的关键所在。三是能够善断，根据形势和条件的现状，恰当地做出决定，从而增强罪犯改造工作的有效性。其次，罪犯改造艺术能够使罪犯改造实施更加有力。主要体现在罪犯改造艺术注重人格魅力，有助于罪犯乐于按监狱的各项改造要求行事；罪犯改造艺术所展现的韬略、计谋，可以使监狱民警遇事视野开阔，成竹在胸，能做到“兵来将挡，水来土掩”，特别是面对突发问题，能够巧妙周旋，化险为夷；罪犯改造艺术使得监狱民警指挥调度有方，控制有度，从而圆满地完成任务。再次，罪犯改造艺术有助于警囚关系和谐。通过在罪犯改造中渗透以人为本，尊重罪犯人格、保障罪犯合法权利等理念，注重化消极因素为积极因素，使干警以积极的心态促进良性警囚关系的形成，从而更好地促进罪犯朝着好的方面转化。最后，罪犯改造艺术能够使罪犯改造工作不断达到新水平。罪犯改造艺术的运用，对罪犯改造提出了更高的要求，需要监狱民警不仅具有专业知识，工作经验，更要有独特的方法。还要继承传统文化，并大胆引进和借鉴国外先进的理论和做法，以完善和丰富罪犯改造艺术体系。这样就要求监狱民警必须适应这一要求，通过努力提升自身的素质来加以实现，这样势必会不断把罪犯改造工作提升到新水平，使罪犯改造更加发挥应有的功能，产生良好的效益。

监狱民警对罪犯改造艺术的探索和追求，要求达到的最高境界，这个境界一是恰到好处。正如明代洪应明说：“文章做到极处，无有他奇，只有恰好；人品做到极处，无有他奇，只是本然。”[①] 极处是什么，就是最高境界。这段话的大意是，文章写到登峰造极的境界时，并没有特别奇妙之处，只是把情感、思想表达得恰到好处；做人的品格达到炉火纯青境界时，也没有什么特别出奇之点，只是使情操回归到纯真朴实的本性罢了。这段箴言道出了境界的真谛：事物的发展（包括艺术）所达到的一个层面、一种程度、一个领域、一个空间。这段箴言也道出了人的心境所追求的一种生命状态。也启发我们，罪犯改造艺术所要追求的最高境界，也就是恰到好处。二是出神入化。记得国际安徒生奖获得者作家曹文轩说过一句很有意思的话：一个好的读书人，读到最后会有那样一种境界——知识犹如漫山遍野的石头，他来了，只轻轻一挥鞭子，那些石头便忽然地受到了点化，变成充满活力的雪白的羊群，在天空下欢快地奔腾起来。[②] 这就是读书人达到了出神入化境界的形象写照。笔者读到这里突发联想：一个好的监狱民警，当对罪犯的改造达到出神入化的境界——罪犯犹如漫山遍野的顽石，他来了，那些顽石便忽然地受到了点化，变成了一个个活跃的新生命，成了一块块闪闪发光的金子，正印证了人们常说的“顽石点头”和“浪子回头金不换”的道理，作为监狱民警应该朝着这个境界努力、努力再努力。

① 洪应明：《菜根谭》第102节。

② 转引自罗怀海：“读书，好比思想爬坡”，载《中国教育报》2016年7月4日。

五、修 复

最近看到一篇文章，题目为“瑕疵上有温暖——树洞中绽放谁的花样年华”。[①] 以下是文章大意：把残缺变成美，需要的是什么？一只小松鼠或一只小浣熊，从黑漆漆的树洞里探出头来和你“打招呼”，你一定觉得很好玩。那如果树洞里出现一道脉脉暖阳，一条涓涓溪流，你一定会觉得很清新很温暖。2013 年 2 月初，这样的“心灵鸡汤”出现在石家庄的九中街上。不过短短几日，“树洞画”在网络上“火”了。画它们的女孩王月和她的摄影师伙伴红了，如今，因媒体的关注和提炼，“树洞画”甚至已被百度收录为名词词条。对年轻的女孩来说，这样的“荣耀”似乎有点始料不及，在接受采访时，她老老实实回答：原本只是毕业设计而已，只是想遮住瑕疵而已。

巧的是，几乎同时，一个 2012 年 11 月的帖子开始又一波热传。英国的一些人行道上，年久失修，留下不少坑……行人走过路过，一不小心就有可能崴到脚甚至摔上一大跤。一个园丁，还是个帅小伙，在他业余时间里，用花花草草填上这些坑……几年来，他走遍了伦敦的各个角落，已经填补了 150 多个这样的坑。

由此想到前不久看到的另一篇文章：说到有一种木材——黄花梨，是制作高档家具的上好材料，用它制成的产品极具收藏价值。其中带有“鬼脸”的黄花梨更是其中的佼佼者。其实，所谓“鬼脸”就是黄花梨木受到伤害后留下的结疤。因为海南常会遭台风袭击，所以生长在其间的黄花梨不是被扭曲，就是被折弯，甚至被折断。尽管如此，也阻挡不了黄花梨的生长，只不过受伤处的纹理发生了变化，长出了非正常的纹路，进而形成了各种各样奇怪图形，在人们眼里可以把它看成动物，也可以看成人物，这就是人们俗称

① 卓滢：“瑕疵上有温暖——树洞中绽放谁的花样年华”，载《劳动报》（上海）2013 年 3 月 10 日。

的“鬼脸”，而这样的“鬼脸”经过匠人的艺术加工和处理，便使得黄花梨更加名贵、更具魅力。

以上所说的“树洞画”“花草填坑”和“黄花梨”，都是说对“树洞”瑕疵、人行道的坑和对黄花梨看似丑的地方的修复或修补，而这种修复则起到了巧夺天工、化腐朽为神奇的效果。意外叫人感到，树洞画很美，女孩也很纯真；黄花梨很奇，匠人技法很高明，而从社会学的意义上说，这个英国园丁的做法不仅考虑到了观赏性，还考虑到了路人的安全性，他所做的，不仅是用花花草草遮盖瑕疵，更重要的是他的修补在传达善意，传递社会正能量。相比之下，这位园丁的行为似乎更为纯粹。

树洞画是把残缺变成美，花草填坑也是把残缺变成美，黄花梨同样是把残缺变成美，那么我们人中间，肢体上有疤痕，可以通过医疗技术修复，使疤痕变成美。那么，一个人不幸失了足，犯了罪，是否也可以在监狱服刑期间通过改造或矫正使其有一个新的开始，是否也可以把这种灵魂的残缺通过修复，变成美的灵魂呢？回答是肯定的！

在监狱对罪犯灵魂的修复，可以通过多种途径进行。如通过法治教育的修复，使其由法律意识淡薄变为知法、守法；通过道德教育的修复，使其由缺德变为有德；通过文化知识的修复，使其由愚昧无知变为聪慧有知；通过劳动技能的修复，使其由无一技之长变为一专多能。以上都可以视为常规性的对罪犯缺损灵魂的修复。

另外，有一种修复是通过修复罪犯与家人的感情促进罪犯改造。罪犯与家人的关系不同于一般的关系，它是建立在血缘关系、经济关系和感情联系等特殊关系的基础之上的，尽管罪犯犯罪被判刑入狱失去自由，也可以通过书信、接见接触等途径与家人保持一定的联系，而亲情这根弦更能触发罪犯情感，如果利用好亲情，修复好罪犯与家人的感情，能够起到意想不到的好的改造效果。在罪犯改造过程中，不少罪犯不认罪悔罪，消极抗改，或者悲观厌世，有轻生思想。而要使他们振作，积极投入改造，其中修复罪犯与家人的感情是一个重要途径。例如，有的监狱就有针对性地开展了对罪犯的“三个一”活动。即给父母一个承诺，让父母放心；给妻子一个期限，回家尽一个丈夫的责任；给孩子一个交代，让孩子有一个美好的家庭，并帮助罪犯设计实现目标的计划和行动方案，极大地激发了罪犯对家人的内疚和愧悔之情，深深感到自己犯罪对不起家人，如果在监狱服刑期间继续一错再错，简直禽兽不如。为了家人也要重新站立起来，因此在行动上较以往有了很大改变，这种改变，也获得了家人的谅解，并鼓励他们继续加油，从而进一步调动了罪犯的改造积极性，罪犯违纪率大大下降，监狱改造环境呈现积极健康的氛围。还有的监狱主动做好罪犯家人与罪犯本人的感情修复工作。曾任最高人民法院法官协会副秘书长、二级大法官的她，是一位罪犯的母亲。开始得知儿子参与抢劫军车依法判处重刑，怎样也接受不了这个事实。“我没有他这个儿子，哪怕是枪毙他，我也绝不管他。”她一直拒绝去监狱探望儿子。后来，在丈夫、在监狱民警的努力下，她开始配合监狱做好儿子的改造工作，十多年坚持每月一次到监狱探望儿子。为了表彰她在教育、转化罪犯过程中所做的成绩，湖北省监狱管理局召开全省服刑人员改造积极分子大会，邀请她作为服刑人员家属代表发言。她为了让更多像她儿子那样走上犯罪道路的人得到挽救，许多像她这样的母亲得到鼓励，于是她同意了。当她在大会上看着台下那一张张熟悉而陌生的脸，一双双好奇而又充满希望的眼睛，她的双目湿润了，动情地说：“今天早晨，我听到鸟的叫声了。我看见几只小鸟在窗前的树上跳啊、唱啊……这是春天的讯息！春天来了！”① 不错，在监狱民警及丈夫的努力下，一个罪犯母亲的感情得到修复，同时带动着千千万万个罪犯家人的感情在修复，一个充满希望的春天即将来临。

再有需要提到也是不易为人们关注的，就是在监狱可以通过美对罪犯人格进行修复，通过美育使罪犯由丑陋的人格变为美好的人格。为了说明这一点，这里不妨摘录一段一个监狱民警的体会②。“我对绘画一直情有独钟。到监狱做了一名监狱警察，我组织服刑人员一起成立绘画班，从他们的画作里我感受到对自由、生命和爱的不同体味。比如一束花怎么画大有讲究。脾气暴躁，缺乏耐心，是不可能画好一束花的。当他把花画下来，在作品上签名，这就是一种自我肯定。我一直认为绘画是最真实的，绘画不只是观赏性的，

① 周襄萍：“一位母亲”，载《上海警苑》2009 年第 10 期。

② 盛石宝：“心有猛虎，翰墨铸精—我的绘画之路”，载《上海警苑》2015 年第 1 期。

它有实用的一面。我想只要服刑人员坚持一直沉浸在审美氛围之中，本身就是一个‘修复人格’的过程。”这个民警的体会就深深地道出了美育在修复罪犯人格中的特有作用。而且这种作用，如同上面提到的那个英国园丁那样，不仅具有观赏性，而且具有实用性，通过美的潜移默化的熏陶，既可以使罪犯枯燥的生活有了活力，养成了良好情趣，学到一定的艺术技艺，描绘出美丽的画卷，更重要的是对其人格进行了修复，使其由残缺的人格变为健全的人格。作为监狱民警要有通过美育使罪犯由丑陋的人格变为美好的人格的基本功。

记得有人说过这样一段话：没有残缺就没有圆满，没有冲突就没有和谐，没有痛苦就没有欢乐，没有犯罪就没有改造。肯定的结果需要一个否定的前提，积极的答案出自一个消极的问题。这既是一个哲学和美学意义上的规律，又是一个监狱学意义上的规律。所以，在监狱改造中，作为监狱民警就是要致力于对罪犯残缺灵魂和人格的修复工作，经过漫长而艰难的精雕细琢，使其收获灵魂和人格的新生。而且通过这种修复实现对社会的修复：即安抚被害人，平衡被害人、罪犯与社会的关系，修复罪犯被破坏的社会关系，恢复社会和谐[①]，这就是我们的使命。

---

① 石军、肖杉杉：“现代监狱的社会修复功能及其衍生机制构建初探”，载《司法警官学界》（江苏）2015年第1期。

六、数 据

黄仁宇先生在《万历十五年》一书中提出了一个论断，即近代中国动荡局势的原因是“因为中国未能像西方那样实行数目字管理的现代治国手段”①。这里我们无意以此对近代中国衰落原因做历史考据，但上述观点所映射出的掌握及运用数据对治国理政具有重要价值的道理不容忽视。

数据（data）一词出现于13世纪初，源自于拉丁语，有寄予的含义。数据的概念是在量的基础上建立起来的，量成为数据的基本单位。②“作为社会管理和公关服务的提供部门，收集数据，使用数据，是自古以来各国政府普遍采用的做法。”③ 就我国而言，毛泽东曾就指出，做工作要“胸中有数”，用数据说话是我们以往常用的工作方法之一。

数据的发展，经历了从微数据到小数据再向大数据的转变历程。就大数据的提出而言，1998年《科学》杂志刊载论文《大数据的处理程序》第一次使用大数据一词。④ 从2011年美国著名的咨询公司麦肯锡发布《大数据：创新、竞争和生产力的下一个前沿领域》的研究报告以来，“大数据”便成为近年来对人类思维和社会个领域冲击最强的一个“热词”。

美国前副总统戈尔在《未来》这本书中把“全球范围的数字沟通”作为改变全球的六大驱动力之一，提出“大数据”领域是令人激动的待开发的新信息科技之一。美国著名摄影师兼作家里克·斯莫兰认为，大数据将成为人类的仪表盘，一个帮助人们对付贫困、犯罪和污染的智能工具。哈佛大学定量社会学研究所主任盖瑞·金，则以“一场革命”来形容大数据技术给学术、

① 黄仁宇：《万历十五年》，生活·读书·新知三联书社1997年版。

② 参见郭奕玲、沈慧君：《物理学史》，清华大学出版社1993年版，第448页。

③ 涂子沛：《大数据》，广西师范大学出版社2013年版，第40页。

④ 涂子沛：《数据之巅：大数据革命，历史、现实与未来》，中信出版社2014年版，第36页。

商业和政治管理带来的变化，认为“大数据技术将触及任何一个领域”。对大数据技术的成功运用，将会改变个人日常生活、企业决策乃至政治治理的形态、结构，带来惊人的政治、经济、社会和文化效益。

从2012年《半月谈》第17期罗列的一些数据来看，一天之中，互联网产生的全部内容可以刻满1.68亿张DVD光盘，发出邮件有2940亿封之多（相对于美国两年的纸质信件的数量）；发出的社区帖子达200万个（相当于《时代》杂志770年的文字量）。2014年6月4日《人民日报》报道了上海市利用大数据实施道路交通管理，提升了道路通行能力，减少了交通事故的发生，并编发了短评，鲜明地提出了“信息是资源，数据也是生产力”的观点。事实也是如此，在信息社会，大数据已越来越成为核心资源，如果说农业时代的土地、工业时代的能源是最为基本的生产要素，那么，从某种意义上讲，大数据已成为信息时代最有价值的资产。

那么，什么是大数据呢？所谓大数据是指规模远远超过传统处理和存储能力的海量数据集合，具有规模性、多样性、实时性、价值性等显著特点。大数据之“大”，不仅在于海量数据的“大规模”，更重要的体现在：通过涉及各行各业乃至个体的各类数据源产生数据轨迹的“大覆盖”，推动各类同构、异构数据的“大融合”，提升分析数据内在规律和发展的“大智慧”，实现从数据到信息、到显性价值挖掘的“大应用”。大数据时代赋予了数据以不同以往的划时代的崭新意义，有人指出会引爆一场“哥白尼式革命”。

“伴随着新一轮信息技术革命浪潮的出现，信息技术在静悄悄的革命中重塑了国家治理的生态，大数据时代的中国国家治理面临着一系列全新的机遇和挑战，国家治理能力建设的路径优化成为迫在眉睫的时代命题。”① 数据治理已成为国家治理各个领域包括监狱领域均要面对的机遇与挑战。作为监狱系统要适应形势发展，把运用大数据作为监狱管理、监狱发展的重大战略来考量。大数据作为一种新兴的以计算机和网络通信为基础的现代化技术管理手段，将其应用到监狱管理中，其结果将会催生出一种新的监狱管理形态，

① 唐皇凤、陶建武：“大数据时代的中国国家治理能力建设”，载《探索与争鸣》2014年第10期。

将传统管理转变成现代化管理，从而更好地保证监狱职能的履行。大数据对于提高监狱民警工作效率、降低监狱管理成本，改变监狱安全防控模式、提高监狱安全系数，促进罪犯教育改造手段的科学化，促进狱务公开，提升监狱形象无疑都具有重要的现实意义。

在大数据背景下，随着形势的发展，数据的整合和应用已成为加强监狱各项工作特别是改造罪犯主业的基础性环节，它要求实现“信息全数据”的目标，即建设完善监狱基础信息资源库，实现信息处理数据化。它至少要求一是信息数据化，即把监狱工作资源信息以电子数据的形式保存下来，以便及时查寻；二是流程数据化，即把监狱已经规范化的工作流程以软件程序的方式固定下来，使流程所涉及的各项执法、改造工作更加规范、有效；三是管理数据化，即运用信息治理模型、数学模型和计算机仿真模型，对监狱的执法、改造工作进行优化控制和科学分析，从而为全面提高监狱工作水平提供技术支持和智力保障。在这里需要强调的是，信息资源库的建设是实现“信息全数据”的基础，主要包括民警信息数据库、罪犯信息数据库、监狱管理信息数据库。其中罪犯信息数据库不仅是监狱系统内部的业务数据库，也是其他政法部门进行信息交换和共享的主要内容。在建设过程中，应按照信息资源库的建设依据和标准，合理规划，优先建设。

应该看到，在大数据背景下，对于监狱数据整合与应用还存在一些制约因素。这里除了资金投入的制约（如相当一部分监狱经济基础薄弱，用于数据化建设资金匮乏）、基础建设的制约（如网络产品尤其是关键部位的配套措施还相对落后，核心部件的性质还不能完全满足监狱数据管理的发展要求）等因素外，主要是来自监狱民警素质特别是信息数据技术素质的制约，具体表现为：一是思想观念的制约。有些民警将数据化建设神秘化，存在畏难思想；有些民警把数据化建设简单化，认为只要加大硬件设施投入，数据化建设就能马到成功；还有些民警将数据化建设复杂化，认为数据化增添了工作负担，带来了许多不必要的麻烦；另有些民警将信息化、数据化建设“万能化”，过分依赖数据、信息的作用。二是监狱民警业务素质的制约。由于监狱系统信息化、数据化建设相对起步较晚，民警中懂得计算机技术操作规程的不多，能懂网络维护、软件开发的更是凤毛麟角。现实中，不少民警仅局限于网页浏览、信息上报、查看通知等，在数据收集、使用上较少。部分年龄偏大的民警基本上没学过信息技术方面的知识，难以适应新型工作模式。由上可见，监狱数据整合与应用有多种制约因素，涉及人财物，但关键还是人的因素。因此，要把民警素质特别是信息数据技术素质的提高作为促进信息化数据化建设的重中之重。

首先，要在转变思想观念上下功夫。从传统的工作方式过渡到信息化、数据化的工作方式，是一场管理方式的重大变革，对于国家公职人员、执法人员谁也不能置之身外，这种高要求必然会给监狱民警带来许多不适应，不可避免会出现认识上的偏差。而针对这些偏差，需要监狱领导和职能部门层面做工作转变民警不适应形势发展需要的旧的思想观念，但更重要的是民警自身要主动适应形势发展需要，在思想认识上转弯子，树立互联网思维、信息思维、数据思维。这里特别需要指出的是，信息化、数据化要围绕改造人的宗旨，要正确处理好人与机的关系。一方面我们要看到互联网、大数据对监狱工作特别是罪犯改造工作带来的好处，但另一方面也要注意到大数据是一把"双刃剑"，它从某种意义上是全景监狱的"变种"，这里"不再有铁栅，不再有铁镣，不再有大锁"，不再有直接的视觉监控，但每个人都处在无形的数据监控之下。大数据时代全景监狱的结构特点：一是单向监视的封闭囚室；二是"全景"而非"共景"，"数据挖掘不仅会对个人隐私和自由造成伤害和威胁，这种权力结构形态也可能导致'精神暴政'"。大数据时代，罪犯被赤裸裸地展示在监狱民警面前，没有任何隐私，尽管监狱防逃防暴的能力大大提高，安全风险绝对下降。但在大数据的全景监狱模式下，罪犯的尊严感被降到超低值，企图通过改造重塑他们的尊严，使他们学会对自己的尊重、对他人的尊重、对社会的尊重可能会有新的难度。[①] 对于这一点作为监狱民警要有清醒的认识，要尽可能处理好人与机的关系，既要发挥好大数据的优势，又要加强数据的安全意识，注重保护罪犯合法权益以及受法律保护的隐私。要使信息、数据切切实实为罪犯改造服务。

其次，在业务素质提升方面，从监狱层面，要加大民警信息化、数据化

① 方扬松："监狱惩罚与人性化管理的冲突与融合"，载《浙江监狱》2015 年第 12 期。

知识技能的教育培训力度，不断提高民警的科技素质。现代信息、数据技术不仅要学好，而且要用好，为了防止教育培训流于形式，监狱要建立健全监督制度，完善奖惩考核制度。与此同时，民警要加强自学，自觉主动钻研，来提高对互联网、数据方面的应用能力，同时要提高独立思考能力。就后者而言，在大数据时代，每天都有大量信息扑向每位网民包括监狱民警，如果监狱民警不会、不能独立思考，难免会陷入人云亦云的境地甚至会被虚假信息所左右。因此，监狱民警要主动提高独立思考能力，这样才能对收到的网络信息和数据去粗取精，去伪存真，而不是被这些信息和数据“牵着鼻子走”。

最后，抓好信息化、数据化建设的配套工作。如在信息化、数据化建设资金的投入上，监狱要克服等、靠、要的思想，拓宽思路，多方寻求支持，加大经费投入，并坚持开源与节流并重。在设备购置上，要从实际出发，积极购置和推广实用性强、使用周期长、技术含量高、价格易接受的现代信息技术设备，量力而行，量力而为。在数据库建设上，要建立和完善全国监狱系统、全省监狱系统、具体监狱的数据库，不同层次数据库的建立和完善，都要有规划，有核心数据、当家数据做支撑，形成一个上下联通、左右联通的数据库体系，以实现数据的流动、互通和共享。要加大数据的实践应用，加强制度建设与数据管理，使数据真正发挥从整体上提高监狱管理能级，提升监狱工作水平的作用。

目前，在监狱系统以互联网为主的技术服务能力对大数据处理和挖掘尚处于起步阶段，但我们相信。随着时间的推移，信息数据技术的不断成熟，会有更多有价值的数据从海量的大数据里发掘出来，进而为监狱工作的建设、改革与发展创造出更大的价值。

七、细 节

从古至今，有识之士都是十分注重细节的。说到细节，我国古人有许多格言警语，给人以深刻启示，一直流传至今。老子曰：“天下难事，必作于易；天下大事，必作于细。”“合抱之木，生于毫末；九层之台，起于累土；千里之行，始于足下。”荀子曰：“不积跬步，无以至千里；不积小流，无以成江海。”李斯曰：“泰山不拒细壤，故能成其高；江海不择细流，故能就其深。”这些格言警语都有一个共同点，说的都是细节的重要性，说的都是积小成大，积少成多，以致功成的道理。在今天，有关细节的格言也可以说是俯拾即是，如有人说：“细节是一种眼光，细节是一种习惯，细节是一种艺术，细节是一种情怀，细节是一种体察，细节是一种创意。”这也都说明了细节的价值所在，充满了深刻的哲理。

细节管理专家汪中求先生写过一本书《细节决定成败》，影响很大，该书的书名“细节决定成败”已几乎成为家喻户晓的名言。它告诉我们，千里之堤，溃于蚁穴。微小的事物和情节能反映事物内在的联系和本质，看似不起眼的细节往往是决定事物性质的关键，重视并抓好这些细节事情才能做好，做得成功；而忽视这些细节，往往会遭受大的损失。该书提出在充满高效拼搏竞争的今天，要做到从中胜出，立于不败之地，关键在于抓住细节，这本书强调，不论做什么工作，都要关注细节，把小事做细、做透，揭示了“细中见精”“小中见大”的真理。

在汪中求先生这本书里，提供了这么一个案例，就是上海一、二号线地铁的设计问题。上海一、二号线地铁分别是由德国和中国设计师设计的。这两条线一般看上去并没有什么明显区别，可投入运营后才发现这两条线有不少细节上的差别。例如，德国设计师设计的一号线每一个出入口都设计了三级台阶，这三级台阶在雨天时能够阻挡雨水倒灌，从而减轻了地铁的防洪压力。而中国设计师设计的二号线却没有注意到这一点，就因为缺少这几级台阶，二号线曾在大雨天被淹，造成了巨大的经济损失。从以上的案例是不是就可以说明德国设计师比中国设计师技术高明呢？这倒不好就轻易这么说。但有一点须得承认，在设计地铁时，德国设计师要比中国设计师观察细微，考虑问题细致周全。

细节牵动成败，这就要求于细微处下功夫，就一所监狱而言，能否抓好细节管理或者精细化管理，是对一个监狱管理水平和工作成效的考验。最近看了一篇文章《为了罪犯的吃药》[①]，可以从中看到注重细节体现在监狱罪犯的日常管理中，不能有丝毫差错。在上海，有一座专门关押老病残罪犯的监狱——南汇监狱。由于清一色的收押老病残犯，相对而言，对医疗的需求就更大些。因此发放药品、监督吃药，也就成了南汇监狱民警区别于其他监狱民警的一项重要工作。然而，罪犯的吃药，不像一般人想得那么简单，这里必须贯穿于关注细节，一点疏忽不得。1500 多号罪犯，90% 以上需要吃药，每天吃药，就要吃 7000 多粒。毛病不同，药用种种，最忌搞错；同样的病，轻重不同、体质不同，药量也会不同；同一个人，今天的药和量与昨天的不同；不同的药，服药时间不同；最为极端的，一个罪犯同时患有 15 种病，用药更是复杂，每天不同时间需要吃 78 粒各种药品。这些都是十分重要但又十分琐碎的活儿。不关注这些细节能行吗？有的罪犯，年老糊涂，吃啥药？啥时吃？吃多少？一问三不知！有的罪犯，如同小孩，要哄着他们吃！有的罪犯，消极厌世，要开导他们吃！更有的罪犯，存有对抗心理，将平时应吃的药不吃，想达到自杀的目的，或故意搞出点事情，以宣泄自己的情绪。凡此种种，都凸显了南汇监狱民警肩头的职责的分量。为了罪犯的吃药，他们需要的是在细节上下功夫，细心、细心再细心。南汇监狱仅仅只是一个缩影，但它让我们看到了监狱工作关注细节绝不比其他行业差，甚至会超过其他行业。因为监狱毕竟关押的是罪犯，监狱民警是在看守“炸药库”，不能有丝毫的漏洞，如果稍有疏忽，就可能出大事，甚至要付出生命的代价，因此有人戏称监狱民警“在睡觉时都必须睁着眼睛”，也不是没有道理的。

---

① 王德才：“为了罪犯的吃药（监狱观感之一）”，载《上海警苑》2014 年第 10 期。

监狱无小事，事事涉改造；干警无小事，处处是楷模；监管无空白，时时有危机。细节是监狱监管改造工作的重要元素，生动、直观、真实、具体，看似不起眼的细节或小事，往往会对监狱安全和罪犯改造产生重大影响。特别是当前，监狱押犯结构发生了重大变化，涉毒、涉黑以及暴力型罪犯和二进宫罪犯大量增加，罪犯反改造行为具有明显的纠合性、突发性和反社会性，在这种严峻的狱情形势下，抓好细节更为重要。这就要求监狱民警从上到下都要从细小的环节入手，从具体的职责着眼，学会在自己的工作中发现细节、注重细节、把握细节，将工作做精做细，力保万无一失。

作为监狱民警如何使自己关注细节，通过细节做好工作呢？

第一，要有精细意识。凡事要考虑全面、周到、细致。精细所体现的不仅是操作层面的问题，更是思想层面的意识问题。人的行为都是在观念的指导下进行的，行为不过是观念的外在的物化形式。因此，要做到精细，就要先从思想意识着手，树立精细意识，认识细节的重要性，这样才能把事情做精做细。

第二，要有章法。要抓好细节，需要规章制度做保证。有了健全的规章制度，就能够保障细节做得更到位，也有利于检查和评价。现在不少监狱已经编制了精细化管理的工作手册，涉及监狱民警工作的方方面面，这对于抓好细节，推进工作是很有帮助的。

第三，要重在落实。有了章法，关键还需要有人去落实，否则，再精细的章法也等于是一纸空文。而重在落实，要求监狱民警要有高度的责任心。江苏省龙潭监狱民警姜浩，经常挂在嘴边的一句话就是："对一线民警而言，最重要的是把你的工作做细、做深、做实，天大的事故常常都是细小的疏忽引起的。"监狱基层让姜浩练就了把握每个罪犯各类情况，从细节观察与琢磨罪犯的真功夫。如 2013 年 6 月 21 日中午 12 时许，姜浩在监外休息时，用手机浏览凤凰网，看到一条"南京两女童饿死"的新闻，报道了南京市江宁区泉水新村一居民区内两名女童被发现在家中死亡。经查，排除他杀可能。女童母亲乐某有吸毒史，现下落不明。女童父亲因涉毒犯罪在某监狱服刑。这个新闻在网络媒体上引起了巨大的轰动。网民在愤怒与同情中表达他们的情绪。而对姜浩来说却一下子牵动了自己的职业"神经"，他反复迅速地读了几遍新闻，忽然觉得新闻描述的女童父亲的相关情况与分监区一名罪犯家庭情况极为相似。姜浩立即从床上爬起来，放弃休息，马上进入监区调出罪犯李某档案进行比对，发现该犯犯罪类型、捕前居住小区、妻子姓氏、小孩情况均与媒体报道情况相符，能够判断该犯就是女童的父亲。考虑到该犯孤僻、焦虑、冲动、鲁莽的心理特征，极有可能通过电视、广播、报纸等媒体获知家中情况实施自杀自残等极端行为。事不宜迟，姜浩立即安排人员对其进行监控并向领导汇报。随后，该犯被监狱安排重点监控。第二天上午，南京公安就派人来找该犯调查情况了。由于反应迅速，处置得当，及时排除了一起极有可能引发监管事故的重要隐患。[①] 姜浩的这种重在落实，高度的责任心，细致入微的工作态度值得广大监狱民警学习。

第四，要注意容易忽视的细节。在监管改造工作中，不管处于哪个管理层面的民警往往有重视的地方，也有容易忽视的地方。如对罪犯的劳动表现重视，而对于罪犯内心深处的真实想法容易忽视；对被列为顽危对象的罪犯重视，而对那些看似不起眼的罪犯容易忽视；对于人们已经意识到的安保部位重视，而对眼皮底下的部位容易忽视，而后者更容易出现“灯下黑”，这些容易忽视的细节不是可有可无的，也必须引起足够的重视。

第五，不要一味纠缠和迷失于细节。细节固然很重要，但不可走极端，一味纠缠和迷失于细节，这样不仅谈不上工作效率的提高，也会陷入事务主义。因此，也要注意，一是要用大局、方向、思想统领细节、审视细节和实施细节管理。二是不能为细节而细节，不要人为地把细节搞复杂化。细节要简化，要以是否精准、适用、管用为标准。

---

① 李三中、王骞：“爱操心的姜浩”，载《江苏警视》2013 年第 10 期。

八、衔 接

“衔接”有多种解读，这里所说的“衔接”，特指罪犯刑满释放从监狱回归社会这“最后一公里”的衔接安置。这是监狱民警的职责所在，也是考验监狱民警事业心和工作智慧的特殊阵地。如果把握不好，将会出现难以预料的不良后果。先看一则与此有关的新闻。

2015 年 11 月 12 日，各大门户网站报道了一篇《犯人刑满释放饿死在回家途中》的新闻，描述了 2000 年 8 月，一名患有心理障碍的刑释人员高耀新在刑满释放后走失，并于一个月后其尸体在附近的乡村被村民发现，事发后高耀新的姐姐认为狱方未将高耀新刑释的信息告知亲属，致其弟弟死亡，反复向最高法、司法部等部门上诉，要求监狱赔偿。2015 年以来，高耀新的姐姐通过律师向河南省高院提起国家赔偿的请求。2015 年 9 月 8 日，省高院做出最后判决，认为因刑事判决高耀新患有心理障碍，具有部分责任能力，监狱方在释放高时负有特别注意的义务，故高耀新在刑满释放回家途中死亡，与监狱方的不作为存在一定的联系。因此，监狱方应承担相应的赔偿责任，最终认定监狱方应承担 20% 的赔偿责任，承担赔偿金近 23 万元，监狱方另给予精神抚慰费 3 万元。此新闻一上网舆论哗然，又一次把监狱推到舆论的风口浪尖而受到诟病。《中国青年报》2015 年 11 月 8 日点评栏目里发表的陈墨写的《高耀新：胜利》一篇文章中认为，高耀新的姐姐坚持上诉最终取得了胜利。但“胜利是含着眼泪的，这张‘处方’来得太迟，高耀新已入土 15 年。”这里笔者不打算评论该判决和舆论的是非对错，但有一点是需要指出的，那就是监狱方以及监狱民警在衔接过程中是存在一定问题或者说是漏洞的。这样判决对于监狱及民警如何做好刑释人员与外部的衔接工作，无疑是一个应该吸取的教训。

应该看到，在监狱刑满释放的人员中，确实存在着因身体、心理、家庭、社区、户籍等因素不能按正常程序回归社会生活的问题。这就使得衔接安置帮教工作成为罪犯刑满释放走向社会的“最后一公里”路程。监狱多年来的改造成果和罪犯经过多年改造所期盼的社会认同，也在很大程度上取决于这“最后一公里”的通阻与否。如果这一公里没走好，将可能导致前功尽弃。但长期以来，囿于传统的观念，不少监狱民警认为自己就如同“铁路警察，各管一段”，只要管好罪犯在狱内的学习、劳动、生活、安全即可，至于罪犯刑满释放后的情况不在我们的工作范围内，正因为有这种观点，便影响到监狱民警重狱内工作而轻狱外特别是刑释衔接工作，因此就难免会出现高耀新这样的情况。

其实，早在二十世纪八十年代中期，中央领导同志就提出过罪犯改造工作要做到“三个延伸”，即“向前延伸、向外延伸、向后延伸”。只是没有引起有些监狱及民警的高度关注和落实。而另外确有不少监狱及民警意识到了罪犯刑释的“最后一公里”问题，并予以高度重视，认真对待。《上海警苑》杂志记者前不久通过对上海市周浦监狱的材料收集，就发现过这样一个事例[①]。4 年前，在周浦监狱收押的结核病犯中，出现了 4 例尚未终结巩固治疗就已经面临刑满释放的案例。其中 2 例是长期留沪但居无定所的回归人员。也就是说，这 4 个人结核病未愈就要走出监狱大门了，且其中 2 人居无定所还无法将其治疗记录转入地方防治机构继续督导治疗。怎么办？面对这份看似“额外”的责任，周浦监狱及相关民警遵照结核病归口管理的工作要求，本着对病人负责、对社会负责的态度，主动承担起了病犯刑满释放后的后期督导治疗任务，释放前与其达成督导治疗协议，释放后按时敦促其来监进行复查和领取药物，促进其身体康复，减少疾病在社会上的传播与危害。从这个案例可以看到，病犯回归社会引出的问题，涉及刑罚执行、公共卫生、法律制定、地区行政、家庭接纳等方方面面。这里作为监狱及民警一方，要积极而为，去主动应对好，这样就可以保证“最后一公里”畅通，对罪犯、对家属、对社会都有一个好的交代。

应该看到，从二十世纪八十年代以来，中央领导层对刑释人员衔接安置工作给予了高度重视。接连下发了系列文件，各地也根据实际相应地提出了

① 史益华：“‘额外’的责任”，载《上海警苑》2015 年第 11 期。

配套措施。但是由于相关规定大多较为宏观原则，在实际操作中具体怎么做自由裁量权还是很大的。这就导致了在落实上的参差不齐。特别是从存在的问题看，基层安置帮教人员配备不足，质量不高，再由于现行的衔接安置制度是依照对象的户籍所在地为基础的，由于历史的原因，个别刑释人员的户籍存在迁移导致户籍信息遗失等问题，遇到此类问题往往容易导致所涉地区各执一词，相关部门推诿扯皮的现象。此外还有刑释人员因家庭矛盾导致利益分配不均，家庭现实情况不能满足安置条件等各类因素出现的衔接安置困难等等。

刑释人员安置帮教是一个系统工程，绝非监狱一家的事情，但作为监狱系统，针对现行的政策法规，结合基层衔接安置实际，也要尽力做好该做的工作，特别是做好“最后一公里”的工作。监狱及相关民警要认真履行通知告知义务，并主动提出解决问题的方案供安置地区参考。通知告知义务是监狱及相关民警必须履行的义务和遵守的职责，作为监狱方是最了解刑释人员现状的部门，将其相关情况包括身心现状等告知所在地安帮部门及亲属，这也是避免本文开头那则“骇人”新闻出现的必要举措。在适当的主动提供解决问题方案上，监狱民警也是可以有所作为的。例如，某监狱民警在对一个七旬刑释人员的衔接安置过程中，在主动联系当地安帮办寻求支持的同时，主动提供衔接安置方案，即虽然张某因种种原因暂时无家可归，但可利用张某曾有过正式工作，缴纳过社会保险的情况，可在地区帮其恢复养老金之后，以养老金抵扣住宿生活费用，安排有关机构有偿接收她，同时也减轻了当地安置的经济负担，取得了较好的效果。①

总之，衔接安置是将监狱改造成果落地的“最后一公里”，是否能将这“最后一公里”打通、走好对于监狱以及相关民警来说任重道远，作为监狱及相关民警要树立衔接意识，主动作为，履行应尽职责，发挥创造性，相信不仅会把高耀新那样的负面新闻的不利于监狱及民警形象的影响降到最低限度，而且社会因监狱和民警“最后一公里”的努力而更加平安、稳定，也会对监狱和民警“最后一公里”的付出给予由衷地点赞。

---

① 鲁海明、陈磊：《刑释人员中特殊人群衔接安置的实践与思考》，收入上海监狱第八届老病残罪犯监管改造工作研讨会“狱务公开类”优秀论文集，第 89 页，2015 年 12 月。

第八篇

内修篇

一、读　书

书与人生有着密切的关系，一个人的成才离不开读书。诸葛亮有一句名言："非淡泊无以明志，非宁静无以致远。才须学也，学须静也，非学无以广才，非志无以成学。"为此，鼓励人们读书是我国优秀的文化传统，我国古代就树立了一批不畏困难，一心向学的典型，如"凿壁偷光"的西汉匡衡，囊萤映雪的晋朝车胤和孙康，悬梁刺股的孙敬和苏秦等。

在收音机、电视机尚未来到这个世界之前，人们认识世界的媒介主要是靠读书。而在电视与互联网普及的今天，有不少人将看电视、上网冲浪作为认知世界和了解社会的基本手段，特别是手机成了"第六器官"，微信朋友圈日夜刷屏，各种订阅号和客户端资讯潮水般涌来，微信群、QQ 群等社交媒体粘性很大，信息过载已成常态，集中注意力读书成了一件有难度的事，使得不少人渐渐远离了读书。当然，互联网时代的变化，从积极的一面无疑是提高了人们获取外界资讯与信息的速度与广度，使人们能够在第一时间得知世界发展的新变化和新动态，人们的视觉与听觉能力较以前能及时有效地得到延伸和加强。但长期沉湎于屏幕前，只满足于即看即懂、即听即懂的视听感官的需求，特别是被那些快餐文化、流行文化所包围，久而久之，会荒芜松懈解读力、思考力、理解力和探索力的培植和使用。在这一点上，美国首任联邦教育署长欧内斯特·L. 博耶就直言不讳地指出："我们将因为电视而站起来或者倒下去。"美国学者的担忧也不是空穴来风。以我国为例，当我们走进许多家庭，就不难发现，什么高档电器都有，唯独没有几本书。因此，近些年来，党和国家领导人不断强调要多读书，也是意在通过提倡读书提升全民族的素质。这也要求我们保持定力，主动购置和借阅一些书籍，主动坐一坐冷板凳，有意识地从繁忙的热闹中抽离出来，特别是发扬挤劲、钻劲和韧劲，沉浸书中，涵泳优游，修身养性，安放心灵。

如果说仅仅是一般人群远离了购书与读书，其造成的影响也仅仅局限于自身的素养提升以及改进层面，而监狱民警一旦疏远了书籍，其后果不仅会直接阻滞其自身的精神涵养，而且会影响和制约罪犯改造质量的提升。监狱民警从事的是改造人的事业，监狱民警的职业特殊性需要监狱民警以一个罪犯改造灵魂工程师的身份去阅读。让监狱民警的使命感和责任意识在阅读中不断加强和坚定。尽管有的时候书籍不能直接帮助监狱民警解决现实问题，但能给监狱民警一个更好地看待监狱改造、看待自身的角度，让监狱民警获得更宽广的视野和胸怀。读书让监狱民警明白自己在监狱改造中该做什么和不该做什么。

读书本来就应该是也必须是人类的生活方式。唯有如此，我们才能够真正将自身与世界万物区分开来，又在阅读中强大自己的心灵，丰富自己的精神世界。明朝思想家王阳明说过，心外无物，心外无事，心外无理，心外无学也。读书实际上是“心”在体验和创造，读书可以丰富我们的内在世界，促使心灵觉醒，开启生命的智慧，使精神更加充实。另外，监狱民警唯有通过读书了解新的监狱思想与监狱理念，开阔自己的监狱视野和监狱境界，更新自己的监管改造行为和方式，才能最终实现提高监狱民警自身专业素养的目的。可以说，读书是监狱民警职业的内在诉求，是促进监狱民警专业成长的呼唤。作为监狱民警，无法回避这样的事实：自己的职业角色决定了自己的专业成长必须具有阅读的期待。监狱民警的读书，决定着监狱民警的成长；监狱民警的成长，决定着罪犯改造质量的提升；罪犯改造质量的提升，决定着社会的和谐稳定。这就是读书的力量。

监狱民警所面对的是有着各种各样罪行，正在接受惩罚并需要改造成为守法公民的罪犯。工作对象情况复杂，转化难度大。监狱民警是人，在改造罪犯的过程中不可能不犯错，不出问题，而通过读书则可以至少使我们少犯错或少出问题。与此同时，监狱民警的阅读还应该是一个去粗取精、去伪存真、推陈出新的过程。监狱民警在从事罪犯改造工作时，绝不能仅仅停留在少犯错或少出问题上，那样会将监管改造工作局限于被动的地位。监狱民警更应该通过读书来把握监管改造规律，在此基础上自觉地运用科学理论武装自己的头脑和指导自己的行为，让自己的监管改造行为更有影响力、更有效果。最为理想的是如果通过读书，能够结合自己的工作实际，开展一些监狱科研，并在此基础上形成自己的工作主张，坚定自己的工作信念，最终以自己鲜明的监狱思想和科学的方法去实现改造人、改造社会伟大事业组成部分的崇高理想，就能够在做好工作的同时也更好地成全了自己。

读书通常有多种分类，一般地说，不外乎分为泛读和精读。

先说泛读。英国哲学家培根说过："读史使人明智，读诗使人灵秀，数学使人周密，哲学使人精邃，伦理使人庄重，逻辑修辞使人善辩。"就是说泛读能够使人的素质发展更全面。在我国也有开卷有益这句老话，也是意在肯定泛读益在开阔视野，感悟人生，净化心灵，陶冶情操。因此对于监狱民警而言，只要时间、体力、精力允许，多读书是应当肯定和鼓励的。作为监狱民警要学会与书为友，交流感情，自得其乐，其乐融融，特别是阅读一些滋养心灵、温润生命的书，包括一些经典文学作品和思想随笔种类的书籍，这些文质兼美的作品，会使我们的内心变得温暖、丰富、细腻，让一个人的生命更加鲜活。

再说精读。是指对一本书读精、读深、读透。只有读得精、深、透，再读其他书便可举一反三，触类旁通。若读书不求精，所涉内容也不过是一知半解，就很难留下深刻的记忆印象。精读不是说什么书都可以拿来精读，一是主要阅读经典。意大利作家卡尔维诺说过："一部经典作品是一本永不会耗尽它向读者说的一切东西的书"，经典在时间长河中逐渐积淀下来，又指向未来，凝结着真善美，蕴含着崇高的价值，在经典里能够读到的东西真可谓千千万万，无法想象会把你带到哪里。我们现在读的经典既包括马克思主义经典理论以及马克思主义中国化的经典理论，以增强政治理论思维，提高工作的预见性、原则性和系统性。同时还包括经典的哲学、法学、史学、文学等书籍，以感受经典伟大的思想体系和精神力量。二是要精读专业类书籍。精读专业类书籍是非常必要的，监狱民警只有通过"专业精读"才能更好地实现自己的专业成长。只有通过"专业精读"，才能安顿好自己的职业灵魂，然后在求知的心境里接受这些书籍理念的熏染，以便更好地指导自己的监管改造活动。应该看到，尽管这些年来我们监狱系统也有了不少专业类书籍，但也并非都有价值，专业类的书籍也要有所选择。卡夫卡有一段话对人很有启发："只应该读那些咬人和刺人的书。如果要读一本书，它不能在我们脑门上猛击一掌，使我们警醒，那我们为什么要读它呢?"他还有一个绝妙的比喻，一本书必须是一把能劈开我们心中冰封的大海的斧子。可惜的是这样的书不多，这就需要监狱民警在海量的专业书籍中挑选如卡夫卡所说的那种书来读，这里还有一个选择方法，就是看你在读专业书籍时，是不是能够引发你的共鸣，一些你想说又说不出的道理被书中说出了，触动了你进一步的思考。只有对专业类书籍有所选择，才能保证精读。只有选择那些与你的专业、你的职业生命相共振的监狱名著、优秀的监狱学专著以及专业期刊发表的优秀监狱学研究论文阅读，才会使你的思想变得深邃，灵魂日益丰盈，走向更加科学的发展之路。总之，读书泛与精，要相互兼顾、相互补充结合，力争做到"庞而不杂，博而又精"。

读书的最高境界是"从无字书处读书"，也就是在实践中学习，"纸上得来终觉浅，绝知此事要躬行"。让我们在读书的过程中把监狱工作实践与读书有机结合，形成自己的工作主张和工作思路，形成自己的表达，反思自己的工作细节和习惯，达到立德、立志、立行；让我们在读书的过程中提升自己的口才，能口吐莲花，妙语连珠，以更好地向罪犯传递思想，开启觉悟；让我们在读书过程中"学习——实践——写作"，在读书、实践的过程中率性、自然、真实的写作，提高自身的监狱科研能力，从而更好地促进专业成长，最大限度地实现改造人的终极目标。

二、科　研

当今时代，监狱工作实践与科研相结合已经成为监狱民警生活中很重要的一部分。监狱改造的新形势对监狱民警传统角色、传统改造方式形成了前所未有的冲击，与此同时，也为监狱民警成为研究型监狱民警提供了广阔的发展空间。监狱民警角色由经验型向科学型、看管型向研究型的转变，已经成为监狱民警新的发展方向，用科研的观点看待实践中的问题，形成监狱工作实践与科研的双向互动，这不仅对监狱民警自身职业发展有巨大的推动作用，而且也展示了监狱工作创新的美好前景。

当前，随着依法治国方略和监狱各项改革的全面推进，监狱系统各级领导对于监狱科研表现出了前所未有的关注，不少监狱民警从事监狱科研的热情日益高涨，但由于有些监狱民警对监狱科研的价值认识还存在某种程度的偏颇，也出现了一些问题。比如有的监狱民警还习惯于只顾埋头做工作，对监狱科研与改造实践结合的兴趣不高，甚至有的监狱民警认为监狱科研是科研人员的事，实际工作中科研很难与现实结合；有的不针对自身工作中的问题，什么时髦研究什么，先跟风而上后应付交差；有的进行课题研究不顾监狱改造实践的复杂性，机械地套用实证分析等研究方法，得出的结果没有说服力；有的虽有好经验却总结不出，或总结的成果缺乏系统性，显得零散泛泛；有的在研究之初热情很高，但随着研究的深入和工作压力的加大，逐渐产生畏难情绪，最后虎头蛇尾，草草收场。以上种种监狱科研中存在的问题，导致监狱科研价值异化，影响了监狱科研效能的发挥。

所谓监狱科研，是研究者借助监狱理论以监狱行刑与改造现象为研究对象，运用相应的科研方法，进行有目的、有计划地探索监狱行刑与改造规律的创造性认识活动。从这一定义可以看到，监狱科研具有以下几个特征：一是一种有目的性、有计划的科研活动。它同按上级规定的四平八稳的常规行刑、改造工作有所不同，有目的、有计划就要有设想和超前意识，所以它是一种研究活动。二是一种创新活动。它不能吃别人嚼过的馍，重复别人已做过的事，要解决前人未解决的问题。它最终提出的是新理论、新经验、新方法。三是要借助一定的理论和方法。一方面要借助于一定的理论知识来指导、扩大和加深对问题的认识，另一方面要选择恰当的科研方法，如实验法、观察法、调查法、个案法等。四是一种探索规律的活动。它要求研究者对监狱的行刑与改造现象的研究成果达到规律性和本质性的认识，其研究成果有普遍的推广和指导作用。正因为如此，我国监狱系统不少管理部门和基层监狱领导都是重视和鼓励监狱民警开展监狱科研的。特别是在新形势下，让监狱民警成为研究型民警已成为不少监狱工作改革创新的重要理念和实践需求。因此要求监狱系统特别是一线民警要树立正确的科研价值观，在监狱科研上有新的突破。这里需要强调以下几点：

第一，以总结经验为起点。总结经验是监狱研究成果的重要形式，是监狱科研的重要组成部分，也是一线监狱民警最熟悉和易于操作的，还是针对监狱工作的反思、提高和升华的有效手段。当然这里所说的总结经验，不是一种简单化的总结，它是要提炼出解决问题的新规律、新思路、新方法，使监狱思想和监狱民警角色得到更新和转变。

第二，以实际需要为导向。监狱民警应从自己的工作和监狱、监区的实际出发，着眼于监狱、监区和自身工作最迫切需要解决的问题，以应用性研究为主。一线民警的科研出发点根本上是指导实践，改进实践，特别是随着监狱工作形势的发展，全面推进依法治监、加强监狱文化建设、改变监管改造方式、监狱民警专业发展等成为监狱发展新的需要，因此在科研中探索出监狱、监区和监狱民警发展的正确途径，满足新的需要是监狱民警科研的重要意义。

第三，以问题解决为目的。任何科研包括监狱科研都始于问题，没有问题就没有科研冲动，没有科研冲动也就不会有真正的行动，没有真正的行动就不可能解决实践问题。改造人是监狱工作的宗旨，改造人的领域是监狱民警的生命舞台，也是监狱民警生成体验与困惑的地方。监狱民警每天面对着鲜活的现场和罪犯，行刑、改造问题层出不穷、俯拾即是，这就为监狱科研提供了永不枯竭的源泉，监狱民警应学做有心人，从实践中反思理念、言论和行动，勤于聚焦和研究自己的工作领域和罪犯，在行刑、改造中及时发现问题，并提炼出有价值的研究课题，善始善终地完成好课题，最后要运用科研成果解决问题。

第四，以大胆创新为追求。监狱民警在科研中要敢于打破两种权威：一是所谓的理论权威，二是所谓的经验权威。即既能进入既有理论和经验，又能走出既有理论与经验，独立思考，探寻新的未知的世界。正如诺贝尔文学获奖作家纪德所说，寻求你自己独特的生活方式吧。别人能说得与你同样好的话，你就不必去说；别人能写得跟你同样好的文章，你就不必去写。只有你感到自身独具别处皆无的东西，才值得你眷恋。[①] 唯有如此，监狱民警才会在科研中探索形成自己独特的监狱理念和风格，才会使监狱科研打上创新的烙印，更好地发挥监狱科研对监狱工作实践的指导作用。

第五，以多种形式为载体。监狱民警科研的特点更具有草根性和实践性。因而，对一般监狱民警而言，搞监狱科研旨在从监狱行刑与改造中的小问题、小现象入手，选小题目，做深做透，以小见大。科研形式除了立项课题以外，更可以选择写监狱叙事、写工作日志、写工作反思、写改造案例、做研究论文、开展监狱改造思想研讨会、学术论坛、监狱沙龙、名警工作室、研究成果展示等多种形式。

第六，向研究型民警转变。通常认为，具有较强的研究意识和研究能力，在监管改造实践中勤于思考，能不断发现问题、突出问题、分析问题和解决问题，并能自觉地运用先进的监狱理论指导实践，改进自己的实践行为，积极探索创新提高监管改造工作效果的监狱民警可以称为研究型监狱民警。只有把做一名研究型的监狱民警作为一种理念，作为一个追求的目标，才可以在自己的事业中大有作为。当然，研究型监狱民警至少应具备监狱科学的基础知识、掌握监狱科研的基本方法和具有一定的奉献精神等基本素养。但只要肯下功夫、肯努力并坚持下去，相信会涌现出越来越多的研究型

① 转引自杜悦：“感谢你激起我‘出走’的热望——有关读书与教师精神风貌的随想”，载《中国教育报》2004年9月9日。

监狱民警。

总之，监狱科研能提升监狱民警的工作境界和效力，将机械枯燥的工作改头换面，变得生气勃勃。让我们使监狱科研成为每个监狱民警心灵深处的需要，以更好地促进监狱民警的专业发展，提高监狱民警的素质，使工作不断有新的起色，罪犯改造质量实现整体的提升，这样监狱科研便真正找到了它的价值。

三、专　精

提到专精，不由使人想起《庄子》书中一篇关于庖丁为文惠君解牛的故事，说的是庖丁这个厨师给梁惠王（即文惠君）宰牛的时候，自己身体所接触到牛的部位都“哗哗”作响，刀子在牛的身体上下运转极为流畅精巧，连发出的声音都合乎音乐节奏，就像演奏上古乐曲《桑林》和《经首》一样动听，梁惠王听后深为叹服。《庄子》书中还记载了一则“佝偻者承蜩”的故事，说的是一位驼背老人精湛的捕蝉技巧。具体讲的是孔子带着学生出游楚国，从一片森林出来的时候，看到一个驼背老人，手拿竹竿粘捕树上的蝉。老人粘蝉就像在地上捡东西一样轻松，其技术精湛，令人瞠目结舌。另外宋人欧阳修笔下的卖油翁，“徐以杓酌油沥之，自钱孔入，而钱不湿”。这些故事都十分生动地描绘出了古代某些人的专精技艺。

除了以上古籍中的记载，在我国民间，有不少奇人有着某一样独特的功艺，如从前有个老头，费了十年之功炼成一只铁臂，让人攀在他的手臂上悬吊着，竟能丝毫不动；他还练就一对奇目，用毛帚掸他的眼睛，眨都不眨一下。有个专门给人缮写文书的舍人，黑暗中执笔书写条幅，跟有蜡烛照明一样清楚。还有一个人，剪下一百片方寸大的纸，每片纸上写一个“一”字，片片对着太阳叠映，居然没有一丝一毫的出入。至于“一刀切”“一秤准”之类的功夫，至今有的人仍有。

以上是说本国，在国外也有不少值得一提的专精事例。这里试举一例[①]：据说日本一家只有几个人的企业，它的产品是有些人看起来不值一提的哨子。可是千万别小看了这小玩意儿，一年竟创造出 7000 万美元的利润。原来这家

① 转引自苏海涛：“小哨子的大奇迹”，收入陈永林选编：《小故事大道理全集》，湖北长江出版集团、长江文艺出版社 2012 年版，第 359 页。

企业的产品特别专一，只生产哨子。他们动用了几百名专家研究哨子，最贵的哨子卖到了20000美元。在世界杯足球赛上，所有裁判用的哨子都出自他们厂。更令人惊奇的是，他们哨子的种类达到上千种。有给美国警察专用的哨子，还有给狗狗生产的无声哨子。世界著名大马戏团大多使用这个厂的哨子，可以说让他们给做绝了。

其实，社会上“三百六十行”，行行都有怀揣绝技者，都有这一行的状元。就拿人们过去鄙视的“吃货”来说，也可以成为美食家。相传当年上海有个沈京似，是个大吃家。把祖辈留下的家业吃个精光，卖房子卖地吃。后来出去登记要工作，人家问他，你会干什么？他说我会吃。后来有人把他这个本事反映给陈毅市长，说有个人光会吃，看给安排一个什么工作合适？陈毅市长说：“哦，那算得好汉子。吃了一辈子，散尽家财去吃，不容易！让他到国际饭店工作吧。专门做饭菜的品尝工作。”后来上海国际饭店的菜一直质量很高，与沈京似这张刁嘴的贡献分不开。他对烹饪具有很高的艺术鉴赏水平，20世纪60年代，他主持编辑了《菜谱集锦》一书，曾多次再版。广泛应用于上海和全国各地大宾馆，他是烹调界公认的权威。

这里就涉及一个专精的问题。关于这一点，有人说过，“众鸟在林，不如一鸟在手。”唐代文学家韩愈也说过，术业有专攻。他主张对自己所从事的术业用我们今天的话来说，就是职业要进行专攻。梁启超也曾告诫儿子梁思成：业宜精钻。实践证明，一个人的精力是有限的，不可能样样都精通，如果要使自己真正有所作为，有所成就，就要紧盯某一行钻研下去，正如古语所言：“一事精致，便能动人，亦其专心致志而然。”这样坚持不懈，必有所获。如梁思成成为我国著名的建筑大师，恐怕与其父亲上述的教诲也难分开。

联想到监狱民警职业，我们不反对监狱民警有广泛的兴趣爱好，成为其他领域的佼佼者，比如成为作家、书法家、画家或别的什么大家，但从本职工作着眼，恐怕还是要在成为本行业的行家里手或专家上努力。监狱工作的宗旨是改造人，而改造人即改造罪犯的工作既是一门科学，又是一门艺术。监狱民警改造的对象是正在监狱服刑的罪犯，是人中间最难改变的人。无怪乎古语有“浪子回头金不换”的说法，意思是像原本被社会认为是不务正业、游手好闲的“浪子”乃至危害社会的罪人，如果能够回头改过，那么即使用黄金这样价值连城的贵重东西去换取也完全值得。因为浪子回头后，往往能取得超越个人与社会两方面的甚至用黄金都难以衡量的巨大价值。而监狱民警就是创造“金不换”价值的“改造罪犯灵魂的工程师”，试想干好这一工作，我们的监狱民警不在专精上下功夫，做到身怀绝技，能够产生“金不换”的效果吗？

如果我们回顾一下新中国监狱工作60多年的历史，我们就可以欣喜地看到，在改造罪犯这片神奇的土地上默默耕耘的一代一代监狱民警中，涌现出了许多身怀绝技的高手。其中值得一提的是，以个别教育为例，二十世纪九十年代初，在司法部及主管局的力推下，截至1992年6月，就有全国24个省（区、市）召开了专门会议，总结经验，表彰先进，先后评出省（区、市）级个别教育能手1471名，基层单位一级的个别教育能手5796人。在此基础上，司法部召开了全国监狱系统个别教育标兵、个别教育能手经验交流暨表彰大会。共表彰了10名个别教育标兵，190名个别教育能手。之后到了1999年12月，司法部又召开全国监狱系统个别教育能手表彰大会，授予220名监狱民警为“全国监狱系统个别教育能手”称号。[①] 这两次全国个别教育标兵及能手的表彰和检阅，也使得本系统以及全社会进一步了解到了这些人的特殊风貌和专精的改造技能。

在新形势下，面对监狱改造的新任务、新要求，需要更多的监狱民警成为改造罪犯的专精人才。而要做到专精，至少要把握好以下几点：

一是要加强学习，在广泛学习的基础上，要在专精上下功夫。关于这一点，古往今来不少学者都主张读书要专精。如英国哲学家培根说过：“书有可浅尝者，有可吞食者，少数则须咀嚼消化。”“韦编三绝”说的是孔子读《周易》次数之多，竟使穿连《周易》竹简的皮条断了好几次。监狱民警同样要围绕专业把必读之书读精、读深、读透。

二是要练好“根劲”。据说非洲草原上，有一种尖毛草，是长得最高的

① 参见冯立章：“简述新中国监狱开展罪犯个别教育工作的历程”，载《上海警苑》2012年第5期。

“草地之王”。它的生长周期很特别：在最初半年里只有一寸高，甚至看不出在生长，而雨季一旦到来，它就像被施了魔法，三五天就能长到一两米高。原来，雨季前，尖毛草不是不长，而是在向下长——6个月时间里，它扎根地下可达28米。尖毛草向下长，根扎得够牢、够深，才能获得足够的支撑，成为长得最高的“草地之王”。[①] 尖毛草给我们的启示是，作为监狱民警要在工作中成就专精的成果，就不能急于求成，好高骛远，而需要扎扎实实打好基础，练好“根劲”。而要练好“根劲”，就要真心实意地扎根现场接地气，脚踏实地解难题，只有这样，才能真正脱颖而出，成为专精之才，做出令人刮目相看的成绩。

三是要选准方向。所谓选准方向，就是要围绕所干的工作，一定是要有所用、有所值的专精。否则再专精也是空耗精力，于事无补。中国古代有一则寓言就讽刺过这种人。有个杀猪匠，手艺很好，生意做得很兴旺。但是他觉得老杀猪没多大意思，于是决定屠龙。他花了十年时间才练就了屠龙的本领，结果寻遍了整个世界，也没有找到一条龙。这说明，一个人的努力方向十分重要。当你花了一生的时间去爬梯子并最终通过努力，达到了梯子的顶端的时候，却发现梯子架的并不是你想上的那堵墙，这岂不是一个人一生的最大失败。而且这种失败，是很难挽回的。这也是我们监狱民警需要引以为戒的。要选准方向，关键是要在实践中探索规律，特别是在掌握事物一般性的基础上，深入掌握其特殊性，并不断总结、深化，提炼出有特色的主攻点。与此同时，要处理好继承与创新关系。一方面要尊重历史，珍视传统，另一方面要在继承的基础上，结合新形势、新特点，思考监狱改造新的生长点和方向。

四是必须有不断追求的坚持精神。沉心静气，厚积薄发。在这一点上，国外有的监狱理论研究者的坚持精神值得称道。如加拿大大卫教授，一心专门研究罪犯风险评估，已经到了第五代工具，凭着这股钻劲韧劲，成为大家。就国内来说，上海未成年犯管教所的民警胡静雅，经过数十年的坚持，研究出未成年犯16PF常模，得到专家认定，被评为上海市监狱管理局首届“十大

---

① 参见李根萍：“‘向下’方能‘向上’”，载《党支部工作指导》2016年第10期。

感动人物”之一。应该说在监狱领域，无论是从事理论研究还是实务工作，没有不断追求的坚持精神都是难以成事的。只有坚持不懈，才能“精”于专业，“成”于事业，书写出一幅幅各具特色的罪犯改造画卷，以更好地彰显改造人这一工作的可贵。

四、敬　畏

敬畏，是人类对待事物的一种态度。既敬重又害怕。“敬”有“恭恭敬敬”“彬彬有礼”的意思，还指做事严肃，不宜轻佻；“畏”指“担心忧虑”。古人对敬畏是十分推崇的。主张“君子之心，长存敬畏。”先圣孔子也说过：“君子有三畏：畏天命，畏大人，畏圣人之言。”天命，就是老天赐予的命运；大人是指有地位、有号召力的人；圣人之言，自然是指古往今来那些道德高尚的人所发表的种种看法。当然孔子主张应该畏（怕）的那些东西也存在一些不合理的成分，不能一概认同，但他主张人要知敬畏，还是有道理的。明代重臣方孝孺也说过，“凡善怕者，必身有所正，言有所规，行有所止”，此言精辟地概括了敬畏之心的内涵和价值。但反过来说，人若无敬畏之心，恐怕也就难免身不正、言无规、行无止了。应当说，在当下的社会转型期，敬畏之心缺失是诸多社会病之一种，整个社会充满暴戾之气，动不动就恶语相向，暴力相向，制造事端。就监狱而言，敬畏之心缺失不仅最集中地体现在监狱的各种改造对象身上，也反映在一些违法乱纪的监狱民警身上，因此，对于监狱民警来说，胸怀敬畏之心更有其特殊意义。

作为一个监狱民警，在当下至少要存有以下几种敬畏之心：

第一，敬畏法律。用古人的话说，叫“畏法度”。一个人生存于世，不能干什么都任性，一点也不知敬畏，这样不仅很难赢得他人的正确评价，而且可能会葬送自己的一生。就作为执法者的监狱民警而言，敬畏法律是法律精神的本质要求，也是法治社会的基本准则。监狱民警面对罪犯首先要实现的目标是让罪犯敬畏法律，否则改造罪犯就失去了最起码的底线。而要让罪犯敬畏法律，自然要求监狱民警要先做到敬畏法律。敬畏法律一是要做到“常在河边走，就是不湿鞋”，在经常与罪犯打交道这样的特殊环境，做到“出淤泥而不染”，在狱内形成一种“子帅以正，孰敢不正”的执法环境和氛围。敬畏法律二是要敬畏法治的生命线——公正。公正是法治社会每一个执法者当然也包括监狱民警永恒的价值追求。监狱民警在执法过程中必须做到公正执法，不偏不倚，发挥好监狱行刑的预防、惩罚、改造等社会功能，提高监狱执法的公信力。

第二，敬畏道德。也就是那些虽不犯法，但违背伦理道德的事绝对不能做。监狱民警面对的是正在监狱服刑的罪犯群体和个体，交锋的是心灵充满各种阴暗面的罪恶的灵魂。这是西方宗教中“上帝”的任务以及上帝的使者或传教士的任务。它需要宗教般的虔诚。对于身负教育改造职责的监狱民警来说，没有坚定的人格信念和道德信仰以及高尚的道德情操是无法支撑起监狱民警的血肉之躯的。因此，要求监狱民警必须敬畏道德。通过对道德的敬畏来提升自己的人格信念、道德信仰以及道德情操等，以散发出强大的道德魅力来促进罪犯改恶从善，重新做人。

第三，敬畏职业。据说日本棒球界的选手有一个习惯，入场和退场时，先向观众行礼，然后向场地行礼，向着空旷的球场一鞠躬。一些棒球选手还把这个习惯传到了美国。为什么这样做，是出于对这一职业和这项运动本身的敬畏，也有人认为这一职业有某个神明在守护，是一件神圣的事情。① 产生这种敬畏，犹如信徒登上庙堂，仰视高僧，双手合十那般的庄严。监狱民警也是一种职业，监狱民警的职责是执行刑罚，代表的是国家，行使的是人民赋予的公权力，挽救的是有罪的生命，促进的是社会公正，维护的是社会稳定，这是备受社会公众关注的神圣使命。这就要求我们每一个从警者，在选择监狱民警这一职业时，当然可以看到其社会地位、物质待遇等，但更要看到其职业更深层的价值而敬畏这一职业，这样就会带着神圣之感、庄重之心开展工作，积极、主动、有效地执法。否则我们将难以承受这份职业高风险及社会价值之重。甚至会对这份职业不珍惜，不上心，抱着应付差事的态度，这样不仅工作难以出成绩，还有可能由于对工作的懈怠造成事故的发生而带来损失。

党的十八大特别是党的十八届四中全会以来，全国监狱系统为贯彻落实

① 参见佚名辑：“短句”，载《报刊文摘》2015年9月7日。

全面推进依法治国战略的精神，正在积极构建公正执法长效机制，精心打造监狱民警执法文化，重塑监狱民警的执法形象。在这一背景下，我们以为，修炼监狱民警对法律、道德、职业的敬畏之心正当其时，要乘势而上，抓出成效。作为监狱机关，首先，必须在民警队伍中大力开展社会主义核心价值观和政法干警核心价值观教育。这是监狱民警敬畏之心的内核，它们之间是相互促进、不可分割的统一体。其次，要大力弘扬公正执法、品德高尚、爱岗敬业的典型事例和人物，用典型引路，用身边的人和事教育身边的人。同时也要大力开展各种警示教育，特别是要深入剖析监狱民警队伍中不同违法乱纪案件的成因及深刻教训，以此锤炼监狱民警的敬畏之心。最后，要不断完善对监狱民警执法活动的考核评价体系。各级组织、纪检监察部门对民警的违法违纪必须零容忍，大事、小节都要一查到底，依法、依规严肃问责、追究，着力打造一种执法必严、违法必究的良好氛围。

记得德国哲学大师康德在他的墓碑上刻着“天上的繁星和心中的道德法则”，表达他一生的敬畏。大智大圣者之所以不凡，是因为他们有所敬仰也有所畏惧。作为监狱民警虽然成不了大智大圣者，但使命在身，责任在肩，大智大圣者的敬畏态度和自觉行为还是值得我们学习和效仿的。常怀敬畏之心，就能对待事业如履薄冰，谨言慎行，以诚待人，踏实做事；风清气正就会成为监狱民警队伍的主流，监狱改造的质量一定会有新的提升。

五、放　下

人生在世，困扰着人们的事情太多太多——地位、财富、利益、名誉、婚姻、家庭、工作、事业、爱好、烦恼、恩怨、得失……数不胜数。如果我们任由这些东西填塞大脑，左右情绪，影响我们的判断，就会出现精神不振，心体倦怠，对己对工作与生活都没有好处。对于监狱民警来说也是如此。因此，监狱民警应当学会解放自己，简化自己，将那些过多的欲望化解排除，将那些过度的想法打消或降低。唯此，才会一身轻松，既有益于身心健康，又有助于工作与生活。

面对现实的名利等身外之物，入世的儒家、忘世的道家、出世的佛家都有各自的解脱之道。这其中的禅宗“放下”的智慧更值得我们借鉴。禅宗有则故事：佛陀住世时，有一位名叫黑指的婆罗门来到佛前，运用神通，两手拿了两个花瓶，前来献佛。佛对黑指婆罗门说：“放下！”婆罗门把他左手拿的那个花瓶放下。佛陀又说：“放下！”婆罗门又把他右手拿的那个花瓶放下。然而，佛陀还是说：“放下！”这时黑指婆罗门说：“我已经两手空空，没有什么可以再放下了，请问现在你要我放下什么？”佛陀说：“我并没有叫你放下你的花瓶，我要你放下的是你的六根，六尘和六识。当你把这些统统放下，再没有什么了，你将从生死桎梏中解脱出来。”黑指婆罗门才了解佛陀所讲的放下的道理。① 其实在现实生活中，“放下”是非常不容易做到的。人有了功名，就对功名放不下；有了金钱，就对金钱放不下；有了爱情，就对爱情放不下……人们在肩上的重担，在心里的压力，岂止手上的花瓶？必要的时候，佛陀指示的“放下”，不失为一条幸福解脱之道。

---

① 转引自“七晴六雨”，载《现代家庭》（上海）2015年12月上半月刊。

曾经在一篇文章中看到记载过一个游戏[①]：让10个人每人伸出一只手指，同时托住一根竹竿，要求在每个人的手指都不离开竹竿的情况下，将竹竿放下。结果却出现了一个有趣的现象：竹竿不仅没有放下，反而越升越高。这个简单的游戏告诉了我们一个道理：放下，不是一件容易的事情。其实人生也是如此，特别是在现实生活中，我们往往劝别人放下说得很轻松，而一旦轮到自己就乱了方寸。因此要真正做到放下，需要修炼自己和要把握其基本要领，作为监狱民警，至少要注意以下几个方面：

一是要放下，就要学会必要的放弃。联想到我们监狱民警平时对罪犯的教育管理工作，如课堂教学总是面临着诸多的选择，包括内容、方法、形式……以法治教学内容为例，有时我们的一些监狱民警对于精心准备好的法治教学内容总觉得这也重要，那也不能少，很难割舍，满堂灌，往往导致教学任务完不成或画蛇添足，出现事与愿违的结果。这就告诉我们，在法治教学内容的选择和安排上要学会“放弃”。教学内容的选择要选择有利于罪犯最需要、最能接受的东西，不合适的要舍得放弃。法治教学实践证明，在教学内容的选择上舍不得放弃，胡子眉毛一把抓，这样必然会造成教学内容芜杂，重点不突出，中心不明确，教学效果不理想。

二是要放下，有些东西失去了就不要过于在意。就监狱民警而言，一个提拔机会的失去，一次出头机会的丢失，一次工作上的失误，失去了就失去了，不必耿耿于怀。有这样一个故事或许会对人有所启示：一个坐在火车窗口的老人，不慎从窗口掉下一只刚买的鞋子。老人不假思索地将另一只鞋子也扔向了窗外。一人不解地询问其原因。老人淡然一笑，说：“我只剩一只鞋也不能穿，把它扔了出去，让捡到它们的人拥有一双。假如我们一人一只，那鞋子就没有了价值。”[②] 老人的行为看起来很反常，但这恰恰体现了他不同凡响的思维方式：坦然面对失去。老人的豁达，令人敬佩，也发人深思——与其抱残守缺，不如果断放弃。正如有句名言所说，不要为打翻的牛奶哭泣。旧的不去，新的不来，相信只要努力，一定会得到比失去的更好的东西。

---

① 转引自俞晓东：“体制改革背景下的监狱企业改革方向问题探讨”，载《安徽警官职业学院学报》2009年第3期。

② 摘自奚华编著：《35岁前要掌握的50个人生法则》，九州出版社2010年版，第216页。

三是要放下，就要能够做到“不以物累，不为情迁”。唐代名医孙思邈活到101岁。他在一篇《养生铭》中，就特别提到“勿被悲欢极”，叫人不要大喜大悲，做到“不以物累，不为情迁”。而反观现实生活，有些人身心不健康，总是感到在苦海煎熬，究其最大根源之一就在于“放不下”，甚至为了一些蝇头小利终日耿耿于怀，怨天尤人，直至成为欲望的奴隶。使人联想到非洲有一种抓猴子的方法：抓猴子的人拿出许多椰子，每个都掏出一个洞，洞口刚好与猴子的前臂一样大，让猴子在打开手掌的情况下能伸进去。抓猴人把米放进椰子里，用东西把椰子固定起来。当猴子把手伸进椰子洞里抓完米粒收手，洞口却比抓着一把米粒的拳头窄多了。当猎人一步步靠近，猴子仍然没有松开抓在手里的米粒。猴子为了一把米而成为人们的猎物，因为他不懂得放弃。可不要笑猴子的愚蠢，在现实生活中为蝇头小利而徇私枉法被受到处分的个别干警难道不是像这些猴子一样可怜亦可悲，应该引以为戒。

四是要放下，最高境界是学会内心放下。就放下而言，有被动放下和主动放下之分。被动放下是尽管心有所念，但由于处于趋利避害的考虑而不得不放下。而主动放下，是一种来自内心的自觉。有这样一个佛家故事可以佐证：一老和尚揹一小和尚下山游方化缘，恰逢洪水，将小河上的桥给冲毁了。一个美貌女子正徘徊河边，无法过河。女子见了两位和尚忙道：“两位师父，小女子想过河去，请问可否背我过河?”小和尚心想，男女有别，授受不亲，更何况我们是佛门之人，更加不可近女色。小和尚思忖之间，老和尚却转过身去对那女子说：“女施主，老衲背。”老和尚将女子背过河，然后放下女子，与小和尚继续赶路。小和尚一路犯嘀咕，师父这是怎么了？竟敢背一个女子过河？一路走，一路想，最后实在忍不住了，就说：“师父，佛家有云，出家人不可亲近女色，你怎么犯戒了，背女人了?”老和尚摇头叹息道：“我过了河就已将那位女子放下了，你怎么背了20里路还没有放下?”这个故事虽然出自佛门，其中所蕴含的道理却是相当深刻的。它揭示了内心放下是最高的境界，心灵解放是最大的解放。用佛经里话说：内心放下就可以成佛，“放下执着，就成为阿罗汉，放下分别，成为菩萨，放下妄念，成为佛。”这对于监狱民警同样是适用的。一个人的许多烦恼都是由内心“放不下”造成的。因此学会内心放下是佛经中教诲的最高境界。张中行先生深得此道，他说：“一切都无所谓，这是外貌；骨子里却是有着坚实的壁垒，因而任何外力才攻不破，这是心境的彻底安然，所以可以算作最高的禅悦。”它启示我们，做一个安于本职工作的监狱民警，要学会内心放下。只要认准了路，别人说什么，“我”全不放在心上，无论是毁是誉，都如耳旁风，坚持走下去，一直坚持走好，外界条件阻挠了，“我”也不在意，即使不如意，也随缘去吧。

应该说，人刚来到世上就是赤条条无牵无挂的。人的生活原本是简单的，心灵原本是简化的。随着涉世愈深，反倒弄得太复杂、太多的东西割舍不下，结果是身心疲惫，苦不堪言，因此人们反倒是怀念儿童时代、推崇赤子之心了。就监狱民警而言，我们既然选择了这一职业，那就注定此生大概与发财、升官，富贵荣华是无缘了。因此，面对我们的职业生涯，心态应该是淡定的、安稳的。把不该想的丢掉，把不该有的放下。这样就可以像电影《太极张三丰》中有一句话说的那样，放下负担，奔向新生命。

六、抗　诱

据说在印度的热带丛林里，猎人用一种奇特的狩猎方式捕捉猴子：在一个固定的小木盒子里装上猴子爱吃的坚果，在盒子上开一个刚好够猴子前爪伸进去的小口。猴子一旦抓住坚果，爪子就抽不出来了。猎人之所以用这种方式捉猴子，是因为猴子有一种习性：不肯放下已经到手的东西。我们一定会嘲笑猴子很蠢，松开爪子不就溜之大吉了吗？问题是它即使松开爪子也逃不掉了。因为它已经钻入猎人设计好的圈套里，为什么会钻套，那是因为猴子接受不住外界美食的诱惑。①

另外听说印度捕鳄者也有一套诱杀鳄鱼的办法。鳄鱼是很凶猛的，但它有个不变的定律，从河里哪条路来，必定又顺原路回去。印度捕鳄者掌握了这一特点，就把羊羔拴在河边的树枝上，引诱鳄鱼上岸，然后在其来路上偷埋下一把长刀，刀锋露出路面几厘米，再想方设法让鳄鱼受到惊吓，当受到惊吓的鳄鱼往回跑时，腹部被刀锋剖开，鲜血染红了河水，贪嘴的鳄鱼由此成为捕鳄者的战利品。

还在一篇文章看到，爱斯基摩人用相似的办法捕狼。冬天，他们在尖刀上涂上一层层新鲜的动物血，刀刃很快被冻血包住，带血的尖刀被反插到野外地上，刀把埋在地下。嗜血的狼顺着血腥味找到尖刀时，忙不迭地舔食刀上的冻血，第一层舔完后再舔第二层，直到血被舔净，露出刀刃。但此时狼已失去理智，欲罢不能，继续猛舔刀锋，根本感觉不到舌头上被刀锋划开的疼痛，自以为尝到了甜头的狼，其实舔得已不是涂在刀上的冻血，而是自己舌上的鲜血。它是在贪食自身鲜血的过程中丧命的。②

---

① 转引自朱良才：《教育·三十七度二》，新华出版社2009年版，第38页。

② 转引自王奇伟："灵魂深处的那声脆响"，载《劳动报》（上海）2014年11月2日。

以上这些事发生在动物界，是说动物如猴子、鳄鱼、狼都经不起诱惑而搭上了自己的性命成为人们的猎物。

其实，人生于世，尘世的诱惑更是太多太强烈，稍不留意也可能把持不住自己，失去底线。已故作家史铁生讲了这样一件真事：五六个淑女闲聊，偶尔说起某一女大学生做了“三陪小姐”不免嗤之以鼻。“一晚上挣好几百元哪!”——还是嗤之以鼻。有一位说：“要是一晚上给你几十万元呢?”这一回大家都沉默了一会儿，然后相视大笑。其实，这刹那间的沉默颇具深意。几位淑女的沉默一方面承认了几十万元的诱惑，承认了人性在欲望面前转变地如此之快，承认了人性的脆弱，金钱诱惑力量的强大。但之后的大笑则是在哪怕是几秒钟的动摇后以内心的抗诱表现出的大笑驱逐了金钱的诱惑，轻松坦然地确定了以往的信念。可见沉默与笑带有向恶与向善的两极。沉默越久，越容易通向魔道。这也说明作为一个人，在尘世中都会有人性脆弱的一面，都有哪怕是一刹那间的动摇。只不过是绝大多数人最终守住了。但也有些人就没有守住，甚至走上犯罪道路。

置身当今的市场经济体制和多元化文化思潮影响下，面临着各种诱惑和考验。特别掌握公权力的人，更容易为被各种诱惑所包围，一些人在不良诱惑面前往往把握和控制不住自己，陷入人为制造的陷阱，落得身败名裂，乃至被判刑锒铛入狱。如近些年来，有一些官员被人抓住把柄，被敲诈勒索，不得不为他人所用，就是中了某些别有用心设计的桃色圈套或陷阱。如河南省登封市黄志男、叶承华、陈万杰等人组织卖淫女，布下色情陷阱，将当地党校校长、工商局长、法院院长等10多名干部套牢。黄志男等人利用简易录像监控设备精心策划，由黄志男负责以吃饭跳舞的名义物色猎物，陈万杰负责安装探头，叶承华负责调试录像和复制。嫖娼录像复制后由黄志男出面敲诈。这种手段使登封市10多名干部中招。此后，黄志男向同伙说要越做越大，不惜高价收买南方处女大学生，打算要把一位副市长拉下水。黑黄结合腐蚀干部造成极为恶劣的影响。无独有偶，湖南《娄底日报》记者伍新勇冷藏他人精液，控制当地一些领导。娄底市执法部门一位领导说，他就是娄底的地下组织部长。他控制领导的办法有一绝，他把官员带到他的按摩店里，然后叮嘱卖淫女，将装有嫖玩官员精液的避孕套带来，凭避孕套和精液到他那里领取奖金。然后将精液编号，注明张三、李四，某天某时在哪里和谁发生性关系，然后存放在冰箱里。冰箱可保鲜精液，对其进行 DNA 分析可以准确锁定当事人。他就是这样发现、制造、抓住一些官员的把柄，然后为其所用。[①] 再如前几年原重庆市北碚区委书记雷政富，就是被某公司老板肖烨等人设计的“仙人跳”，利用美色勾引，然后偷录视频，并捉奸在床，以此要挟迫其就范的。据重庆市政府在 2013 年 5 月 7 日对外公布，包括雷政富在内的重庆共计 21 名厅局级高官要员陷入不雅视频，并对他们予以不同方式的处理。这么多高官犯下这样低级的错误，只能说明人一旦被“染心”就会利令智昏或色令智昏，最后被人设计而被他人所用，可见面对不良诱惑要做到不为所动确实也不是一件容易的事情。[②]

近些年来在监狱系统也出现一些干警在不良诱惑面前见利忘义，乱了心性，为满足私欲、谋取私利，利用职务上的便利，实施违反法律规定和纪律要求的行为，甚至个别人由改造罪犯的民警堕落为狱中服刑罪犯。更有甚者，有的监狱出现在押罪犯吸毒事件，而经调查，毒品是通过个别监狱民警的手带进的；还有的出现将手机带入监内，并借给罪犯使用导致罪犯微信诈骗；另有罪犯买春、罪犯酗酒致死的事件发生……这些事件的背后，有一个共同的“病灶”，那就是个别监狱警察经不起别有用心的罪犯的金钱等利益的诱惑，而倒在了糖衣炮弹之下。可见抗诱惑对于监狱民警来说也不是可有可无的，而是要引起高度的重视，要通过多种预防措施，使广大监狱民警筑牢思想防线，严守法纪红线，坚守道德底线，这样才能立于不败之地。

心一旦为欲所染，灵魂深处的那声悠悠脆鸣就听不见了。相传古时有一位高人，经过多年修炼得道成了仙。有一天，他在云端俯视下面的一条小溪，看到溪边有个少女正在用脚踩洗衣服，少女的脚脖子很美，“仙人”一下子染了心，便从云端上坠落，苦苦修炼的功夫也从此丧失殆尽。如果说仙人都经不起诱惑，凡人就更经不起诱惑，如何能够抗住诱惑。一是要靠制度。作为天使与魔鬼的混合体，人性需要制度的规约，尤其是在诱惑重重的消费社会

---

① 以上材料参见刘文彦：《罪与罚，中国禁娼 20 年》，中国妇女出版社 2007 年版，第 187 ~ 188 页。

② 参见《新闻晚报》（上海）2013 年 5 月 27 日 A1 叠 20。

中，制度能够为人性筑起一道栅栏，给人性中的美好以保护，也给人性中的邪恶以规制。所以，要充分发挥制度的力量，通过科学的设计和坚定的实施来发挥制度的力量。用制度成就人性本有的善良与美好，为监狱民警抵制不良诱惑，健康成长保驾护航。二是远离，在当今复杂的社会背景下，大多数人抗诱的能力常常是有限的，是很脆弱的，不少监狱民警也不例外，所以抗诱的有效办法之一就是远离诱惑。要经常性地教育提醒监狱民警，不该取的财物不取，不该碰的东西不碰，不该去的地方不去，不该交的人不交，保持洁身自好，坚守心灵的一方净土。三是作为监狱民警要不断加强主观世界的改造，常思贪欲之害，常怀律已之心，始终保持清醒和自律，稳得住心神，不断提高抗诱能力。

七、清　廉

北宋哲学家周敦颐写过一篇《爱莲说》的文章，称赞莲花“出淤泥而不染，濯青莲而不妖。”把莲花比为花中君子，以莲喻人，赞美了人世间有的人出淤泥而不染的高贵品质，不畏丑陋污浊环境且能保持独立人格的勇气。今天人们以莲喻人更是指在各种诱惑和考验面前能够保持清廉本色，拒腐蚀，永不沾的高洁之人。

清廉，本意是指人的品性行为清正廉洁，两袖清风，能够自觉抵制不正之风和腐败现象的侵蚀。清廉是中华民族的传统美德，在我国历史上就有很多清廉的楷模。春秋时期，有人给宋国的司城（掌管工程的官）子罕送来珠宝，子罕不受，说：“你以珠宝为宝，我以‘不贪’为宝。我如果收下你的珠宝，就等于我们各自都失去了宝物，你还是把宝物拿回去吧。”他赢得了“不贪”为宝的千秋美名。东汉名臣杨震，有人夜送十斤黄金贿之并说：“暮夜无知之”，杨震讽答：“天知、神知、子知、我知，何谓不知?”晋武帝时有一大臣叫胡威，其与父均以清廉而有名。当晋武帝问他：“你同你父谁更加清廉呢?”胡威答：“我不如父，我清廉，唯恐人家不知道，我父清廉，则唯恐人家知道，可见我不如我父亲。”明朝名臣、民族英雄于谦曾有诗云：“清风两袖朝天去，免得民间话短长。”意思是说自己以廉洁之身入京去，免得老百姓说长道短。清康熙帝时，时任江苏巡抚的张伯行有句名言：“一丝一粒，我之名节；一厘一毫，民之脂膏。宽一分，民受赐不止一分，取一文，我为人不值一文。”中国历代许多仁人志士正是以清廉为节操，在历史长河中留下了诸多光彩照人的风范。作为今人，更应“见贤思齐”，予以发扬光大。

清廉是我们党建党九十多年来赢得民心，夺取一个又一个胜利的重要法宝，也是我们党永葆先进性的内在要求。监狱事业是党的事业重要组成部分，作为监狱民警树立清廉的价值观念和追求理所当然。清廉是监狱民警的基本操守，是监狱民警的职业本色，是监狱民警的重要价值取向。监狱民警在执法活动中，经常面临着各种诱惑和考验，只有始终保持清廉，一身正气，两袖清风，才能在监狱战线立于不败之地，才能促使监狱事业健康、蓬勃向前发展。

每个行业对本行业的从业人员都有自己的要求，就监狱民警而言，主要承担着惩罚与改造罪犯，预防和减少犯罪的重任，对其清廉更有其独特的要求。一是执法清廉。在执法过程中，牢固树立依法治监的理念，切实做到有法必依，执法必严，违法必究。在具体的执法工作中，要严格按照法律法规的规定，对罪犯的收押、考核、评估、减刑、假释、暂予监外执行等刑罚执行工作做到公平公正，不因私情废公事，不拿原则做交易，更不能徇私枉法。二是为人清廉。做人堂堂正正，光明磊落，站得稳，立得正，经得起各种诱惑和考验。时刻以“富贵不能淫，贫贱不能移，威武不能屈”标准来警醒自己的言行，做到不因金钱地位而使自己迷惑腐化；不因生活困难而改变自己的志向；不因权势武力而让自己屈服变节。从监狱民警具体的日常工作、生活来看，当面对不良交往的诱惑时，以正确的方式应对不良诱惑的侵蚀。对监狱执法工作中存在的不正之风敢于批评和抵制，做到正气凛然。在与人交往中洁身自好，公私分明。严于律己，宽以待人。三是做事勤廉。淡泊名利，多做奉献，始终为监狱事业而不懈工作；勤俭工作，勤俭生活，保持劳动者的本色，树立人民警察应有的形象；清清白白、干干净净做事。不义之财不取，不法之物不拿，不洁之地不去，不管处理的是大事还是小事，都能够经得起时间的检验，对得起法律和良心。

应该看到，我国监狱系统的监狱民警队伍总体上是一支为党和人民所信赖、清正廉洁的队伍。但在社会转型过程中，也有一些民警经不住各种诱惑和考验，在清廉上出了问题。远的不说了，就说近的，2015 年 2 月 13 日，中央政法委公开通报 16 起政法干警违纪违法典型案件。其中，第一起案件，就是黑龙江讷河监狱的一起监狱民警违法违纪案件。通报的具体内容是，2014 年 5 月以来，黑龙江省讷河监狱五监区服刑人员王东在狱内使用手机上网，通过视频聊天软件与张某、贺某、李某等多名社会女性交往，骗取张某、李某人民币 11.6 万元。经查，该监狱领导疏于管理、履职不力；监区负责人和监管干警落实监规纪律不严，对服刑人员违法违纪行为长期失察，收受服刑人员及利害关系人钱物，私自为服刑人员传递违禁品。目前，王东涉嫌重新犯罪问题正在依法进行查处。讷河监狱党委书记、监狱长高庆祥受到撤销党内职务、行政撤职处分；党委副书记、政委杨福志受到党内严重警告处分、免职处理；纪委书记王革受到撤销党内职务、行政撤职处分；政治处主任陈宝贵受到党内严重警告处分、免职处理；工会主席陈喜军受到党内严重警告处分、免职处理；狱政科科长刘阳、五监区监区长怀庆、五监区副监区长郭军受到留党察看一年、行政撤职处分；五监区一分监区监区长王猛、看守大队大队长刘艳东和会见室民警廖忠宝被开除党籍、开除公职，五监区民警朱登涛被取消预备党员资格、开除公职，看守大队看守员李海军、五监区民警张喜平被开除公职。王革、刘阳、王猛、刘艳东、朱登涛、李海军等6名直接责任人已被依法移送司法机关处理。虽然这起案件还只是个案，但也应该给我们每一个监狱民警敲一下警种。从中吸取深刻教训，牢记前车之鉴，警钟长鸣，防微杜渐。

监狱民警要践行清廉的价值观念，不断提高拒腐防变的能力。从其路径来看，一是要筑牢思想防线。少数监狱民警不清廉的根源主要是在思想上。因此，监狱民警要不断加强主观世界的改造，常修为警之德，常思贪欲之害，常怀律己之心，自觉杜绝各种不清廉行为，筑牢抵御腐败侵蚀的思想防线。二是坚守道德底线。要模范遵守道德准则，培养良好的道德情操。做一个有道德、有修养的人。三是严守法纪红线。要学习掌握法纪，特别是对相关法纪规定要认真学习，全面掌握，了然于心。要严格遵守法纪，凡是要求罪犯不做的事情，自己首先不做；凡是法纪规定不准做的事情，自己坚决不能做。同时要自觉接受来自各方的监督。做到有则改之，无则加勉，在各方面的监督下提高拒腐防变的觉悟和能力。

八、自　助

一个人是否能够成功或有所成就，外在的帮助固然不可缺少。但关键还是取决于自己。正如西方有一句谚语所言："自助之，天助之"。只有自己努力，自己变得强大，才能苍天不负有心人，顺风顺水，好运多多。

美国海伦·凯勒在来到世界上才16个月时，猩红热夺走了她的视觉、听觉和语言能力。失去了思维依托的海伦智力低于常人，她看不到五光十色的世界，听不到山鸣谷应。但她凭借惊人的毅力，通过刻苦的学习，不仅练就了正常人的思维能力，还创造了常人难以达到的辉煌，她掌握英、法、德、希腊和拉丁语，发表了大量的文学作品，成为全美国最受尊敬的文学家、教育家之一。当有人问她："是什么让你这样坚持下去的?"她说："因为我一直告诉自己，不管遇到多大困难，只有自己才能拯救自己。"

作家毕淑敏曾在一篇题为"所有动力来自内心的沸腾"的文章中①提到一个很有意思的心理小游戏。纠集十来个人，然后找一个人来扮演躺在地上的人，请这位朋友赖在地上，大家用尽全力把他拽起来……如果他不想起来，那么十来个人也拉不起他来，即使起来了也马上又会趴下。心理上的问题也是一样，只要你没有想通，那么外界的努力都是徒劳无功的。这个故事，对于监狱民警修养同样具有启示意义。一个监狱民警是否想有所作为，其动力是什么，没有别人，归根结底要靠自己。还是毕淑敏说得好，所有的动力来自内心的沸腾。

其实在这一点上，佛家看得很透。有一个出自佛学的故事说道，有一个信者在屋檐下躲雨，看见一位禅师正撑伞走过，于是就对他喊道："禅师！普度一下众生吧！带我一程如何?"禅师道："我在雨里，你在檐下，而檐下无雨，你

① 毕淑敏："所有动力来自内心的沸腾"，载《青年博览》2014年第24期。

不需要我度。”信者立即走出檐下，站在雨中，说道：“现在我也在雨中，该度我了吧!”禅师说：“我也在雨中，你也在雨中，我不被雨淋，因为有伞；你被雨淋，因为无伞。所以不是我度你，而是伞度我，你要被度，不必找我，请自找伞!”说完便走了。这个故事给人的启示是，自己有伞，就可以不被雨淋，自己有真如佛性，应该不被魔迷。自伞自度，自性自度，凡事求诸己，禅师不肯借伞，这就是禅师的大慈悲了①。它也说明，监狱民警素质的提升，个人能够取得多大成就，归根结底，还是要做到“自伞自度”，自己觉悟，自己行动。犹如佛家的另一个故事所言，有位弟子常听空空尊者说法，有一次却抱怨空空尊者说：“你只讲故事，却不告诉我们如何去理解故事的隐喻。”空空尊者说：“我给你一颗水果，但不能替你吃掉水果。”这个意思也是意在说明，一个人的成长、一个人要达到什么高度最终要靠自身，如果联想到监狱民警队伍建设，固然各级组织、领导和相关部门可以给你提供很多帮助，包括各种“水果”，但你如果自己不吃，那谁也帮不了你。因此，监狱民警主观能动性的发挥至关重要。

以色列某些人曾经做过一个实验：召集了几百名乞丐，给他们提供了三样东西让他们只能选择一样，一是几百元钱，二是一套西装，三是一把蒲公英的种子。结果接近90%的人要了钱，扬长而去；近10%的人穿走了西装，乐呵呵地离开了；只有不到1%的人取走了种子，悄无声息地走了。多年以后的跟踪调查发现，那些要钱的人，还是乞丐；穿走西装的人找到了工作，成了蓝领甚至白领；而拿走种子的人，个个成了百万富翁，做了老板。为什么会有如此大的差异？关键就在于他们对自己的人生有着不同的认知取向和感觉：要钱之人想到的是收获，而且是不劳而获；穿西装之人想到是改变，因为有了一套像模像样的衣服，再去找工作，就可能有了改变自己命运的机会；而拿种子之人想到的是机遇，因为蒲公英的种子是极为特殊的种子，哪怕下一场小雨，都会抓住这个机会，快速地完成整个生命的历程——发芽、开花、结果。因此，这样的人绝不会放过任何一个机遇，他们总是主动寻求和创造发展自我的机遇。其实这样的人就是一个具有“生命自觉”高度“自助”的人，他们能够适应时代的挑战和需要。由这个故事可以看出，对人生有着不同的认知取向

① 转引自“七晴六雨”，载《现代家庭》（上海）2015年12月上半月刊。

和感觉会对今后产生不同的命运改变。对于监狱民警特别是年轻干警，就是希望你们要努力使自己成为一个具有“生命自觉”和高度“自助”的人。

要使自己成为一个具有“生命自觉”和高度“自助”的人，一个很重要的方面就是要注重自身职业生涯规划的设计和完成。这样才能有目标、有行动，有成果。我们欣喜地看到，近几年来，有不少监狱推出了“监狱民警职业生涯规划”，就是着眼于监狱民警自助能力的提升而提出的。所谓监狱民警职业生涯规划，就是监狱民警从业后对有关监狱民警职业发展的各个方面进行的规划，具体包括，为什么选择监狱民警职业，对这一职业目标与预期成就的构想，对工作岗位具体工作的设计，对成长阶段步骤以及环境条件的考虑等。它是在对自我职业生涯的主客观条件进行测定、分析、总结研究的基础上，对自己的兴趣、爱好、能力、特长、经历及不足等方面进行综合分析和权衡，结合时代、本系统以及本监狱的特点，根据自己的职业走向，确定其最佳的职业奋斗目标，并为实现这一目标做出行之有效的安排。就一般人的印象而言，监狱民警的工作相对稳定，工作流程单纯且清楚，还需要有什么职业生涯规划吗？回答是肯定的，监狱民警的职业生涯发展是为自己规划出自己的职业理想蓝图，也是一种虚拟的实境演练。监狱民警进行职业生涯规划既是自身职业特点的要求，也是自我发展的前提和需要。一个好的职业生涯规划，有助于监狱民警确立自己的职业生涯目标，适应未来监狱事业改革和未来竞争的需要。当然，职业生涯规划从监狱层面的推出，体现了组织和领导的关心，但毕竟只是一种外部条件，要使职业生涯规划真正落地生根，最终还要取决于监狱民警自身。因此，作为监狱民警在自己的职业生涯发展方面，必须主动、妥善地从宏观和微观的角度进行思考和规划，同时要自觉、创造地完成职业生涯规划，特别要选准某个点，一镢头掘下去，坚持不懈，持之以恒，肯定能掘出清冽甘甜的泉水，使自己在职业生涯规划的设计和完成过程中，成为一个具有“生命自觉”和高度“自助”的人。

记得明朝栖霞山高僧云谷禅师说过：“命由己作，相由心生，祸福无门，惟人自召。”作为一个监狱民警，你要想改变命运吗，要想成功吗？归根结底要靠你自己努力，靠自助，才能功夫不负有心人，取得骄人的成就。反之，没有目标，无所事事，自暴自弃，那么明天就永远只能是昨天的翻版。

主要参考书目

1. 周永亮、陈正侠：《领袖兵法》，机械工业出版社 2009 年版。

2. 金泽灿编著：《方法比努力更重要》，内蒙古文化出版社 2008 年版。

3. 成杰：《气场》，中国华侨出版社 2012 年版。

4. 吴维库：《阳光心态》，机械工业出版社 2012 年版。

5. 毕春月编著：《做老板必读的 86 个管理故事》，人民邮电出版社 2013 年版。

6. 黄桥：《借力》，南方出版社 2011 年版。

7. 朱良才：《教育，三十七度二》，新华出版社 2009 年版。

8. 吴宏彪：《掌控力》，北京工业大学出版社 2011 年版。

9. 廖振宇编著：《影响力，非凡主控与引导的艺术》，中国纺织出版社 2011 年版。

10. 邓世平：《尊重的力量》，广西师范大学出版社 2012 年版。

11. 刘金玉：《班主任工作艺术六讲》，华东师范大学出版社 2015 年版。

12. 林光明、饶晓谦、冯昀：《领导力基因》，机械工业出版社 2015 年版。

13. 胡美山、李绵军：《智圆行方——智慧校长的 50 项管理策略》，西南师范大学出版社 2013 年版。

14. 金忠明、薛为洋：《教育历史故事 99 则》，上海教育出版社 2013 年版。

15. 严育洪：《教育，我们还能做什么》，首都师范大学出版社 2009 年版。

16. 东缨：《教育大境界》，北京大学出版社 2007 年版。

17. 陈伟纲：《奇正领导力》，电子工业出版社2014年版。

18. 唐金龙：《品味教育——启示·境界·引领·思考》，东北师范大学出版社2015年版。

19. 管向群：《中国教育最需要的新理念》，南京大学出版社2010年版。

20. 吴志樵编著：《没有教不好的学生》，吉林出版集团有限责任公司2012年版。

21. 潘莉：《说理教育法研究》，光明日报出版社2013年版。

22. 赵洪恩主编：《每天多点力量》，新疆美术摄影出版社、新疆电子音像出版社2010年版。

23. 梁旭编著：《卓越领导力与影响力》，东方出版社2012年版。

24. 赵辉：《正能量修习术》，北京工业大学出版社2012年版。

25. 苏祺：《能量场》，江苏文艺出版社2013年版。

26. 何丽君：《灵性领导研究》，中国法制出版社2013年版。

27. 牛新忠：《拷问良知》，海峡出版集团、福建教育出版社2013年版。

28. 曾妮：《学会关怀》，海峡出版集团、福建教育出版社2013年版。

29. 张志华：《伸张正义》，海峡出版集团、福建教育出版社2013年版。

30. 蔡辰梅：《坚守诚信》，海峡出版集团、福建教育出版社2013年版。

31. 袁卫星：《心存敬畏》，海峡出版集团、福建教育出版社2013年版。

32. 张世保：《呼唤公德》，海峡出版集团、福建教育出版社2013年版。

33. 黄行福：《克尽责任》，海峡出版集团、福建教育出版社2013年版。

34. 李西顺：《体悟幸福》，海峡出版集团、福建教育出版社2013年版。

35. 鲁鸣：《软能力——在竞争中胜出》，北京出版社2009年版。

36. 陈永林选编：《小故事大道理》全集，湖北长江出版集团、长江文艺出版社2012年版。

后 记

前年暑假去了一趟西部，真是别有一番滋味在心头。远行真是另一条阅读世相的道路，乘车穿行和脚踩在大片连绵起伏的土地上，看到了不少分布在这片土地上的监狱条件还没有得到较好的改善，看到了有这么一支队伍在默默奉献，我想到了坚守。也许在那些监狱民警的心目中，这就是他们所乐此不疲的工作。而我终于明白了艾青先生的这句诗：“为什么我的眼里常含泪水，因为我对这土地爱得太深沉……”由此对他们更加的产生敬意，也鼓励着我去为他们做点什么。怎样使当下在艰苦环境中工作的监狱民警保持和发扬可贵的改造力基因，并注入新的基因，争取更大光荣，同时辐射开来，让更多的人在他们身上汲取营养，激发动力，这是我写这本书的一个来由。

我所生活的都市，是属于当今被称为一线城市之一的上海，这里在当今中国好像是另一个世界。现代化水平发达，监狱条件先进，监狱民警的待遇也较为优越。但是，我接触到不少监狱民警特别是年轻民警，他们似乎并不感到自己所拥有的珍贵，对自己的职业也并不十分满意，一些人得过且过，对自己的职业精神不在状态，对理想、事业缺乏热情，“神马都是浮云”（什么都无所谓，什么都满不在乎）。这不免让人有些担忧，如果一个从事监狱工作的民警职业精神不在状态，那么要让他做好监狱工作实在是一件勉为其难的事情。这就促使我思考一个问题，怎样使在条件好的环境工作的监狱民警能够珍惜自己的拥有，迸发出新的活力。其中，如何通过改造力基因的探寻，给我们的监狱民警补充健康的正能量，使我们的监狱民警能够有一个好的精神状态，出色地做好新的时代背景下的监狱特别是罪犯改造工作，是值得认真思考的问题，这是我写这本书的另一个来由。

新中国成立以来，监狱工作所取得的成绩是有目共睹的。可是进入社会转型的复杂背景下，特别是一段时期以来，针对监狱及民警的批评声音纷至沓来。如黑龙江讷河监狱民警违反规定将手机交由罪犯使用出现诈骗丑闻，河南新乡监狱民警私自将酒带进监房，导致一罪犯喝酒过量死亡。可以说。每当有个别监狱或民警的行为失范时，媒体的批评声就会不绝于耳，一些网民也跟风炒作，使监狱民警声誉受到极大的影响。使人们不得不对监狱民警的形象进行反思，对提升监狱民警改造力进行思考——究竟什么样的监狱民警才是好民警？怎样通过改造力基因的修养打造监狱民警新形象，这也是我写本书的再一个来由。

本书的写作，断断续续用了一年多时间，其中有的文章在一些省市的监狱研究内刊发表，特别是《安徽监狱》在2016年以专栏的形式在第1~12期发表了本书的部分文章，对于我是一个极大的鼓励与鞭策。

在本书的写作过程中，参阅了许多研究者的研究材料，吸收了他们的思想，其中有些材料是二手转引，未能一一注明原始出处，在此表示衷心感谢。鉴于本书的选题带有一定的探索性，加之水平的限制，肯定存在不少缺点和问题，恳请读者批评、指正！

贾洛川

2017年2月18日

图书在版编目（CIP）数据

监狱民警改造力基因探寻：监狱民警修养的新视角/贾洛川著．—北京：中国法制出版社，2017.5
（上海政法学院刑事法学文库）
ISBN 978-7-5093-8513-5

Ⅰ.①监… Ⅱ.①贾… Ⅲ.①监狱-警察-工作-中国 Ⅳ.①D926.7

中国版本图书馆CIP数据核字（2017）第092082号

策划编辑　陈　兴
责任编辑　陈　兴　　　封面设计　杨泽江

监狱民警改造力基因探寻：监狱民警修养的新视角
JIANYU MINJING GAIZAOLI JIYIN TANXUN：JIANYU MINJING XIUYANG DE XINSHIJIAO

著者/贾洛川
经销/新华书店
印刷/北京京华虎彩印刷有限公司
开本/710毫米×1000毫米　16开　　　印张/19.75　字数/230千
版次/2017年6月第1版　　　2017年6月第1次印刷

中国法制出版社出版
书号 ISBN 978-7-5093-8513-5　　　定价：59.00元

北京西单横二条2号　　　值班电话：010-66026508
邮政编码 100031　　　传真：66031119
网址：http：//www.zgfzs.com　　　**编辑部电话：66010405**
市场营销部电话：66033393　　　**邮购部电话：66033288**

（如有印装质量问题，请与本社编务印务管理部联系调换。电话：010-66032926）